文物的 X 射线成像

胡东波　著

科 学 出 版 社

北 京

内 容 简 介

X 射线成像是文物分析检测的主要方法之一，对研究文物的制作工艺、保存状况有着重要的意义。本书简要介绍了文物 X 射线成像检测的基础知识，并结合实例对常见的不同质地文物的 X 射线影像中可见的主要现象进行了分析讨论。

本书第一次系统介绍了文物 X 射线成像的分析检测技术，对文物保护、科技考古工作者具有一定的参考价值。

图书在版编目 CIP 数据

文物的 X 射线成像/胡东波著. —北京：科学出版社，2012
（放射线检测）
ISBN 978-7-03-033595-1

Ⅰ. ①文… Ⅱ. ①胡… Ⅲ. ①X 射线 - 应用 - 文物 - 无损检验 Ⅳ. ①K854. 2-39

中国版本图书馆 CIP 数据核字（2012）第 025749 号

责任编辑：雷 英 樊 鑫／责任校对：包志虹
责任印制：赵德静／封面设计：谭 硕

科学出版社 出版
北京东黄城根北街 16 号
邮政编码：100717
http://www.sciencep.com
北京凌奇印刷有限责任公司 印刷
科学出版社发行 各地新华书店经销
*
2015 年 9 月第 一 版 开本：787×1092 1/16
2015 年 9 月第一次印刷 印张：12 1/2
字数：285 000

POD定价： 80.00元
（如有印装质量问题，我社负责调换）

目　　录

第1章　概　　述

文物兼有艺术价值、历史价值与科学价值，是我们打开通往古代社会大门的钥匙。文物作为历史形象的物质载体，能够突破时间和空间的限制，给历史以质感，这一点，是其他任何物质实体都无法取代的。

文物保护研究工作可以分为文物保护科学与文物保护技术两个方面。文物保护科学致力于解释回答“是什么”、“为什么”的问题，也就是文物材料的性质及其劣变规律，文物在环境中劣变的因果性；文物保护技术则关心“做什么”、“怎么做”，因而要给出操作方法。科学强调客观，是理性认识，而技术则反映了主体的价值取向，是实践认识。由于文物保护对象——文物几乎囊括了所有人类生产制造的物品，所以文物保护科学研究必然涉及多种学科，需要从多个专业以及不同的角度对文物展开理解和认识。

从第一眼看到文物开始，到最终解释定论，经历着一个复杂的过程。这个认识过程是否科学有序，直接影响到对文物的认识程度①。文物保护工作就是通过对文物进行完整而科学的分析认识，制订并实施合理的保护措施保持文物的物质与文化内涵，最大限度地延长文物的寿命。

随着科学技术的进步，越来越多的现代科学技术、仪器和方法也自然而然地被科学家吸收用于文物保护事业，逐渐形成更加完整、更加科学的保护研究方法体系，使文物保护工作达到另一个全新的高度。

在诸多的检测分析技术中，X射线成像技术是十分重要的一种，并日益广泛地应用于文物研究。但是总体来说，与文物保护这门学科一样，X射线检测技术在文物中的应用还处于最初步的探索阶段，还没有形成一套完整的研究体系。与医学X射线诊断和工业X射线探伤不同，文物的X射线成像所面对的研究对象繁杂，所使用的X射线强度跨度大，对操作人员以及仪器设备的使用要求也相应变得复杂，这首先就需要我们对研究的对象以及所使用的设备有一个基本的了解。

自1988年于中国历史博物馆与姚青芳先生一道为司母戊大方鼎拍摄X射线照片开始，至今已经拍摄各类文物的X射线照片万余张，希望借此书做一个初步的总结，期望对从事相关研究的文物保护工作者有所帮助。

① 杜安、周双林：《几件青铜器的科学分析和修复》，《文物保护与考古科学》2004年第3期。

1.1 射线检测

射线检测是目前五种常规无损检测技术之一，它依据被检物体成分、密度、厚度等的不同，对射线（即电磁辐射或粒子辐射）产生不同的吸收或散射的特性，对被检物体的质量、尺寸、特性等作出判断。

1.1.1 射线检测的主要方法

目前射线检测已广泛应用在医学、工业、军事及科学研究等领域。在工业上的应用最为广泛，也形成了完整的方法体系，一般可划分为三类：

射线照相检测技术。包括 X 射线照相检测（主要用于铸焊件、电子元器件检验及结构测绘）、γ 射线照相检测（主要用于铸焊件检验）、中子射线照相检测（主要应用于含氢物质，腐蚀、发射性材料等检测）、电子射线照相检测（主要用于纸张、邮票等的检测）、相纸射线照相检测（主要用于低灵敏度检测）、高速射线照相检测（弹道、爆炸、工艺、生物等过程研究）等。

射线实时成像检测技术。包括 X 射线荧光实时成像（主要用于机场、车站、海关检查）、图像增强实时成像检测（主要用于工业在线检测）、数字实时成像检测（主要用于机场、车站、海关检查）、X 射线光导摄像实时成像（主要用于生物、文物考古等研究）等。

射线层析检测技术。包括射线层析检测（CT 技术）（主要用于航空航天重要器件检测、科学研究）、康普顿散射成像检测（主要用于机场、航空航天重要器件检测）。

1.1.2 射线检测的特点

与其他常规无损检测技术（如超声检测技术、磁粉检测技术等）相比，射线检测技术具有以下几方面特点：

· 应用范围广，适用于各种材料的检验，包括金属材料（有色、黑色）、非金属材料、复合材料以及放射性材料；

· 对被检物件无特殊要求，检验结果显示直观；

· 检测结果可以长期保存；

· 检验技术和检验工作质量可以自我监测。

上述特征也是射线检测的优点，因此，射线检测技术目前广泛应用于机械、兵器、造船、电子、航空、航天等工业领域以及医学和科学研究领域。

射线检测技术的缺点主要在于辐射问题。射线具有辐射生物效应，对人体可产生伤害，因此在应用射线检测技术时必须考虑辐射防护问题，需要按照国家和行业的有关标准和规定做好防辐射工作，保证工作人员安全。另外较高的检测成本及对裂纹类缺陷方向性检测的限制也可算是常规射线检测的缺点，近年来的新设备和新技术正在克服这些弱点，如射线实时成像检测技术、计算机层析（CT）技术等。

1.2　X 射线成像检测技术概述

X 射线成像检测技术是射线检测技术的一个重要领域。自 1895 年伦琴发现 X 射线以来的一个多世纪里，X 射线检测技术一直在飞速发展并越来越广泛地应用于诸多领域。

1.2.1　X 射线成像检测技术的发展历史

1895 年德国物理学家伦琴发现 X 射线是射线检测技术的原始基础；1911 年德国米勒博士成功地制造了世界上第一支 X 射线管，提供了产生 X 射线的基本组件和设备；1912 年美国物理学家 D · 库利吉博士研制出可以承受高电压、高管流的新型射线管——白炽阴极 X 射线管，为 X 射线的工业应用奠定了基础；1915 年，人们开始利用 X 射线去透照物体并在感光板上获得物体的影像，这就是最早的射线透射成像技术；1922 年美国马萨诸塞州的 Watertown 陆军兵工厂安装了库利吉 X 射线机，第一次完成了真正的工业 X 射线照相。此后射线照相技术得到了迅速发展，20 世纪 30 年代开始正式进入工业应用；40 年代射线照相检验底片的质量问题被首次提出；1962 年前后建立了完整的基本理论，在今天仍在指导常规射线照相技术。70 年代后图像增强器射线实时成像技术、射线层析技术（CT 技术、康普顿散射成像检测技术）等发展迅速；90 年代后进入了数字射线检测技术时代。

1.2.2　X 射线成像检测技术的基本理论

X 射线又称伦琴射线，是 1895 年德国物理学家伦琴（1845 ~ 1923）在研究阴极射线时发现的一种穿透物体的贯穿性辐射现象，因当时不知它是何种射线故命名为 X 射线，后来为了纪念伦琴的贡献，又称之为伦琴射线。德国物理学家劳厄（1879 ~ 1960）于 17 年后通过 X 射线晶体衍射试验证明了 X 射线本质是具有强穿透能力的电磁波。X 射线的波长范围为 0.005 ~ 10nm，介于紫外线和 γ 射线之间（实际的界限有一定的模糊）。波长直接关系到 X 射线的穿透能力，波长越短，光子的能量越大，其穿透能力也越强。在实际工作中通常将光子能量高、波长短的 X 射线称为硬 X 射线。在 X 射线成像检测中，实际使用的波长范围一般是 0.005 ~ 0.3nm。

当 X 射线射入物体后会与物体发生复杂的相互作用，即光子与物质原子的相互作用，表现出光电效应、康普顿效应、电子对效应和瑞利散射等现象。由于这些相互作用，一部分射线被物质吸收，一部分射线被散射，因而 X 射线在穿透物质时产生了衰减。

当射线通过被检测物体时，由于物体上不同成分、厚度、密度的部位对射线的吸收能力不同，射线的衰减程度就不同，因而反映在 X 射线成像底片上的黑度就不同，底片上相应部位就会出现黑度的差异。通过这些黑度差异可以获取物体内部成分结构等重要信息，这便是 X 射线透射成像检测的基础。

1.3 X 射线成像检测技术在文物领域的应用概述

除了工业、医学、军事领域外，X 射线成像检测技术也是研究金属、泥质、石质、木质文物以及漆器、油画、纸张和丝织品等类别文物制作工艺和保存状况的一种有效无损检测手段，因此也在越来越广泛地用于文物领域。

1.3.1 X 射线成像检测技术在文物领域应用的发展状况

X 射线透射成像技术应用于文物艺术品的研究始于 20 世纪 20 ~ 30 年代，当时主要用于纸质文物艺术品的检测。随着 X 射线技术的发展、X 射线管发射功率的提高，X 射线成像技术开始用于博物馆不同材质藏品的分析检测。通过观察文物内部的形态、相关技术的结构特征、古代及近现代修复痕迹等，为器物真伪鉴定和古代技术研究提供依据①。20 世纪 50 年代，R. J. Gettens 就曾使用 X 射线成像检测技术对佛利尔美术馆馆藏青铜器的铸造特征进行了分析②。在中国，X 射线成像技术应用于文物研究始于 20 世纪 70 年代。上海博物馆针对书画及漆木器等文物的无损检测和科学鉴定，率先在国内应用了软 X 射线机进行文物无损检测，使用 DGX- 4 型软 X 射线机进行了一系列的试验和应用，获得了理想的效果和经验③。其他如北京科技大学、甘肃省博物馆等，也先后引入了此项技术。西安文物保护修复中心在与意大利合作期间（从 1995 年开始），即把 X 射线成像技术系统地用于不同材质文物如青铜器、陶瓷器、铁器、金银器、骨质文物的研究中，以考察文物的保存状况、内部形貌、器物的古代制作工艺特征等④。

近十几年来 X 射线成像检测技术在金属文物（尤其是青铜器）检测中的应用更加普遍，几乎是研究金属文物必不可少的检测手段。除了单个的器物之外，北京大学考古

① 杨军昌、韩汝玢：《X 光照相技术在文物及考古学研究中的应用》，《文物保护与考古科学》，2001 年第 1 期。

② Gettens R J. The Freer Chinese Bronzes. vol. Ⅱ. Technical Studies. *Oriental Studies*, Washington D. C, 1969, (7).

③ 祝鸿范、周庚余：《用软 X 射线无损检测研究文物》，《上海博物馆文物保护科学论文集》，上海科学技术文献出版社，1996 年，第 395 ~ 404 页。

④ 杨军昌、韩汝玢：《X 光照相技术在文物及考古学研究中的应用》，《文物保护与考古科学》2001 年第 1 期。

文博学院文物保护实验室也开始尝试用该检测手段对青铜器群做系统研究，实验室曾使用X射线成像检测技术先后对陕西宝鸡䲨国墓地青铜器群①、山西曲沃晋侯墓地青铜器群②、江西新干大洋洲商墓青铜器群进行了尝试性的系统研究。

1.3.2　X射线成像检测技术在文物领域的主要应用

概括起来，文物的X射线成像在文物领域的应用主要包括以下几个方面：

（1）文物内部结构的研究

在进行实验室考古发掘时，文物常处于复杂的堆积状态，此时通过X射线成像，可以辅助判断各类文物的准确位置与相互关系。例如在对内蒙古图尔基山辽墓出土文物的实验室发掘整理中，X射线成像技术有效地帮助发掘者获知棺内金银器类文物、人骨架和遗存金属汞的原始状态，进而有的放矢地进行考古发掘。

对于金属质文物（如青铜器、铁器、金银器等）来说，通过X射线检测技术可以使研究者透视器物的内部，即从X射线成像底片上对其纹饰、铭文、铸造工艺特征（如芯撑、范缝、盲芯、加强筋、补铸等）等方面的信息有更加清晰准确的辨认，从而得以获取出不可直接观察到的重要信息。因此它是研究金属器铸造、保存状况的有效方法。

此外，X射线成像检测技术还可以应用在木质、油画、壁画等其他类文物上。

（2）文物腐蚀状况的研究

文物的X射线成像，除了可以帮助我们了解文物的内部构造外，还可以帮助我们了解文物的腐蚀状况、修复情况（如青铜器的焊粘接、修补、粘接等），可以通过这种无损的分析检测方法了解文物的保存状况，为制定相应的保护方案提供依据。但是，由于对此认识较晚以及样品稀缺，导致相关的基础研究一直处于空白状态。我们通过一些有限的青铜样品，进行了这方面的尝试，试图通过X射线成像中的不同表现形式，揭示出青铜器内部不同形式和不同程度的腐蚀。尽管只是初步的研究，但是，我们认为，这种研究是有意义的，可以为文物病害无损检测学科的建设，提供有益的帮助。

（3）为文物的考古学研究提供依据

文物的X射线成像检测结果还可以用以探究考古学分期、文化面貌等问题。传统的考古学研究通常是根据纹饰、器形等外部信息来进行上述领域的研究，而X射线成像检测技术可以获取到外表不可见的制造工艺等内部信息，研究者可通过探究这些制造

---

① 朱博雅：《X射线检测技术在宝鸡䲨国墓地青铜器研究中的应用》，北京大学历史学学士论文，2007年。

② 吕淑贤：《晋侯墓地青铜器铸造工艺的X射线成像检测分析》，北京大学历史学学士论文，2009年。

工艺中潜在的规律，结合纹饰器形等信息来研究分期及文化面貌等问题。尤其在青铜器群的研究中，通过 X 射线成像技术获取的芯撑、加强筋、分铸等铸造工艺信息可以作为分期及文化面貌研究的依据之一，从而为考古学研究提供一定的辅助作用。

1.3.3 X 射线成像检测技术在文物领域应用中存在的问题

X 射线成像检测技术具有无损的优点，提供的信息直观、实用、可靠，灵敏度高，重复性好。但也存在一定问题，从目前应用情况来看，主要存在以下几方面。

一是成本较高，不利于大规模拍摄。这在某种程度上限制了此项技术的广泛使用，不可能对所有的器物进行拍摄。所以需要与考古人员合作、商讨，挑选出具有代表性的、重要的器物进行调查。

二是设备的限制。因为仪器放置、大小等原因，一些器物没有办法从最好的角度进行拍摄，所以一些问题要留到以后来解决。在对弧度较大的部位拍摄时，照片反映的信息有一定失真现象，虽然可以通过采取底片紧贴器物内、外壁拍摄的措施来获取单壁的影像，但在条件许可的情况下，最好采用周向 X 射线机进行拍摄，但此方式尚未见有在文物检测中应用的报道。此外我们目前的设备只能拍摄平面图像，反映平面的二维影像，对三维实物成像具有局限性。这一局限有待于工业 CT 技术的广泛应用来解决。

三是对文物的影响。虽然 X 射线成像不会对被测青铜器造成损害，但是必须强调 X 射线应在热释光测试分析完成后或热释光样品采集完后再进行。经过 X 射线照射的陶器、瓷器、青铜器范土等，进行测年时其结果往往会不准确，只能采取一些措施来加以补救①。

四是具有一定的危险性。X 射线属于高能射线，对生物体有害，会引起多种疾病。要认真做好防护工作，操作过程中要有安全意识，操作员要注意个人防护，并保证他人的安全。

① 詹长法、张晓彤：《金属文物的保护和修复——从意大利大型青铜塑像的保护窥探现代修复技术的发展》，《文物科技研究》（第二辑），科学出版社，2004 年。

第2章　文物X射线成像检测的基础理论

了解X射线成像检测的基本原理和技术，须首先认识X射线的本质、特性与物质的作用规律，以及成像的基本原理。只有在理解了这些基本问题的基础上，方能够安全、合理、有针对性、有效地利用这一技术，达到事半功倍的效果。

与其他领域使用的X射线成像检测技术有所不同，由于文物的材质、工艺、使用及保存情况千差万别，不同场合下的拍摄目的也常有差异，所以对文物的X射线成像需要加以独特的考量，在具体的工作中也往往会提出许多不同的要求。因此，掌握X射线照相的基本原理尤为重要。基于此才能够针对不同的对象和要求灵活自如地选择X射线的强度、能量、曝光量以及焦距等参数，从而获得优质的影像并对所得影像进行合理的解读。

本章中有关基本概念的一些内容主要参考了强天鹏主编的《射线检测》一书。

2.1　辐射的概念及X射线的本质

2.1.1　辐射的概念

辐射，又称射线，是指微观粒子的释放过程。放出的微观粒子包括电子、质子、中子、光子、介子及某些原子核等。按其与物质作用的不同，辐射可分为电离辐射和非电离辐射，狭义的辐射仅指前者。

电离辐射即能引起物质发生电离的辐射。根据粒子的性质又可将其分为两大类：粒子带电的（如电子、质子、α粒子等）称为直接电离辐射；粒子不带电的（如X射线、γ射线、中子等）称为间接电离辐射。电离过程常伴随着化学键的断裂，造成物质化学性质的改变。

非电离辐射即不能引起物质电离的辐射，如微波、红外线等。非电离辐射的能量较低，不足以改变物质的化学性质。

另一种分类方法是将辐射分为电磁辐射和粒子辐射。电磁辐射的载体是光子，X射线与γ射线就属于电磁辐射；粒子辐射是指各种实物粒子射线，如α射线、β射线、电子射线、质子射线、中子射线等，都属于粒子辐射。

2.1.2　X射线的发现及其本质

1895年德国物理学家伦琴（1845～1923）在研究阴极射线时发现了一种新的辐射

现象，因为当时不知它是何种射线，故命名为 X 射线，后来为了纪念伦琴的贡献，又称之为伦琴射线。伦琴也因此成为第一个诺贝尔物理学奖得主。

伦琴发现 X 射线 17 年以后，另一位德国物理学家劳厄（1879 ~ 1960）通过 X 射线晶体衍射试验证明了 X 射线和普通的光波一样，本质都是电磁波。

2.2 文物 X 射线成像检测的物理基础

2.2.1 X 射线的性质

X 射线是一种穿透能力很强的电磁波。从波长上讲，X 射线介于紫外线和 γ 射线之间（实际的界限有一定的模糊），它的波长范围为 0.005 ~ 10nm。但在 X 射线成像检测中，实际使用的波长范围一般是 0.005 ~ 0.3nm。X 射线的波长越短，光子的能量越大，其穿透能力也越强。

X 射线的主要性质可以归纳如表 2-1 所示。

表 2-1 X 射线的主要性质

<table>
<tr><th>X 射线的性质</th><th>应用与注意</th></tr>
<tr><td>在真空中以光速沿直线传播，不受电场和磁场的影响</td><td rowspan="6">X 射线能从发射源以近乎直线的轨迹穿透待检测器物</td></tr>
<tr><td>与任何微观粒子一样具有波粒二象性</td></tr>
<tr><td>点源发出的 X 射线通量随距离的变化符合平方反比定律，即距离增加一倍，通量降低至原先的 1/4</td></tr>
<tr><td>在传播介质的界面处可以发生反射、折射，但其反射、折射与可见光有很大区别。对于常见的介质，X 射线不能产生可见光那样的镜面反射，因为这些介质的界面对它来说太粗糙了。X 射线从一个介质进入另一个介质时会发生折射，但折射率近似于 1，所以虽然发生了折射，其方向也几乎没有改变</td></tr>
<tr><td>X 射线也可以发生干涉、衍射现象，但由于 X 射线的波长远小于可见光，所以干涉、衍射现象只有用极小的孔、狭缝等才能观察到</td></tr>
<tr><td>X 射线的波长短，能量高，对各种物质具有程度不同的穿透能力；且 X 射线波长越短，穿透能力越强</td></tr>
<tr><td>X 射线会与物质发生复杂的物理和化学作用，如使原子发生电离或化学反应，使某些物质发出荧光等</td><td>利用其引发荧光的特性，可制造出各种荧光增感屏和影像增强器中的屏；需要注意 X 射线可能对文物带来的影响</td></tr>
<tr><td>X 射线可使摄影胶片中的溴化银感光，经化学显影还原出黑色金属颗粒</td><td>利用其化学感光作用实现 X 射线摄影</td></tr>
<tr><td>具有辐射生物效应，能够杀伤生物的细胞，破坏组织，影响器官的正常功能</td><td>操作中需要注意操作人员的防护</td></tr>
</table>

2.2.2　X 射线产生的条件及形式

根据电动力学，带电粒子在加速或者减速时必然产生电磁辐射。因此，当带电粒子撞击物质而骤然减速时，就会产生辐射，称为轫致辐射。由此可知，若使用轫致辐射的方法产生 X 射线，需要两个基本条件：一是高速运动的带电粒子流，在 X 射线管中是由阴极发射的电子；二是适当的阻止粒子运动的障碍。这个障碍称之为“靶”。高速运动的电子撞击金属靶时，电子骤然减速，部分动能转换成电磁辐射，就产生了 X 射线。

在实际应用中，X 射线通常由 X 射线管产生，X 射线管由阴极、阳极及玻璃或陶瓷质外壳组成。为了减少电子飞行中的阻碍，壳内需保持高度真空。阴极结构是一灯丝，通电加热后即可发射电子。阳极靶一般用金属钨制成。钨可耐高温，且原子序数高，可增强轫致辐射作用，提高射线的强度。X 射线管工作时必须在两极之间加高电压，从阴极灯丝发射的电子经高压加速后猛烈轰击阳极靶，其动能在阳极材料原子的电离和激发过程以及原子核场中受到的电场力作用下被消耗，其中只有一小部分能量（仅 3% 左右）转化成 X 射线，绝大部分能量最终转化成热。若热量不能及时导出，阳极会很快熔毁，因此 X 射线管工作时必须保证有良好的冷却。

从阴极飞往阳极电子流的大小即管电流，它决定了产生的 X 射线的通量。而 X 射线波长则取决于电子从阴极飞往阳极的运动速度，这与阴阳极之间的加速电压即管电压直接相关。

在管电压不变的情况下，管电流增大，单位时间内轰击靶的电子数量增加，产生的射线强度也就越大，但 X 射线的截止波长（即最小波长）不变；而管电流不变，管电压增大时，虽然电子的数目不变，但每个电子的能量增加，射线强度也会因此而增加，并且在此过程中出现了波长更短的 X 射线，即射线的穿透力增强了。

2.2.3　X 射线的连续谱与特征谱

X 射线的能谱有两种成分，一种是能量随波长连续变化的连续谱；而另一个是叠压在连续谱上的尖锐谱峰，称为特征谱或标识谱。

连续谱是从最短波长开始，随着波长的加长强度逐渐变化的部分，它是由于高速电子受靶材料阻挡而产生的轫致辐射，其截止频率只与外加的电压相关，对应的光子能量相当于电子在加速过程中获得的全部能量。

特征谱又称标识谱，是指突出于连续谱背景上的一系列线状谱。特征谱由靶元素内层电子的跃迁而产生，每种元素的核电荷数不同，电子排布也不同，谱线的位置反映了原子结构的特征，因此具有元素特征性。使用特征谱可以对文物材料特别是金属材料进行元素成分分析，例如 X 射线荧光光谱技术。但在文物的 X 射线成像检测中一般对特征谱不做特别的考虑。

2.3　X 射线与文物的相互作用

X 射线在射入文物后，会与其材料产生复杂的相互作用，导致 X 射线一部分被吸收，另一部分被散射。吸收是一种能量转换，光子的能量被物质原子吸收后变为其他形式的能量；散射会使光子的运动方向发生改变。这两种作用都会使穿透文物的 X 射线强度减弱。了解 X 射线与文物的相互作用关系，有利于我们正确的使用 X 射线进行文物分析检测，同时也有利于操作人员的安全防护。

理论上 X 射线与物质的相互作用包括 12 种效应，其中文物研究中最主要的有两种：光电效应、康普顿效应。当光子能量较低时，还必须考虑瑞利散射。其他形式的相互作用中，电子对效应在通常文物拍摄的射线能量范围内不会出现（入射光子能量大于 1.02MeV 时，才能发生电子对效应），而光核反应和核共振反应，因其发生几率很小，所以这里不作介绍。

2.3.1　光电效应

光子与物质原子轨道上电子相互作用后，光子消失，其动量及能量全部传递给电子，电子挣脱原子核的束缚被释放出来，形成光电子。发射光电子后，原子因轨道出现空位而处于激发态，会通过发射标识 X 射线或俄歇电子的方式退激，这一过程称为光电效应。入射 X 射线光子的能量一部分消耗于光电子脱离原子核束缚所需的电离能，剩余部分就作为光电子的动能。所以，发生光电效应的前提条件是光子能量必须大于电子的结合能。

理论和实验都证明，当 X 射线光子通过单位厚度的吸收物质时，因光电效应导致的衰减与原子序数 3 次方成正比，与射线光子能量的 3 次方成反比。这说明随着吸收物质原子序数的增大，光电效应发生的概率迅速增加；而随光子能量的增大，光电效应发生的概率迅速降低。

在文物分析实践中，对于纸张、皮革、纺织品、竹木漆器等有机文物来说，由于其组成元素的原子序数普遍较低，因此不易发生光电效应，要提高光电效应发生的几率，须降低射线的能量。青铜器等金属文物的组成元素原子序数比较高，发生光电效应的几率相对较大。而陶瓷、石质文物和泥塑，则介乎两者之间。

从文物 X 射线成像角度讲，光电效应中 X 射线光子被吸收，基本不产生散射，也不会在胶片上形成散射线灰雾；同时因物体质地上的差别而造成对射线的不同吸收，可以产生高对比度的 X 射线照片，有利于分析研究。因此光电效应在文物 X 射线成像分析中具有重要的实际意义。

从操作人员安全防护的角度讲，如果 X 射线通过光电效应被人体吸收，就会对人体产生很大的伤害，为此应设法较少光电效应在人体中的发生。光电效应可帮助我们正确选择射线能量，以保证和提高检验灵敏度，对研究增感作用、对射线的测量和射线的防护等都有帮助。

2.3.2 康普顿效应

光子与物质中的电子相互作用后，光子仅损失一部分动量和能量，其运动方向发生改变，电子获得能量成为反冲电子，这一过程称为康普顿效应。

康普顿效应总是发生于自由电子或受原子核束缚最弱的外层电子上，康普顿效应的发生几率大致与物质原子序数成正比，与光子能量成反比。也有资料认为，既然康普顿效应涉及的是吸收物质中的自由电子，那么康普顿效应发生的概率与原子序数无关，而与单位质量物质中的电子数相关，由于除氢以外的所有物质单位质量中的电子数基本相近，因此康普顿质量衰减系数几乎相同。

在文物的 X 射线成像检测中，康普顿效应产生的主要是不利的影响：虽然在穿透过程中射线强度也发生了衰减，但同时产生了波长较长、方向不定的散射线，造成底片灰雾增加、清晰度和分辨率下降。此外，散射作用使得射线不再局限于 X 射线管的发射方向，而是分布在整个空间，散射线也会对操作人员的健康产生不利的影响，因此，操作人员不要轻易认为射线发射方向没有朝向自己而放松警惕，一定要注意对散射线的防护。

2.3.3 瑞利散射

瑞利散射是入射光子与受束缚较强的内层轨道电子发生的弹性散射过程（也称为电子的共振散射）。在此过程中，一个束缚电子吸收入射光子而跃迁到高能级，随即又放出一个能量约等于入射光子能量的散射光子，由于束缚电子未脱离原子，故可以认为是光子与整个原子的弹性碰撞，光子的能量损失可忽略不计。瑞利散射是相干散射的一种，相干散射也称经典散射，是指散射线与入射线具有相同波长，从而能够发生干涉的散射过程。

瑞利散射的几率和物质的原子序数及入射光子的能量有关，大致与物质原子序数的平方成正比，并随入射光子能量的增大而急剧减小。一般认为入射光子能量在 200keV 以下时瑞利散射不可忽略，而在文物 X 射线成像分析中所使用的射线能量范围内（表 2-2）都存在瑞利散射，所以，在计算总衰减系数时，有时还要考虑其造成的影响。

表 2-2　X 射线的硬度等级及文物拍摄中的用途

等级	管电压/kV	波长/nm	用途（拍摄对象）
很软	≤20	≥0.062	纺织品、纸张、皮革
软	20 ~ 60	0.062 ~ 0.021	纺织品、皮革、骨角器、木漆器、陶瓷器
中等	60 ~ 150	0.021 ~ 0.008	木漆器、陶瓷器、铁器、青铜器、金银器
硬	150 ~ 400	0.008 ~ 0.003	铁器、青铜器、金银器
很硬	≥400	≤0.003	大型金属文物

2.3.4 各种相互作用发生的相对概率

上述各种效应的发生几率随入射 X 射线能量的变化而变化：例如，射线与铁相互作用，当光子能量为 10keV 时，光电效应占绝对优势；随着能量的增大，光电效应的比例逐渐减少，而康普顿效应的作用却逐渐增大；稍过 100keV，两种效应相等，瑞利散射在此能量附近发生几率达到最大，但也不超过 10% ；当光子能量在 1MeV 左右，此时的射线强度的衰减几乎都是康普顿效应造成的；若光子能量继续增大，由电子对效应引起的吸收逐渐增加；在 10MeV 左右，电子对效应与康普顿效应作用大致相等；超过 10MeV 之后电子对效应是最主要的相互作用方式。

各种效应对射线照相质量产生不同的影响，例如，光电效应引起的吸收有利于提高照相对比度，而康普顿效应产生的散射线则会降低对比度。

2.3.5 X 射线对文物的穿透与衰减

使用 X 射线给文物拍照是利用它的穿透能力，X 射线穿透文物时，穿透过程也是它的衰减过程。如前所述，光子与物质发生复杂的相互作用，导致了透过的一次射线强度低于入射射线强度，即射线强度发生了衰减。文物内部结构及成分的信息即包含在了衰减的结果中。

简单地说，X 射线的衰减与被透射物体的性质、厚度及入射 X 射线光子的能量有关。被透射物体的原子序数越高，厚度越大，射线的衰减越严重；同一种物质，射线能量不同，衰减能力也不同。而在 X 射线成像检测应用中使用的是宽束连续射线，入射线能量不是单值的，并存在散射线的影响，这些都使得实际情况变得更为复杂。

利用 X 射线的上述特性拍摄文物，获取其内部的相关信息，主要是由于文物存在以下特点：

· 文物的厚度不均匀。如木质文物中的榫卯处等；

· 文物由不同材料组成。如木质文物中的铁钉等；

· 文物材料厚度相同但自身不均匀。如木材年轮等；

· 文物材料由于腐蚀造成的不均匀。如青铜器的腐蚀等。

以上特性，使拍摄变得有意义。

2.4 文物 X 射线成像的质量

在文物的 X 射线成像中，成像质量受到多方面因素的影响，主要的影响因素包括：文物的材质及厚度；不均匀处或包含物的形状、方向；X 射线的强度和曝光时间；X 射线机的焦点尺寸；被透照物至焦点及底片间的距离；增感屏种类、胶片类型、胶片显影条件，等等。为了方便地体现影像质量的好坏，表征各因素的影响，在 X 射线成像工作中常使用黑度、对比度、清晰度、颗粒度、灵敏度等指标来评价拍摄的效果。

2.4.1 黑度

底片黑度也称为光学密度、摄影密度、黑化度或底片浓度等，用 D 表示。如将一束强度为 Φ 的光线通过底片后，光的强度减弱为 Φ_τ，则底片黑度 D 的定义可用下式表示。

$$D = \lg \frac{\Phi}{\Phi_\tau}$$

式中：D——底片黑度；

Φ——入射光通量；

Φ_τ——透过的光通量。

由上式可见，底片黑度描述的是底片的不透明度，底片越黑、透光越少，黑度就越大。它与射线的强度、波长、照射时间及显影因素有关。

2.4.2 对比度

如果文物本体中存在厚度差、密度差，那么射线穿透文物后，不同部位的透射线强度就有所不同。用此射线曝光，在底片的不同部位就会呈现出不同的黑度。文物 X 射线成像检测所得到的影像就是由不同黑度的阴影构成的，通过阴影和背景的黑度差方能够观察和识别文物的内部构造。底片上某一小区域内部和相邻区域的黑度差称为底片对比度，又称为底片反差。显然，对比度越大，此处的影像越明显。因此，为检出细微的差别，获得较高的灵敏度，就必须设法提高底片对比度。但在提高对比度的同时，也会产生一些不利后果：底片可达到的黑度范围是有限的，不适当地提高对比度会减少底片的层次，使得能被检出的厚度范围（厚度宽容度）减小，底片上的有效评定区域缩小，且在操作上造成曝光时间延长，检测速度下降，检测成本上升，等等。

影响底片对比度的因素主要有：厚度差别、衰减系数差别和散射比。

材料厚度和透照几何条件会同时影响 X 射线的穿透厚度。以青铜器为例，对于其纹饰、锈蚀或者铸造缺陷，几何尺寸是一定的，但在不同方向上形成的厚度差不同，对于这种具有方向性的面积型纹饰、缺陷，对比度与透照方向的关系特别明显，为提高成像对比度，就必须考虑选择适当的透照方向或控制一定的透照角度。此外，青铜器纹饰的深度与整个青铜器厚度的比例也会影响到成像的对比度，如果器壁很厚但纹饰很浅，底片上的对比度就不会很高，甚至根本就无法观察到。类似的问题还会出现在较厚青铜器的錾刻铭文上，以及较厚金属器物上很薄的贴金层等。

衰减系数与文物材质和射线能量有关。对于特定材质的文物，透照的射线能量越低，衰减系数就越大。所以在保证射线穿透力的前提下，选择能量较低的射线进行成像，是增大对比度的常用方法。

散射线会在底片上形成灰雾。减小散射可以提高对比度，因此透照时有时须采取有效措施控制和屏蔽散射线。

影响胶片对比度的因素还有：胶片种类、底片黑度及显影条件等。

不同类型的胶片的特性曲线具有不同斜率，称为梯度。通常，非增感胶片的梯度比增感型胶片的梯度大。非增感型胶片中，不同种类的胶片有时也不一样，若需提高对比度，可以选择梯度较大的胶片。

显影条件的变化也可以显著改变胶片特性曲线的形状。显影配方、显影时间、温度以及显影液活度都会影响胶片的梯度，进而影响影像的对比度。

此外，由于 X 射线管不是理想的点源，根据几何光学原理，底片上的影像由本影和半影组成。被摄物距离胶片越远，本影区越小；如果文物中某些内容细小，与胶片的距离过大，本影区甚至会完全消失，造成对比度下降。所以文物拍摄时，胶片必须尽量贴近被摄部位。

2.4.3 清晰度

用一束垂直于试件表面的射线透照一个金属台阶试块，理论上射线底片应有两个黑度不同的区域，一个是试件较薄部分形成的高黑度均匀区，另一个是试件较厚部分形成的低黑度均匀区，两区域交界处的黑度应在理想条件下突变不连续的。但实际成像中的黑度变化没有发生突变，黑度存在着一个过渡区，台阶的影像是模糊的。显然，黑度过渡区越宽，影像的轮廓就越模糊，所以该黑度过渡区域的宽度就定义为射线成像的不清晰度。

在实际文物 X 射线成像中，造成影像不清晰有多种可能的原因。属于方法固有的主要有两方面因素，即由于射线源有一定尺寸而引起的几何不清晰度，以及由于电子在胶片乳剂中散射而引起的固有不清晰度。

几何不清晰度是由于 X 射线管焦点有一定尺寸，所以成像时影像的边缘会产生一定宽度的半影，这个半影的宽度就是几何不清晰度。

固有不清晰度是由于照射到胶片上的射线在乳剂层中激发出的电子散射而产生的。当光子穿过乳剂层时，也会与其中的物质发生光电效应、康普顿效应以及电子对效应，激发出电子。X 射线光子的能量越高，电子的动能就越大，在乳剂层中的射程也就越长。这些电子向各个方向散射，可到达邻近的卤化银颗粒，动能较大的电子甚至可以穿透过许多个卤化银颗粒。电子射线也是电离辐射，也会使其路径上的卤化银颗粒感光，因此一个 X 射线光子不但会使其直接击中的卤化银颗粒感光，还可能在其周围形成一小片潜影，其结果是不仅真正的影像点能被显影，而且该点附近区域也能被显影，这就造成了影像边界的扩散和轮廓的模糊。固有不清晰度大小就是散射电子在胶片乳剂层中作用的平均距离。

固有不清晰度主要取决于射线的能量，射线能量越高，固有不清晰度越大。射线成像的固有不清晰度可采用铂-钨双丝像质计测定。

此外，文物、射线源或者胶片的晃动、增感屏与胶片接触不良等偶然因素，以及使用盐类增感屏时引起的荧光散射都会使影像的清晰度进一步下降。

2.4.4　颗粒度

颗粒性是指均匀曝光的射线底片上黑度分布的不均匀性。颗粒度是根据测微光密度计测出的数据、按一定方法求出的所谓底片黑度涨落的客观量值。

一般说来，颗粒性随胶片速度和射线能量的增大而增大，在受到高能量射线照射的快速胶片上，甚至不用放大镜就可以观察到显著的颗粒性。此外，成像颗粒度也与显影配方、活度、温度等因素有关，一般显影条件越强，颗粒度越大。

2.4.5　灵敏度

如前文所述，在 X 射线成像中，对比度、清晰度和颗粒度是评价影像质量的三个因素，但是在实际应用中往往并不是通过测量这三个指标，而是使用灵敏度这个概念来综合性地描述射线影像中显示细节的能力。X 射线成像的灵敏度，从定性方面来说，是指在影像中发现和识别被摄物细节的难易程度；从定量的角度，所谓射线成像灵敏度，是指在底片上可以观察到的被摄物中最小细节的尺寸。

灵敏度有绝对与相对之分，在底片上所能发现的沿射线穿透方向上的最小细节尺寸称为绝对灵敏度，此最小尺寸与射线透照厚度的百分比称为相对灵敏度。

由于文物中的各种内部状况在成像前往往是不可知的，其真实尺寸亦无法测量，且 X 射线成像时沿射线穿透方向上的尺寸一般也很难测定。因此，用自然最小尺寸来评价射线照相灵敏度显然不现实。为便于定量评价射线照相灵敏度，常用与被拍摄物体质地、厚度有确定数量关系的人工结构，例如具有不同尺寸的丝、孔、槽等的青铜件组成所谓的透度计，又称为像质计，作为底片影像质量的监测工具，由此得到的灵敏度称为像质计灵敏度。

目前最广泛使用的像质计主要有三种：丝型像质计、阶梯孔型像质计和平板孔型像质计。各种像质计设计了特定的结构形式，并规定了相应的灵敏度测定方法。须注意不同像质计给出的灵敏度不能简单比较，即使不同像质计给出的灵敏度数值相同，也并不代表影像质量相同。

像质计灵敏度越高，表示影像的质量水平越高，进而间接地反映出此成像检测方法对文物中细小自然情况的检出能力越强。但需要注意的是，底片上可显示的像质计最小金属丝直径、孔径或槽深并不等于文物中所能发现的最小细节尺寸，即像质计灵敏度并不等于文物内部情况的灵敏度。

对文物中方向性很强的内部结构或包含物，即使成像检测方法的像质计灵敏度很高，黑度、清晰度亦符合标准要求，有时也有难于检出甚至完全不能检出的情况。造成这种差异的影响因素很多，例如射线透照方向或角度不合适而造成透照厚度差小的影响等。要提高此类文物信息的检出率，就必须考虑透照方向及其他有助于提高缺陷检出灵敏度的措施。

2.5　文物 X 射线成像分析的基本原理

文物的 X 射线成像分析最主要的应用是研究其内部信息，包括文物的质地、结构、包含物等，进而研究其制作工艺、保存状况、修复情况等。这些内部现象在文物的外表常不可见，又不可以用破坏性的方法进行研究。X 射线成像分析在解决这些问题方面可以提供很大的帮助。

X 射线在穿透文物的过程中会与其内部物质发生相互作用，并因吸收和散射作用而使其强度发生衰减。衰减的程度取决于文物各种组成成分的衰减系数和射线在各成分中穿透的厚度。如果被透照的文物内部存在不均匀的结构或者包含物，该局部区域透射线的强度就会与周围产生差异。把胶片放在适当位置使其在透射线的作用下感光，经暗室处理后得到底片，底片上各点的黑化程度取决于射线照射量（射线强度 × 照射时间）。由于透射线强度不同，底片上相应部位就会出现黑度的差异。底片上相邻区域的黑度差定义为对比度，根据对比度构成的不同形状的影像，就可以判断文物的各种内部情况（图 2-1）。

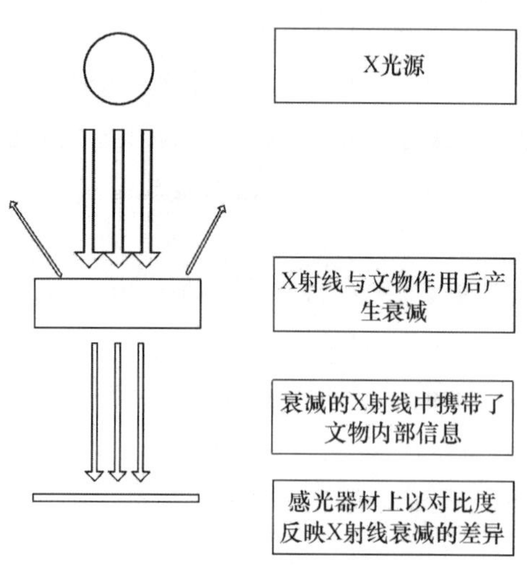

图 2-1　文物 X 射线成像的基本原理

2.6　X 射线的分类及在文物成像检测中的使用范围

在实际工作中，通常将光子能量高、波长短的 X 射线称为硬 X 射线，反之则称为软 X 射线。如此分类是为了形象地说明射线穿透物质的能力。目前对 X 射线的软硬区分并没有严格的、科学的界定。德国工业标准（DIN6809）对 X 射线进行过划分，划分的大致情况见表 2-2。也有简单地将射线波长小于 0.01nm 的称为硬 X 射线，对应的管电压大于 75kV；将射线波长大于 0.01nm 的称为软 X 射线，对应的管电压小于 75kV。

在 X 射线检测时，射线波长范围的选择具有十分重要的意义，选择得当，才能得到理想的效果。通过长期拍摄不同质地文物的实践，我们总结出了主要的文物类别在拍摄时使用管电压的大致范围，如表 2-2 所示。但这只是一般情况下使用的射线参数，文物的情况往往千差万别，同种材料，有的薄如纸，有的却很厚，甚至同一件器物，在进行不同部位的分析或是为了分析不同的内容，都需要不同的拍摄条件，拍摄时要根据具体条件以及分析的内容加以灵活调整。

第3章 文物X射线成像分析设备与器材

3.1 X射线机

X射线机属于高压精密仪器。为了在拍摄文物时能够正确使用，以充分发挥仪器的性能，并保障操作人员的安全，需要了解它的分类、工作原理、结构和使用性能。

X射线机的分类方法有很多，从技术发展脉络的角度来讲，按照X射线机的工作电压模式可分为恒压X射线机和脉冲X射线机；按照加在X射线管上的交流电的频率可分为工频X射线机、变频X射线机和恒频X射线机；按照所使用的X射线管管壳材料可分为玻璃管X射线机和陶瓷管X射线机。在管电流、管电压相同的条件下，相对而言恒频机穿透能力最强、功耗最小、效率最高，变频机次之，工频机则相对较差。

此外，按照X射线管的辐射方向可分为定向X射线机和周向X射线机；按照X射线管焦点尺寸可分为微焦点X射线机、小焦点X射线机和常规焦点X射线机；按照X射线机的功用可分为医用X射线机、安检X射线机和工业用X射线机；按照可移动程度分可分为携带式X射线机、移动式X射线机、固定式X射线机，等等。

上述诸多分类指标对选取X射线机很有意义，如：工频X射线机发出的射线波谱复杂，杂散射线多，成像模糊；X射线管的焦点大小会显著地影响到成像质量，微焦点的成像质量最好，小焦点次之，常规焦点最差。但是，微焦点X射线管使用寿命比较短，而且额定管电流及管电压都比较低，这大大影响到其使用范围。所以在使用和购买X射线机时，要根据工作对象和工作要求做出合理的选择。

携带式X射线机将X射线管、高压发生器、冷却系统共同安装在一个机壳中，称为组合式，为了防止高压放电，其中充满了绝缘介质。另外还有属于低压电路的控制器部分，与射线发生器通过低压电缆相连。目前常见的携带式X射线机使用玻璃或陶瓷X射线管，冷却系统以风冷为主。携带式X射线机的管电压一般不超过320kV，管电流经常固定在5mA，一些进口携带式X射线探伤机管电流可以在0.5～9mA的范围内调节，步幅0.5mA。携带式X射线机具有体积小，重量轻，便于携带至工作现场进行X射线成像检测等优点。

移动式X射线机采用分离式X射线发生器，一般使用金属陶瓷X射线管，冷却系统采用循环水冷。这类X射线机管电压一般不高于160kV，管电流可达19mA。

固定式X射线机采用分立的射线发生器、高压发生器、冷却系统和控制系统，整机结构完善，功能强大。其管电压可达 450kV，管电流可达 30mA 以上，工作效率比较高。其缺点是体积和重量很大，不便移动。

表 3-1 中列出三种类型 X 射线机的基本情况。

表 3-1　X 射线机的种类及主要参数范围

类型	管电压	管电流	便携性
携带式 X 射线机	小于 320kV	5mA	便于携带
移动式 X 射线机	一般小于 160kV	19mA	一般
固定式 X 射线机	可达 450kV	30mA	不便移动

在文物研究中，根据工作要求和特点，通常使用工业低能定向 X 射线机，而且以携带式居多。随着科技的发展，携带式 X 射线机在小型化、轻量化、自动化方面进行了很多次改进，减轻了 X 射线照相工作的劳动强度，提高了工作效率以及系统的可靠性。

现在，应用了微电脑技术的 X 射线机具有自动试机及间隙休息等多种功能，可进一步提高成像过程的自动化程度。此外，附加使用曝光计时器（即电离器）可自动控制曝光量：将其放在被检器物后面，紧贴暗袋，与胶片一同接受透射 X 射线，当产生的电信号达到设定值后，控制系统自动切断高压停止曝光，从而可以精确地控制胶片接受的射线剂量，以获得相同黑度的底片。

3.1.1　X 射线机的主要组成部分

（1）X 射线发生器

X 射线发生器的主要结构包括 X 射线管、外壳和充填的绝缘介质，在外壳内部还衬有一定厚度的铅屏蔽层，以降低泄漏的辐射量。

X 射线管是 X 射线机的核心部分，主要由阳极、阴极和管壳构成。

阳极是产生 X 射线的部位，其结构包括阳极体、阳极靶和阳极罩。

阳极体是具有良好导热性的金属电极，一般由无氧铜制成，其作用除了支撑阳极靶之外，同时还起到散热的作用，避免靶面烧毁。

阳极靶的作用是承受高速电子的轰击，产生 X 射线。X 射线管工作时电子的绝大部分动能在阳极靶上转化为热量，所以靶材料必须耐高温。此外，高原子序数的靶材料 X 射线转换效率更高。因此工业射线成像用的 X 射线管的阳极靶一般用钨制成。

高速电子轰击阳极靶时会打出二次电子，如果这些二次电子聚集在管壳上，形成电势差，就会影响电子束的聚焦。所以通常使用铜制成阳极罩以吸收二次电子。

阴极的作用是发射电子，由灯丝和金属电极（聚焦杯）构成。灯丝通电加热后可发射热电子，这些电子在管内高压作用下加速飞向阳极靶。由于灯丝的温度越高，电子发射能力越大，所以灯丝通常也是用耐高温的钨制成。灯丝和聚焦杯的形状、尺寸以及相对位置等都是影响 X 射线管焦点的重要因素。

阴极发射电子的数量基本上决定了从阴极飞往阳极电子流（即管电流）的大小，而 X 射线的波长则决定于每个电子的动能，它与加于两极之间的电压即管电压直接相关。当管电压上升时，X 射线管发射出的 X 射线强度增大，并且还会出现更短波长的 X 射线。

为了使电子在飞行的过程中不受阻碍，X 射线管内必须保持高度真空，管壳即起到封装的作用。管壳必须具有足够高的机械强度和绝缘能力。工业射线成像检测用的 X 射线管的管壳主要采用玻璃与金属或陶瓷与金属制作。管壳由玻璃与金属制成的 X 射线管，称为玻璃 X 射线管；采用陶瓷与金属制作管壳的 X 射线管分为两类：金属陶瓷 X 射线管和波纹陶瓷 X 射线管，其主要特点是结构牢固，抗震性强，寿命长。普通玻璃 X 射线管的寿命一般为 400 ~ 500 小时，陶瓷 X 射线管的寿命一般在 1000 小时以上（这里所说的寿命并不是指 X 射线管损坏，而是指 X 射线管相关的辐射量降低到规定值的 80% 以下）。

射线成像检测中使用的另一种 X 射线管是微焦点 X 射线管。这是一类结构特殊的 X 射线管，它采用了一套电子聚焦系统，可以形成很细的电子束，焦点尺寸可以小到几微米。微焦点 X 射线管的优点是成像清晰度好，但工作电压较低，一般不超过 160kV，管电流也远远小于普通 X 射线管，一般不超过几百微安。

其他特殊用途的 X 射线管还有周向辐射 X 射线管、软 X 射线管等，由于其与文物 X 射线成像关系不大，在此不一一列举。

（2）高压发生器

高压发生器的作用是为 X 射线管提供加速电压，即阳极与阴极之间的电位差。

高压整流电路有多种形式，典型的有半波自整流电路、全波整流电路和恒压整流电路。

半波自整流电路多用于携带式 X 射线机，其优点是结构简单，部件少，体积小。但它也存在明显缺点，主要是仅在交流高压的半个周期内发射 X 射线，电源利用率低；此外，在高压的负半周，X 射线管要承受很高的反向电压，如果阳极温度很高，可能会因发射电子而出现反向电流。

全波整流电路的电源利用率高，X 射线管也不承受反向高压。但其仍然存在输出的电压波形不稳定，也就是输出的 X 射线强度不稳定的缺点。

全波恒压整流电路输出的电压波形稳定，X 射线管上的电压变化较小，不仅减少了输出 X 射线强度的波动，而且具有倍压作用，因此其应用越来越广泛。

（3）冷却系统

在一般的低压 X 射线机中，X 射线管只能将电子能量的 1% 左右转换为 X 射线，绝大部分的能量在阳极靶上转换为热量。因此 X 射线机必须有良好的冷却系统，否则高热会将阳极靶损坏。

X射线机常用的冷却方式大致可以分为以下几种：辐射散热冷却、风冷却、水循环冷却、油循环冷却。

（4）控制系统

X射线机的控制系统是用来控制X射线管的管电压、管电流、工作和冷却时间。它由基本电路、电压和电流调整部分、冷却和时间控制部分以及保护装置等组成。

3.1.2　X射线机的主要性能指标

从射线检测工作的角度，X射线机的主要性能指标可归纳为四个：工作负载特性、辐射强度、焦点尺寸、辐射角，此外还有其他一些操作特性，如工作方式、漏泄辐射剂量、重量等。在选取文物成像用X射线机时，应考虑上述性能是否能够满足工作的具体要求。在我国的机械专业标准《工业X射线探伤机性能测试方法（JB/T9402－1999)》中，关于X射线机的技术性能，规定应进行电源电压波动工作试验、穿透力试验、透照灵敏度试验、有效焦点测定、辐射角和辐射场均匀性测定、漏泄射线比释动能率测定、计时误差测定、管压误差测定、管电流误差和总耗电功率测定等。此外，在这个标准中还规定了X射线机应满足安全性、可靠性、稳定性试验的要求。这些规定都可作为文物X射线成像工作者了解并选择仪器性能的参考。

（1）工作负载特性

X射线机的工作负载特性包括三个方面：X射线机的管电压范围、管电流范围和X射线机的最大容许功率。这三个方面决定了X射线机适宜检测的材料类型、厚度范围以及工作的应用特点等。

（2）辐射强度

前面已述，X射线管辐射的射线强度与管电压、管电流以及阳极靶材料相关。X射线强度近似与管电压的平方成正比、与管电流成正比、与靶物质的原子序数成正比。管电压决定了X射线光子的穿透能力，而管电流决定了X射线管所产生的光子数量，二者都是文物X射线成像工作中最重要的控制参数，因此是X射线机的重要技术指标。

（3）焦点

X射线管的焦点也就是X射线机的焦点，指的是阳极靶上产生X射线的区域。由于焦点的形状、尺寸直接关系到影像的质量，所以它也是X射线机的一个重要技术指标。

X射线机的实际焦点是指电子束所撞击的阳极靶的面积，在射线照相中通常所说的焦点并不是实际焦点，而是指有效焦点。X射线管的阳极靶面一般不正对射线发射窗口，有效焦点是指X射线机的实际焦点在辐射的射线束的中心方向上观察到的形状和尺寸，即实际焦点在垂直于射线发射方向的平面上的投影。有效焦点总是小于实际焦点。

国际标准化组织把常用的X射线机的焦点形状归纳为四种，即正方形、长方形、圆形、椭圆形。焦点的形状取决于灯丝绕制的形状，如果灯丝为圆形，则焦点为圆形或椭圆形；如果灯丝为长条形或螺旋管形，则焦点为矩形。

（4）辐射角

辐射角直接决定了 X 射线机可使用的辐照场，它由阳极靶的形状和阳极的设计决定。目前使用的定向辐射 X 射线机的阳极靶为平面靶，靶面角（即靶面与 X 射线管轴线的夹角）为 20°，对应的辐射角一般为 40°锥形。

3.2 X 射线胶片

自 1895 年伦琴发现 X 射线以来，一百多年间 X 射线影像的记录载体从涂有卤化银药膜的感光玻璃板，发展到了可以满足医疗和工业探伤等不同要求的各种 X 射线胶片。虽然目前已开发出了多种数字化成像系统，但是由于成本、成像质量以及拍摄灵活性等因素的限制，X 射线胶片在文物成像工作中仍具有强大生命力。

3.2.1 X 射线胶片的结构

X 射线胶片的结构与普通摄影胶片相比，除了感光乳剂成分有所不同之外，另一个重要不同之处是 X 射线胶片一般是双面涂布感光乳剂层，且乳剂层厚度大于普通摄影胶片，这主要是为了能更多地吸收射线的能量。

虽然感光乳剂层是形成影像的主要材料，但它缺乏足够的机械强度，无法直接使用，需要附着在支持体上。X 射线胶片的支持体是一种透明塑料，一般称为片基。对片基的要求有透明度高、平整、挺直、韧性好，以及具有一定的机械强度，还需要耐低温、不发脆、不吸湿、收缩性小、几何尺寸稳定等。过去曾使用硝酸纤维素（硝化棉）制作片基，但其易燃；后来又曾普遍使用三醋酸纤维素制作片基；目前广泛使用的是聚酯片基，其厚度为 0.175～0.300mm，略薄于醋酸纤维素片基。为改善一般照明条件下 X 射线照相底片的观察效果，片基通常制成淡蓝色。

感光乳剂层是形成影像的主要材料，主要由颗粒极细的感光物质和明胶组成，此外还有增感剂等其他成分。感光乳剂层的厚度在 10～20μm，其中的感光物质通常是掺杂少量碘化银的溴化银，颗粒直径一般在 1μm 以下。在保证感光性能的条件下，卤化银颗粒越细，X 射线胶片的清晰度越高，解像力越强。明胶具有良好的分散性，起着使卤化银颗粒均匀悬浮的作用，使卤化银不致沉降和凝聚。同时明胶具有多孔性，对水有极大的亲和力，在冲洗胶片时，药液能迅速、均匀地渗透到感光乳剂层中进行显影、定影等化学反应；在水洗过程中又可将显影、定影时的生成物以及残留的药剂漂净。

在感光乳剂层和片基之间是一层胶质的结合层，起到粘接的作用。

保护层主要是一层极薄的明胶层，厚度在 1～2μm，它可以避免感光乳剂层直接与外界接触，防止其受到摩擦而产生“摩擦灰雾”、摩擦丝和黑纹。

此外，一些厂家还通过细化或者增加一些涂层以提高X射线胶片的性能，如爱克发公司的工业X射线胶片，为了确保感光乳剂层的均匀分布，将乳剂层分为两层，同时为了提高表面保护层抗高压和耐刮、耐折的能力，增加了抗分离应力层。

3.2.2　X射线胶片的感光原理及潜影的形成

胶片受到可见光或X射线、γ射线的照射时，感光乳剂层中的卤化银感光微粒将发生变化，形成眼睛看不到的潜在影像，即所谓潜影。经过显影处理，潜影可转化为可见的灰度影像。

根据葛尔尼潜影理论，在感光乳剂中卤化银颗粒表面的一部分微量银质点集中在AgBr晶体的缺陷和位错部位，形成感光中心，其电位能较之周围的AgBr要低，具有更强的对光反应能力。

当射线照射时，光子作用于AgBr晶体，将Br^-离子中的电子逐出，电子进入感光中心使其带负电，再吸引带正电的Ag^+；Ag^+与电子结合在感光中心形成银原子，构成潜影中心，这是潜影形成的基本过程。此基本过程在感光中心可不断重复，直至曝光结束。底片上无数个潜影中心即组成了潜影。

潜影在形成后可随时间发生变化，如长时间放置后再显影，得到的影像比及时冲洗得到的影像较淡，此现象称为潜影衰退。潜影衰退的实质是构成潜影中心的银被空气氧化而重新变成银离子的逆变过程。胶片所处的环境温度越高，湿度越大，则氧化作用越强，潜影衰退越严重。

3.2.3　X射线胶片的种类

X射线胶片的种类有很多，按用途可分为医用X射线胶片和工业用X射线胶片；按使用方法可分为增感型X射线胶片和非增感型X射线胶片。增感型胶片与非增感型胶片具有完全不同的感光特性。

医用X射线胶片多为增感型X射线胶片，一般在使用时要与荧光增感屏配合使用，使用荧光增感屏可以将辐射剂量减少到几千分之一，但成像质量要较非增感型胶片差。另外，不同的荧光增感屏可发出不同色调的荧光，通常有蓝色和绿色两种，相应的X射线胶片也分为感蓝和感绿两种，使用时应注意二者的匹配。

工业用X射线胶片一般为非增感型胶片，其成像质量好，适于与金属增感屏配合使用或在不用增感屏的条件下使用。在我国国家标准中，根据粒度和感光度把射线胶片分成T1至T4四类，由T1至T4颗粒度逐渐增加，相应的感光度也逐渐提高。T1颗粒最细，感光度最低；而T4颗粒最粗，感光度最高①。

---

①　全国无损检测标准化技术委员会等：《无损检测标准汇编——射线检测方法（下）》，中国质检出版社、中国标准出版社，2011年，第159～162页。

文物 X 射线成像分析中，应根据拍摄对象和拍摄要求，合理选择胶片及增感方式。医用 X 射线胶片可供选择的规格较为齐全，目前市场上常见的医用 X 射线胶片感光度为 ISO100，尺寸有 5in×7in、8in×10in、10in×12in、12in×15in、14in×17in 等，能满足文物拍摄的一般要求，不需要自己裁剪，使用方便，而且价格较低，购买渠道广泛。工业用 X 射线胶片可选用的尺寸较少，有时需根据实际情况加以裁剪，而且价格较医用 X 射线胶片高。当然，如果仔细控制曝光条件，使用医用 X 射线胶片配合金属增感屏，也能够得到满意的文物 X 射线成像结果，同时可以降低拍摄成本，节约胶片冲洗时间。

3.2.4　底片的黑度和黑度计

底片黑度的定义如 2.4.1 节所示。黑度由黑度计检测，黑度计又称光学密度计，简称密度计。目前广泛使用的是数字显示黑度计，有台式和携带式两种。

3.2.5　射线胶片的主要感光特性

射线胶片的感光特性是指胶片曝光后得到的底片黑度与曝光量之间的关系，主要包括感光度（S）、灰雾度（D_0）、梯度（G）、宽容度（L）等。

（1）感光度（S）

感光度也称感光速度，表示胶片感光的快慢，也就是对光线（射线）的敏感程度。根据 ISO7004－87 和国标 GB/T9582－1998 的规定，感光度的定义为：在一定的曝光、冲洗工艺和图像测量条件下，照相材料对透照辐射能响应的一种定量测量。

射线胶片感光度与乳剂层中的含银量、明胶成分、增感剂含量以及银盐颗粒的大小、形状有关，对同一类型的胶片来说，银盐粒度越粗，其感光度越高。感光度的测定结果还受到射线能量、显影配方、温度、时间以及增感方式的影响。

（2）灰雾度（D_0）

未经曝光的胶片显定影后也会有一定的黑度，此黑度称为灰雾度（D_0），又称为本底灰雾度。灰雾度小于 0.30 时，对射线底片的影响不大，灰雾度过大会损害影像对比度和清晰度，进而降低灵敏度。

灰雾度由两部分组成，即片基光学密度和胶片乳剂经化学处理后的固有光学密度。通常感光度高的胶片要比感光度低的胶片灰雾度大。保存条件不当和保存时间过长也会使灰雾度增大。此外，底片所显示的灰雾不仅与胶片灰雾特性有关，而且与显影液配方、显影温度、时间等因素有关。

（3）梯度（G）

胶片的梯度也称特性曲线，即不同曝光量在底片上造成的不同黑度差别的固有能力。

（4）宽容度（L）

指与胶片有效黑度范围相对应的曝光范围。在这个范围内，由于黑度与曝光量对数值近似成正比关系，因此在射线检测中器物的不同厚度或者厚度差将以相应的不同黑度记录在底片上。显而易见，梯度大的胶片其宽容度必然小。

3.2.6　卤化银粒度对胶片性能的影响

卤化银粒度，即感光乳剂中卤化银晶体的平均尺寸，是在感光乳剂制备过程中的物理成熟工艺阶段确定的。工业射线胶片的卤化银颗粒尺寸大致在 0.5 ~ 10μm 范围内。根据使用性能的要求，通过生产工艺条件控制可使不同类别的胶片具有不同的粒度。

粒度对胶片的感光特性和使用性能具有重要的影响。如果其他条件不变，单纯考虑粒度变化的影响，则随着粒度的增大，胶片的感光度和颗粒度都将提高。

3.3　增感与增感屏

3.3.1　增感概念

增感，顾名思义就是增加 X 射线胶片的感光量，增感的目的在于可以缩短曝光时间和降低照射强度。如此不但可以提高 X 射线摄影的工作效率，降低操作人员的受照剂量，还可以延长射线装置的使用寿命。

由于 X 射线的穿透能力很强，因此大部分射线会直接穿过胶片，真正被胶片吸收形成潜影的只是其中相当小的一部分。所以要得到一定黑度的清晰底片通常需要较大的曝光量，也就是使用较强的射线强度或增加曝光时间。为了缩短 X 射线照射时间，起初采用增加感光药膜的厚度和银量，甚至涂布两层乳剂。但是太厚的药膜存在很多的缺点，而且效果也并不十分理想。

1896 年爱迪生发现钨酸钙受 X 射线照射时能发出蓝紫色荧光，并根据此现象发明了钨酸钙增感屏。当以 100kV 的 X 射线照射时，一对钨酸钙增感屏能吸收 40% ~ 50% 的 X 射线能量，将其转变为荧光，荧光再使胶片感光，提高了曝光效率，因此能减少曝光剂量。1914 年，美国柯达公司发明了一种质量很好的两面涂有乳剂的 X 射线胶片，解决了影像密度不够、反差小和不清晰的问题，从而使得一对增感屏夹一张 X 射线胶片的 X 射线投照方法为最通用标准的方法，为近代 X 射线成像奠定了基础。

3.3.2　增感系数

增感系数描述的是增感作用程度，是指在同样的照射和暗室处理条件下，使胶片得到同一黑度时，未使用增感屏和使用增感屏所需要的射线剂量之比。

$$k = E_0/E$$

式中：

E_0——胶片达到一定黑度不使用增感屏时所需的曝光量；

E——胶片达到一定黑度使用增感屏时所需的曝光量；

k——增感系数。

不同类型的增感屏的增感机理不同，增感系数也不会一样，同一类型增感屏在不同能量的射线下使用，增感系数也不同。

3.3.3 增感屏的种类

目前，主要有三种类型的增感屏：荧光增感屏、金属增感屏、金属荧光增感屏（又称复合增感屏）。

1. 荧光增感屏

荧光增感屏又称盐增感屏，其增感作用是依靠荧光物质晶体在受到射线照射时，激发出可见的荧光，荧光再使 X 射线胶片曝光，提高曝光效率。最早的荧光增感屏是钨酸钙增感屏。

荧光增感屏由支持体、底层、荧光层和保护层组成。荧光增感屏中，如钨酸钙增感屏，其发光物质是钨酸钙，在 X 射线照射下发出蓝紫色光，支持物通常是一种白色的卡纸，底层按用途可分为反射层和吸收层，反射层可反射背向荧光，提高增感效率；吸收层是为了防止背向散射荧光干扰成像质量。底层之上是发光层，是荧光物质与树脂混合物制成的涂层。发光层上是保护层，由纯树脂制成。

荧光增感屏的优点是效率很高，增感系数通常可达 10 ~ 60，实际应用荧光增感屏时，胶片上所得到的感光约有 90% 以上是由增感屏发出的。增感系数大小取决于荧光物质颗粒的大小，在一定范围内，颗粒越大发出的荧光越强，增感系数也就越大。但影像不清晰度也随之增加，而且不管晶粒的大小如何，任何一个晶粒受其相邻晶粒的照射而形成光的散射也是不可避免的。此外，荧光增感屏不能吸收被照物体和周围环境产生的散射线。这些都将严重影响成像的质量，也是荧光增感屏最主要的缺点。

荧光增感屏的增感系数受 X 射线管电压的影响，一般在 80 ~ 140kV 范围内随管电压的增高而增高。但当管电压大于 200kV 以后，将随管电压的提高而下降。所以在采用 200kV 以上的管电压时，一般不采用荧光增感屏。

由于荧光增感屏的不清晰度比较高，因此在文物 X 射线成像中很少使用。但是在照射比较厚重的文物，例如沧州铁狮子时，一般的携带式 X 射线机的穿透能力和射线强度不足，非增感或使用金属增感屏的胶片都不可能获得足够曝光，因此采用荧光增感屏是获取影像的唯一手段。此时由于管电压的降低，往往可使灵敏度得以一定程度地弥补，拍摄到的 X 射线照相底片也完全可以达到基本的使用要求。

钨酸钙增感屏分为前屏和后屏，使用时应当注意不要颠倒位置。后屏荧光层的厚度比前屏要厚，这是因为 X 射线投照时通过前屏和 X 射线胶片后，到达后屏时，X 射线的强度已经减弱，故增加后屏的厚度以增加其发光强度，使之与前屏接近，以便X射线胶片的两面得到相似的曝光。

钨酸钙增感屏有三种类型：慢速增感屏、中速增感屏、高速增感屏。慢速增感屏发出的荧光亮度比较低，图像相对清晰；高速增感屏发出的荧光最亮，图像清晰度最差。文物成像分析中通常使用中速和慢速增感屏。钨酸钙增感屏的成本很低，规格齐全，如：5in×7in、8in×10in、10in×12in、12in×15in、14in×17in等，基本能够满足文物成像中各种尺寸的需要。

除了钨酸钙增感屏外，20世纪70年代开始出现稀土荧光增感屏，如硫氧化钆、硫氧化钇、硫氧化镧、溴氧化镧等。稀土增感屏发出的荧光光谱范围较宽，有蓝光、蓝绿光以及绿光，荧光亮度也比较高，增感系数显著高于钨酸钙增感屏。但是在稀土增感屏时特别要注意选用感光区域相匹配的X射线胶片，否则不但达不到应有的效果，有时还会适得其反。

在使用荧光增感屏时，要注意荧光增感屏会产生余辉。所谓余辉就是在X射线停止照射后，增感屏仍会继续发出荧光的现象。余辉持续的时间与荧光增感屏材料和射线强度有关。目前国内尚未将增感屏余辉测试确定为X射线暗室技术质量控制和检测指标的内容，钨酸钙增感屏厂商标注的余辉值为小于30秒，有些研究认为曝光后经过80秒以上再打开片盒才比较安全。过早打开或移动，会造成胶片不清晰度的增加。而有些稀土增感屏比钨酸钙增感屏的余辉时间更长。使用时更应注意。

2. 金属增感屏

金属增感屏由厚度均匀的平整金属箔制成。常用的金属有铅、钨、钽、钼、铜、铁等。综合考虑价格、压延性、表面光洁度和柔软性，应用得最普遍的是用铅锑合金制作的铅箔增感屏。这种合金不但柔软而且不易划伤，常用的厚度在0.01～1.00mm。为了方便使用，往往将金属箔黏结在一定的支持物上，如纸片、胶片基等。

在射线照相中，与胶片直接接触的金属增感屏有两个基本作用：其一是增感效应——金属屏受透射射线激发产生二次电子和二次射线，二次电子与二次射线能量很低，容易被胶片吸收，从而增加胶片的感光作用；其二是对波长较长的散射线有吸收作用，从而减少散射线引起的灰雾度，提高影像对比度。

相对于荧光增感屏所发出的荧光，金属增感屏产生的二次辐射对胶片的感光是很小的，同时金属增感屏又会吸收一些二次辐射，所以金属增感屏的增感系数都比较小，一般为2～7。具体的，金属增感屏的增感系数与射线能量、金属箔厚度、金属箔的材质以及X射线胶片的特性有关。不同材质、不同厚度的金属增感屏适用于不同能量的射线。在用能量较低的射线进行照射时，激发出的二次电子速度很小，加上金属箔对一次射线的吸收作用，因此对软X射线金属增感屏一般不能有效地减少照射剂量。例如，铅箔增感屏在管电压低于80～90kV时，几乎没有增感作用，甚至会因透射线被吸收而降低底片的衬度。

金属增感屏几乎没有屏不清晰度，同时可以大量吸收被检物体引起的散射线，减少其对成像质量的影响，所以金属增感屏的成像质量非常好。

综上所述，金属增感屏既可以对胶片增感，又能吸收散射线提高胶片的清晰度，所以是广泛采用的增感形式。在金属文物的 X 射线成像分析中，通常使用的管电压在 80～200kV 之间，一般使用 0.03mm 的铅增感屏就可以满足要求。如果在野外拍摄比较厚的金属文物，如铜器的足、耳等部位，文物放置在地面上，为了减少地面的散射引起的胶片灰雾度，可以使用 0.03mm 的前屏和 0.1mm 的后屏。拍摄较薄的非金属文物，由于使用的射线能量较低，所以一般不使用铅增感屏。

3. 金属荧光增感屏

金属荧光增感屏实际上是金属增感屏和荧光增感屏的组合，所以又称复合增感屏。在支持体上粘贴金属箔，金属箔一般采用铅箔，它的作用主要是吸收散射的射线，金属箔上涂荧光物质在一次射线的照射下发出荧光，产生增感作用。最上层是保护层，它协调了荧光增感屏和金属增感屏二者的优点，增感系数较高，同时对图像质量的影响较小。

表 3-2 简要比较了三种类型的增感屏的基本特点。

表 3-2　增感屏主要特点比较

项目	荧光增感屏	金属增感屏	金属荧光增感屏
主要增感物质	荧光物质	金属箔	荧光物质
增感机理	荧光	二次电子	荧光
增感系数	很高	低	高
屏不清晰度	很大	基本不存在	较大
散射线	不吸收、并产生	大量吸收	吸收、并产生

3.3.4　增感屏使用中的注意事项

增感屏一般分为前屏和后屏，前屏通常较薄，厚度根据 X 射线的辐射强度选用；后屏较厚，目的是吸收来自背景的散射线。使用时要注意区分。

在使用过程中，对增感屏的表面质量要求较高——应保持光滑清洁、无污秽、无损伤、无变形。装片后要求增感屏与胶片紧密贴合，胶片与增感屏之间不能夹杂纸张等杂物。

铅箔增感屏卷曲、受折后，会使胶片与增感屏接触不良，使底片影像模糊。铅箔的表面比较柔软，如有深划伤或者开裂，会使底片上出现类似裂纹的细黑线，导致产生伪信息。铅箔表面的污染物会吸收二次电子，使底片上产生白影。铅箔表面附着的污物，可用干净纱布蘸乙醚或四氯化碳擦去。对于铅箔增感屏上比较轻微的折痕、划痕和黏合不良引起的鼓泡，可将铅箔增感屏放置在光滑的桌面上，用纱布将其抹平。铅箔极易受显影液、定影液的腐蚀，铅箔增感屏沾上显影液、定影液后如没能及时揩抹干净，则会在增感屏表面产生严重的腐蚀斑痕，致使增感屏报废。

铅箔增感屏保管时要注意防潮，防止有害气体的侵蚀。铅箔增感屏保存时间过长，会产生铅箔与基材之间的脱胶和合金成分锡、锑在表面呈线状析出现象，此时在增感屏表面出现黑线条，在底片上则产生白色线条。检查铅箔增感屏黏合好坏和是否脱胶，可将增感屏轻轻地反复弯曲后，观察铅箔是否鼓起，边缘是否翘起。

3.4　像质计与其他辅助器材

3.4.1　像质计的作用与分类

像质计是用来检查和定量评价射线底片影像质量的工具。又称为图像质量指示器、像质指示器、透度计。

像质计通常用与被检工件材质相同或对射线吸收性能相似的材料制作。像质计中设有一些有厚度差的结构，如槽、孔、金属丝等，其尺寸与被检物体的厚度有一定的数值关系。射线底片上的像质计影像可以作为一种永久性的证据。表明射线透照检验是在适当条件下进行的。但像质计的指示数值并不等于被检物体中可以发现的自然缺陷的实际尺寸。因为就成像的结果来说，它是缺陷的几何形状、吸收系数和三维位置的综合函数。

工业射线照相用的像质计大致有金属丝型、孔型和槽型三种。由于金属丝型像质计制作工艺简单，因此被中国、日本以及德国采用，国际标准化组织也将丝型像质计纳入射线照相标准，英国、美国后来也补充使用金属丝型像质计。美国采用平板孔型像质计，英国、法国采用阶梯孔型像质计，只有前苏联采取槽型像质计。若使用的像质计类型不同，即使照相方法相同，一般所得的像质计灵敏度也是不同的，定量数据不能直接比较。

（1）金属丝型像质计

金属丝型像质计按金属丝型直径变化规律，又分等差数列、等比数列、等径、单丝型等不同类型。我国原 JB928—67 标准规定使用等差数列像质计，日本 J1S3104 标准规定可任选等差数列或等比数列像质计。

（2）平板孔型像质计

平板孔型像质计是在一定材质、厚度均匀的板材上钻一定尺寸的小孔制成。美国 ASME、ASTM、MIL 标准均予以采用。平板孔型像质计又分矩形、圆形两种。透照时选用的像质计厚度通常等于被透工件厚度的 1% 、2% 或 4% 。影像质量由射线底片上可以识别的最小孔径确定。用这种像质计评定底片像质时，所确定的像质水平只有通过和通不过两种等级，而金属丝像质计还可以用像质指数或相对灵敏度的数值表示像质水平的高低程度。

使用孔型像质计时，其灵敏度不仅仅由像质计自身所造成的厚度差所决定，而且还取决于射线的透照方向，当射线入射倾角较大时，透度计上的小孔就无法在底片上分辨。

(3) 阶梯孔型像质计

阶梯孔型像质计的基本结构是在阶梯块上钻直径等于阶梯厚度的通孔，孔垂直阶梯表面，不做倒角。常用的阶梯形状是矩形和正六边形。

3. 4. 2 像质计的摆放

不管使用何种类型的像质计，其摆放位置会直接影响到灵敏度的指示值，因此像质计的摆放位置应是在射线透照区内显示灵敏度最低部位，如离胶片最远的工件表面、透照厚度最大部位等处。若这些部位能达到规定的灵敏度，一般说来，整个影像的灵敏度即可得到保证。

在文物的 X 射线成像检测中，与普通工业探伤显著不同的是在任何一个拍摄部位都有可能存在所需要研究的信息，故而对像质计的使用产生了限制。文物材质及腐蚀程度的复杂性使得文物的 X 射线摄影不能像其他工业探伤一样以标准化的条件进行大量的拍摄，有可能每一件器物都需要摸索条件。一般在摸索拍摄条件的过程中可以使用像质计，以确定最佳曝光参数。

3. 4. 3 其他辅助器材

(1) 暗盒与暗袋

X 射线摄影暗盒一般采用铝质合金型材作为边框，中间使用对射线吸收小的 ABS 等硬质工程塑料制造，内衬黑色绒布，可粘贴固定增感屏。暗盒具有良好的强度，可以保护胶片及增感屏，避免其受到挤压。因为胶片在挤压后有可能产生潜影，显影后会产生伪信息，使用暗盒可以避免在拍摄较重的青铜器类文物时胶片因挤压而产生灰雾或出现折痕。但暗盒比较重，野外操作时携带不便。另外，文物拍摄时，经常需要使胶片与文物形状相随，这点暗盒就难以做到。比较而言，暗袋在便携和随形方面具有很大的优势。

装胶片的暗袋可采用对射线吸收少而遮光性又很好的黑色塑料膜或合成革制作，要求材料薄、软、滑而又挺阔。用黑塑料膜制作的暗袋比较容易老化，天冷时发硬，热压合的暗袋边容易破裂。用黑色合成革缝制成的暗袋则可避免上述弊端，且以尼龙绸上涂布塑料的合成革缝制暗袋为最佳，由于暗袋内壁较为光滑，装片出片更为容易。

暗袋的尺寸，尤其宽度要与增感屏及胶片尺寸相匹配，要保证能够方便地装片出片，又可以使胶片、增感屏、暗袋很好地贴合。在暗袋的外面划上中心标记线，可以在贴片时方便地对准透照中心，并找准铅质标记的放置位置。

国外还生产真空包装的胶片，其包装暗袋由铅箔及黑纸复合而成，可直接用于拍摄。这种真空包装胶片上的增感屏及暗袋只限一次性使用。由于真空包装，无论胶片是否弯曲，增感屏及暗袋受大气压力都能始终密切地贴合胶片，且厚度很小。

（2）标记袋和铅质标识

为使每张射线底片与具体文物及拍摄部位始终可以对照，在拍摄过程中应将铅质识别标记和定位标记与被检区域同时透照在底片上。识别标记通常可以包括地点、墓葬号、文物编号和部位号等。如有必要，还可以添加拍片日期等标记。铅质标识放在标记袋中，根据具体拍摄情况选择其放置位置。

（3）屏蔽铅板

为降低后方散射线对成像质量的影响，应制作一些与胶片暗袋尺寸相仿的屏蔽板。屏蔽板由1mm厚的铅板制成。贴片时，将屏蔽铅板紧贴暗袋，以屏蔽后方散射线。

3.5 其他成像方式

随着科学技术的发展，数字化技术被广泛地应用到X射线成像分析研究中，并且正在逐步取代传统的X射线胶片模拟技术。

目前数字化X射线成像检测技术有CR和DR两种：CR（Computed Radiography）称为计算机X射线成像技术，也称为间接数字化X射线成像技术；DR（Digital Radiography）称为X射线数字成像，是在透照的过程中直接将透过物体的X射线能量转化成数字图像。

这两种数字化X射线成像技术省去了传统胶片X射线成像技术中的显影、定影环节，缩短了获取图像的工作时间，特别是DR技术，几乎可以获取实时图像。同时，这两种成像技术与胶片相比，具有更大的曝光宽容度，灰阶也由胶片的256级提升至2048级以上，并能在计算机中处理，因而可通过软件的功能实现图像的优化，提高图像的质量，有利于掌握更多的文物内部信息。因此针对文物材料质地差异非常大的特点，理论上CR和DR成像技术在文物的X射线成像分析研究中有相当大的潜力。

CR的特点是利用存储荧光体成像。如美国柯达、德国AGFA公司均采用磷光体结晶构成的成像板，即IP板吸收X射线信息，IP板感光形成潜影，再经过扫描转化成数字化信号进入计算机系统进行图像处理。一般一块成像板可以反复使用一万次。采用CR技术时，现有的X射线设备不需改变，拍摄过程与原有的X射线胶片摄影也没有太大变化，只是将胶片冲印变成扫描。柯达公司生产的成像板与胶片用增感屏相似，可以弯曲，适用于文物拍摄。

但是CR成像技术也有缺点，CR系统由于自身结构的限制，在受到X射线照射时，成像板中的磷光粒子会使 X 射线发生散射，引起潜像模糊。另外，在读出影像的过程中，扫描仪的激发光在穿透成像板的深部时也会发生散射，使图像模糊，降低图像的分辨率。

CR 成像板在扫描提取图像后，残余的影像需要擦除，且如果拍摄时使用的 X 射线强度较强，就需要多次擦除。目前中国市场上常见的 CR 成像板是医用的，所以在拍摄青铜器，特别是较厚重、含铅锡较高的青铜器时，需要的射线照射量较高，使得影像的残余会较严重，实际工作中须格外注意。

DR 成像除了具有 CR 的优点外，还实现了 X 射线信号的直接数字化。信号的动态范围大，空间的分辨率及密度分辨率高，曝光剂量低，同时，在影像传输、存储和放大等处理中几乎不损失影像质量。DR 成像的缺点在于一次性投入高，而且不能使用现有的 X 射线设备。

总的来说，CR 是一种过渡性技术，类似于 VCD 是磁带向 DVD 发展中的一个过渡技术一样，最终将被 DR 所取代。

第 4 章　文物 X 射线成像质量的控制

在文物的 X 射线成像过程中，需要注意许多具体的技术和工艺，以达到良好的成像质量。本章节选择几个经常会遇到的问题进行简明分析，同时对一些现象的识别和照相底片的数字化转换等问题也做简单的介绍。对于文物的 X 射线成像，由于文物本身成分复杂，而且很有可能经历了长时间的埋藏，通常很难按照工业探伤等现有的计算方式计算曝光量等内容，所以在这里不作介绍。

4.1　文物的 X 射线照相技术

4.1.1　几何不清晰度与控制①

因为 X 射线管不是点光源，所以拍摄文物时，器物或者某个需要观察的现象在照相底片或者其他成像装置上的边缘会产生一定宽度的半影，导致图像不清晰，这个半影的宽度就是几何不清晰度，如图 4-1 所示，通常用 U 表示。

$$U = \frac{S}{F} \cdot D$$

式中：D——焦点尺寸；

S——文物需观测位置到胶片的距离；

F——焦点到文物需观测位置的距离。

对于一个指定的 X 射线管，D 值由仪器性质决定，是一个固定量。意味着 U 值越小，意味着 X 射线影像的清晰度越高，成像质量越好。为达到此目的一方面需要让文物距离 X 射线源距离 F 值增大，另一方面可以将胶片贴紧待拍摄的部位以减小 S 值。以图 4-1 中可以看出 1 点较 2 点距离胶片远，因此，产生的几何不清晰度 U_1 大于 U_2。

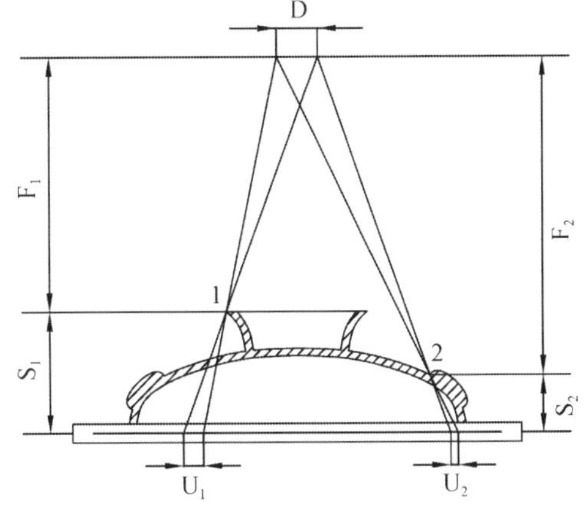

图 4-1　几何不清晰度示意图

① 本部分技术内容参考中国无损检测学会：《射线检测》，机械工业出版社，1985 年。

从式中我们可以看出，减少几何不清晰度，获得更清晰的 X 射线影像可以有三个途径：

其一，使用小焦点尺寸的 X 射线机。但是，正如前文所述，微焦点的 X 射线机在管电流、管电压以及使用寿命等方面有限制；

其二，提高 X 射线机至文物的距离也可以减小几何不清晰度，但是距离越长，射线强度衰减越严重，同时辐照宽度会增加，因此在满足基本要求的情况下，采取适宜的距离可以降低几何不清晰度；

其三，减少胶片到文物观测位置的距离，这要求拍摄时须尽量将胶片贴近被拍摄部位。

4.1.2 散射线及其控制

X 射线射入器物时，会因康普顿等效应产生散射线。散射线会影响胶片的成像质量，如图 4-2 所示，同时散射线还会危害工作人员的身体健康。故而需要采取措施，对其加以控制。

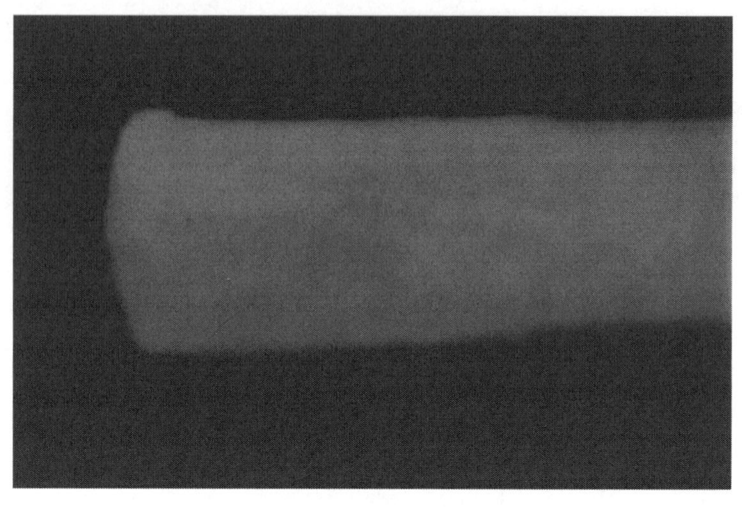

图 4-2　散射造成的底片曝光

可以造成散射的物体很多，文物、墙壁、支架包括空气都会产生散射。为了减少散射线的影响，通常采取的措施包括：

调整管电压和电流，采用适当的射线能量；

根据情况在射线机窗口增加滤线器，滤除无用的波长较长的软射线，滤线器通常使用单层或多层铝、钢、铜、铅质薄板制成；

使用背防护铅板，吸收多余的射线，减少散射源，同时起到防护作用；

使用缩光桶或者限制器缩小照射野的大小；

使用金属增感屏。

4.1.3　文物照相中常见的曝光问题及解决办法

文物拍摄时，X射线机可以调节的主要有焦距、管电压、管电流和曝光时间。同时调节多个变量容易造成混乱，事倍功半，所以要根据具体情况，按照合理的次序逐个调整。

首先确定焦距，因为一般情况下需要的最小焦距都很小，例如，焦点尺寸为2mm的X射线机，透照距胶片30mm的对象，所需最小焦距仅略大于200mm，而我们通常根据拍摄对象，将焦距设在750～1200mm之间的某处即可满足最小焦距的要求。许多进口工业便携式探伤机自带支架，焦距问题不需考虑。

另外一个可以设为定值的是管电流。管电流的大小不会影响射线的穿透能力，所以很多国产的工业便携式X射线机将管电流固定设为5mA，或者根据管电压大小，在5mA和3mA之间变换等，以控制总的输出功率。一些进口的便携式X射线机，在总功率范围内可自行设定调节。

通常我们需要调节的只有管电压和曝光时间。提高管电压和延长曝光时间都可以增加穿透能力，但通常以通过提高管电压为主，延长曝光时间为辅。在确定拍摄对象、胶片和增感屏种类后，就可以进行拍摄试验，以摸索最佳拍摄条件。进行最佳拍摄条件试验时，根据文物种类、厚薄，大致确定管电压和曝光时间范围，先固定时间，一般先做低中高三次试验性拍摄，拍摄电压为偏低、偏高和高低之间差值的三分之一处。例如，选择高、低试验电压为110kV和170kV，之间相差60kV，三分之一为20kV，则另一个试验电压通常选为130kV。试验时用铅字做好编号并做好相应文字记录。拍好后，根据显影后的情况，进行校正和调整。如果三组电压全偏高，以原低电压为最高值，再选一最低值，以相同方法重复进行上述试验；结果是两高一低，在低、中之间选择第三点拍摄，选点方法同上；结果是两低一高，在中高之间选择第三点拍摄，选点方法同上；三组电压全偏低，以原有最高电压为最低值，方法重复进行上述试验。如果最高电压已接近X射线机最大值，曝光时间加倍，重复上述试验。

解读X射线胶片的曝光情况也是很重要的环节，正确的判断可以减少无效劳动。在显影、定影正常的情况下，冲洗出的胶片主要有以下几种情况：

1. 曝光正常

正常曝光冲洗出的胶片，未遮挡处黑度达到要求，图像清晰，对比度和层次表现均很好，如图4-3所示。

2. 曝光过度

曝光过度的X射线胶片未遮挡处达到应有的黑度，器物部分颜色偏暗，层次不清，只能部分或者完全不能观察器物中的现象，通过降低射线强度就可以解决。

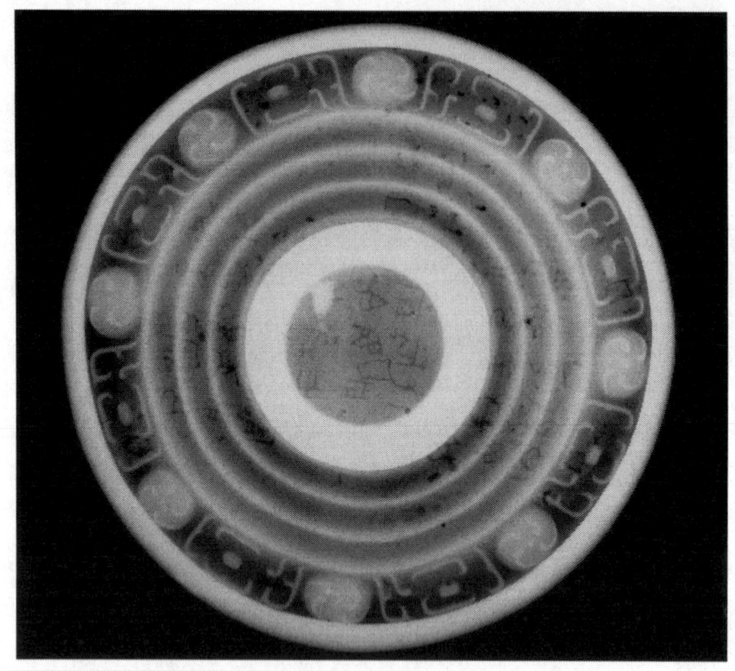

图 4-3　曝光正确的青铜器 X 射线照相底片

3. 曝光不足

曝光不足的 X 射线胶片未遮挡处达到应有的黑度，器物部分颜色偏浅，层次不清，只能部分，或者完全不能观察器物中的现象。曝光极为不足时未遮挡部分也未达到应有的黑度，如图 4-4 所示。

4. 显影不足

显影不足的胶片色调比较平，但是有细节，往往未遮挡处没有达到应有的黑度，容易出现显影不均的现象，这种情况在手工冲洗时比较常见。

5. 散射线过多

在拍摄鼎足等比较厚而窄或者厚薄差别比较大的部位时，容易出现散射线过多的情况。散射线过多的胶片容易与曝光过度混淆，不同的是，散射线过多时拍摄部位欠缺甚至没有拍摄对象的细节（见图 4-2）。解决办法通常是提高管电压，或参照本章 4. 1. 2 一节相关解决方法。

另一种情况是中心部位有细节，边缘部分出现“蚀边”现象，这是由于文物厚薄差别比较大造成的，如图 4-5 所示。解决办法见下一小节。

图 4-4　曝光不足的 X 射线照相底片

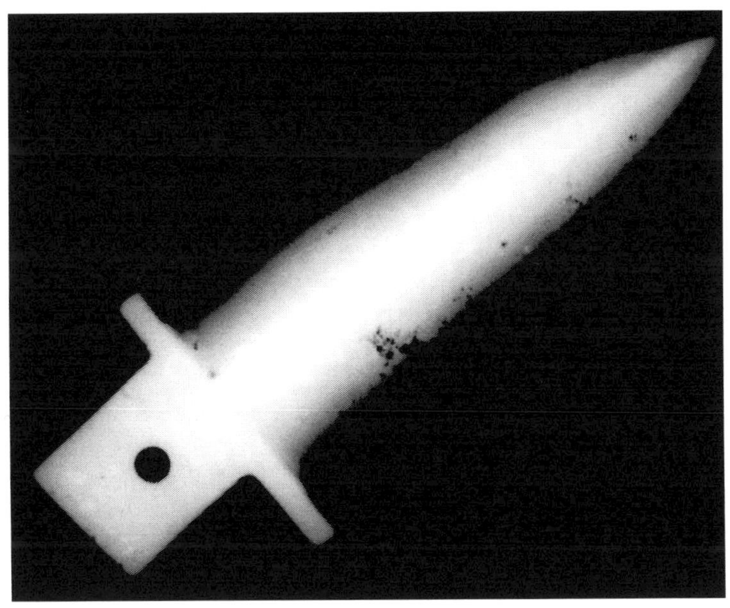

图 4-5　文物的大厚度差造成的“蚀边”现象

6. 大厚度比或者质地差别较大文物的拍摄

厚度差别比较大的文物，或者质地差别比较大的文物（例如金属与木材制成的文物等）都是比较难拍摄的。常常出现这样的情况，即按照某一个部位合适曝光后，其他部位会出现曝光不足或者是曝光过度的现象。

前者常常出现在边缘比较薄的器物上，例如剑、戈、鼎足等，胶片反映了器物一部分的细节，但是较厚处曝光不足，较薄的部位颜色偏暗、模糊不清（图 4-5）。这种情况通常可以通过适当增加管电压来解决，但是，如果差别太大，解决起来就比较困难，提高管电压的办法不是经常有效。工业上大厚度比工件的拍摄方法在这种情况下难以实现，因为拍摄对象厚度是渐变的，通常我们需要分别针对厚薄不同部分曝光，进行两次或者多次拍摄。如金柄铁剑等材质差别较大的器物，除了上述方法外，还可考虑工业上解决大厚度比工件的拍摄方法，如在铁剑的部位加上补偿片、补偿粉的办法加以解决。补偿片可以使用均匀的铅皮、钢板等。

4.1.4 X 射线胶片和增感屏的使用

如第 3 章所述，通常情况下，医用 X 射线胶片配合医用增感屏使用，工业 X 射线胶片不使用增感屏或使用金属增感屏。医用 X 射线胶片配合使用医用增感屏的成像质量差于工业用 X 射线胶片；但同时，在灵敏程度和价格方面医用 X 射线胶片具有优势，那么使用哪种 X 射线胶片更好呢？一般会考虑以下几个问题：

（1）拍摄的基本要求与目的

拍摄的要求与目的决定了拍摄所需要达到的清晰度和辨别能力。对于研究铸造工艺，很多情况下医用片的清晰度就可以达到辨别区分的目的。

（2）文物照相现场所能够达到的基本条件

根据拍摄对象和设备及环境条件进行选择。设备条件是指所拥有的设备是否能使工业片充分曝光，在不使用复合增感屏的情况下，工业胶片需要更高的射线强度；环境条件是指在一些场合下，是否为高强度的射线提供了足够的安全距离。因为，在实际文物拍摄过程中，面对复杂的拍摄对象，我们在现场所具有的条件常常使我们不可能追求完美。例如，在拍摄沧州铁狮子的过程中，由于我们所使用的便携式 X 射线机最大管电压难以使工业片获得足够的曝光，因此在满足拍摄要求与基本目的的情况下，我们使用了医用 X 射线胶片和钨酸钙增感屏，取得了预想的效果。

（3）成本

计算成本一般考虑两个方面：胶片费用和工作时间。一般来说，工业 X 射线胶片的价格是医用 X 射线胶片的 2 倍以上。使用工业 X 射线胶片配合金属增感屏需要的射线能量比医用 X 射线胶片配合钨酸钙增感屏要高 20% 左右，曝光时间为 5 倍左右，显影时间为 2 倍左右。

拍摄大量文物时，X 射线胶片的成本也是很高的，为了降低成本，根据医用 X 射线胶片的特性曲线我们进行了如下一系列的实验，其结果表明：如果控制好曝光条件，医用 X 射线胶片也可以使用金属增感屏，拍出能够满足文物研究基本要求的 X 射线胶片来，只是需要曝光准确。使用医用 X 射线胶片配合金属增感屏的 X 射线胶片，比使用荧光增感屏拍出的 X 射线胶片成像质量要好得多，同时相比使用工业 X 射线胶片降低了拍片成本和胶片冲洗时间。

1. 实验材料

医用 X 射线胶片：Kodak X-Omat BT Film XBT-1，尺寸为 10in × 12in；
工业 X 射线胶片：Fujifilm IX100，尺寸为 14in × 17in；
增感屏：钨酸钙中速增感屏、铅箔增感屏；
拍摄对象：北京大学赛克勒考古与艺术博物馆馆藏铜簋底部。

2. 曝光条件

X 射线胶片与增感屏配合情况，拍摄条件见表 4-1，管电流均为 5mA。

表 4-1　X 射线胶片增感屏配合情况

胶片 + 增感屏	管电压/kV	曝光时间/s
工业胶片 + 铅箔增感屏	130	60
医用胶片 + 钨酸钙增感屏	105	12
医用胶片 + 铅箔增感屏	130	60

3. 实验结果

从图 4-6 ~ 图 4-8 所显示的拍摄结果看，工业 X 射线胶片配合铅箔增感屏成像质量最好，青铜器的裂隙、腐蚀、焊接、锈蚀层次和边界清晰，同时具有良好的对比度；医用片配合铅箔增感屏的眼观效果与工业片的差别不大，但是数字化放大后可以看出胶片的颗粒度相对较粗；而医用 X 射线胶片配合钨酸钙增感屏的成像效果最差，虽然能够反映出各种现象，但是边界模糊。

从使用的射线强度和曝光时间来看，工业 X 射线胶片与使用铅箔增感屏的医用 X 射线胶片没有区别，此时医用 X 射线胶片的优势是成本和显影时间。而医用 X 射线胶片配合钨酸钙增感屏，射线强度和曝光时间明显低于前二者。

综合起来，医用 X 射线胶片配合铅箔增感屏在文物拍摄要求不是非常高的情况下，可以部分替代工业 X 射线胶片。医用 X 射线胶片配合钨酸钙增感屏虽然能够反映出所有信息，但成像质量确实不是太理想，因此，除了特别需要感光能力的情况下，不建议使用。胶片与增感屏配合使用效果参见表 4-2。

图 4-6　工业 X 射线胶片配合铅箔增感屏拍摄效果

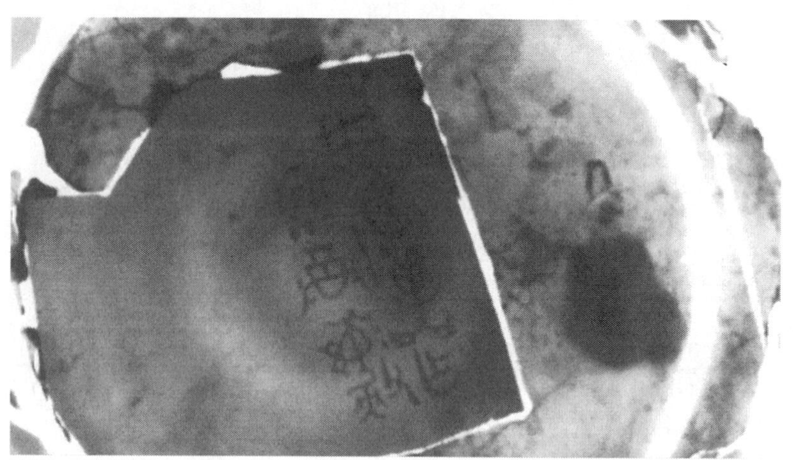

图 4-7　医用片 X 射线胶片配合钨酸钙增感屏拍摄效果

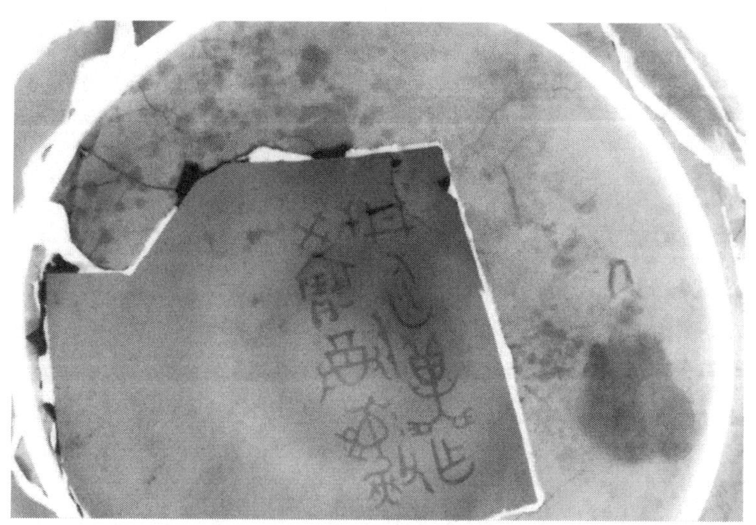

图 4-8　医用 X 射线胶片配合铅箔增感屏拍摄效果

表 4-2　增感屏与不同胶片配合使用效果

胶片类型 增感屏类型	医用 X 射线胶片 钨酸钙增感屏	医用 X 射线胶片 金属增感屏	工业用 X 射线胶片 金属增感屏
清晰度	较好	好	最好
灵敏度	高	较低	较低
射线剂量	低	高	高
曝光时间	短	长	长
冲洗时间	短	短	长
成本	低	低	较高

4.2　文物 X 射线照相的工艺规程

工艺规程包括照相工艺方案的制订、工艺执行和拍摄工艺记录。

4.2.1　拍摄工艺方案

首先根据不同的拍摄对象制定照相工艺方案，方案内容主要包括：

· 根据国家相关法规的规定，组织检测人员；

· 根据拍摄对象确定拍摄需要的基本条件；

· 根据拍摄的目的，确定拍摄的基本要求，如拍摄角度、精度；

· 根据拍摄对象的情况、拍摄地点和拍摄要求，选取设备和器材，如合适的能量范围、焦点尺寸的 X 射线机，以及胶片、增感屏、像质计、铅字、安全警示装置等；

· 拍摄参数的确定。主要是通过计算或是实验，确定拍摄的管电压、管电流、曝光时间和拍摄距离等；

· 确定记录编号方式；

· 拍摄各种参数的记录，详见 4.2.2；

· 图像处理。暗室显影或者图像处理，以及胶片影像的数字化转换；

· 图像评定。确定评定条件和评定指标，对拍摄出的图像进行评定；

· 编写检测分析报告，完善文物 X 射线影像档案，X 射线影像档案表见附录 1；

· 安全管理规定；

· 其他必要说明。

4.2.2　拍摄工艺记录

工艺记录有三个主要作用：其一是便于将拍摄的图像与器物拍摄的部位对应，方便查找。文物的 X 射线成像与工业上工件的拍摄不完全相同，工业上的工件往往表面没有过多的现象，而文物表面常常有附着物，需要我们区分哪些是表面现象，哪些是内部现象，需要严格对应，避免张冠李戴；其二，由于文物的不均匀性，所以往往很难一次拍摄成功，对拍摄参数的记录有利于我们总结和修正拍摄参数；其三，文物的 X 射线照相底片是最可靠的文物档案之一，不光可以反映文物表面的现象，还可以反映文物内部情况，为文物腐蚀和文物失窃后的追缴提供依据。

目前，文物的 X 射线照相工艺记录还没有相应的标准，也没有固定的格式，通常我们需要记录的内容主要有：X 射线照相底片序列号、文物的器物号、所拍摄的文物部位、拍摄设备型号和参数、拍摄所使用器材（如胶片型号、增感屏种类等）、拍摄时的曝光参数（如管电压、管电流、曝光时间、焦距等）。在附录 2 中给出了 X 射线影像记录表的常用格式，以供参考。

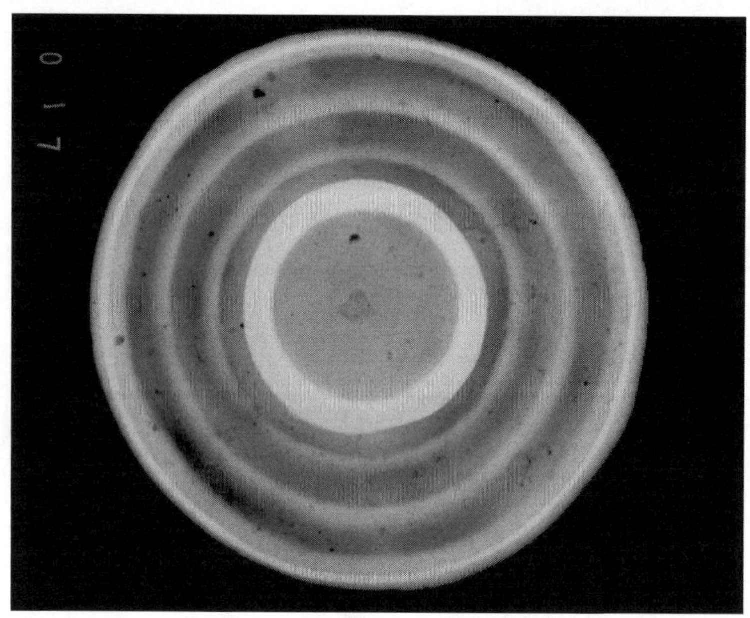

图 4-9　X 射线照相底片的编号

X 射线照相底片的序列号是非常重要的，它往往是 X 射线照相底片与所拍摄器物和部位的唯一对应关系。使用胶片进行文物的 X 射线照相时，通常使用铅字在胶片上形成永久性标记，为了避免出现编号重复造成混淆，一般每一组工作应产生单独的序列号。编号应能方便可行，除了体现拍摄顺序外，还要尽可能体现出拍摄对象的基本信息。如晋侯墓地 M114 墓出土青铜器拍摄的第 6 张，编号可以为：J-M114-6。

编号的铅字拍摄时应放在没有器物遮挡的部位，如图 4-9 所示。如果实在没有器物未遮挡部位，也要选择纹饰等现象最少的部位放置。

4.3　X 射线照相底片易出现的缺陷及伪信息

应用 X 射线成像技术研究文物内部信息有着显而易见的优点，但是在实际应用中我们会发现，有时拍摄出来的影像所反映的一些信息并不是文物上的真实情况。这是由于在拍照过程中，各种因素的影响所产生的一些缺陷和伪信息，如果不加以区分地应用这些结果来分析文物，就有可能造成错误的结论。

那么什么是伪信息呢？所谓的“伪信息”是指并不存在于文物本身，而是由于 X 射线拍照中一些无法控制或者因操作失误等因素造成的影像上的反映。特别是在使用胶片成像中，装片、卸片、移动以及冲洗过程中不当的操作工艺都会引起伪信息。因此，在分析 X 射线成像结果时，我们必须对影像进行认真而仔细的鉴别，确定哪些是真正的信息，哪些是伪信息。如果出现了伪信息，还要分析其产生的原因，并进一步探讨如何避免或改进。在去除这些伪信息的影响之后，我们才能对检测的文物做出科学详尽的研究，拿出合理的分析结果。

那么目前 X 射线成像检测中的主要缺陷和伪信息的成因究竟有哪些？该如何判别，又如何避免？我们将根据以往的经验，结合一些所拍摄的文物 X 射线照片实例进行分析，希望能给研究工作提供一些帮助。

伪信息按照产生时机可分为：拍摄前产生的伪信息、拍摄过程中产生的伪信息、冲洗过程中产生的伪信息以及冲洗后产生的伪信息。

对于数字成像方式，无论是 CR 还是 DR，由于接触较少，其产生的缺陷和伪信息还有待进一步考察研究，这里我们只针对使用胶片成像产生的缺陷与伪信息加以介绍。

4.3.1　胶片划伤

射线胶片的感光乳剂层是比较脆弱的，划伤大多是由砂砾引起的，装片或卸片过程中不洁净的增感屏之间存在的砂砾非常容易引起胶片的损伤。其次就是不够细心的操作可能使指甲、套袋等在胶片上造成划伤。胶片划伤是一种比较常见的伪信息，在检测前后的每个环节都有可能发生。

拍摄前划伤辨别的方法主要是观察划伤的部位，这种划伤很难完全失去全部乳剂层特别是在划痕的起始或结尾处，残余的乳剂仍能感光，灰度呈渐变，划痕尾部或起始不仔细观察有时很难区别。

图 4-10 为一个鼎底部照片的局部，照片中白色部分为鼎足，除了两条明显的范线、三条加强筋和范缝处铸造浇口或者冒口之外，可以看到一处划痕（箭头所指部分），这些痕迹与器物本身无关，并不是裂痕或者修补的痕迹，而是在胶片使用前被硬物划伤或胶片与砂砾摩擦产生的痕迹，属于比较明显的缺陷。

手工冲洗过程中非常容易出现划痕，因为在冲洗过程中胶片的乳剂层非常软，胶片之间的剐蹭、胶片镊子用力过大等都会造成胶片损伤，如图 4-11 所示。

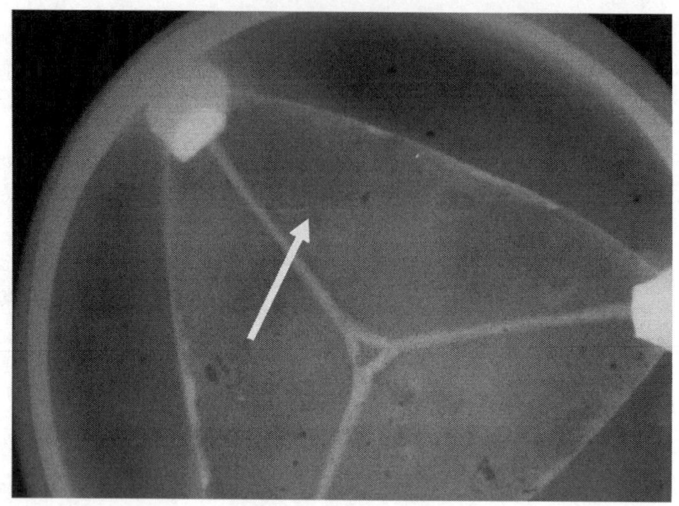

图 4-10　底片划伤

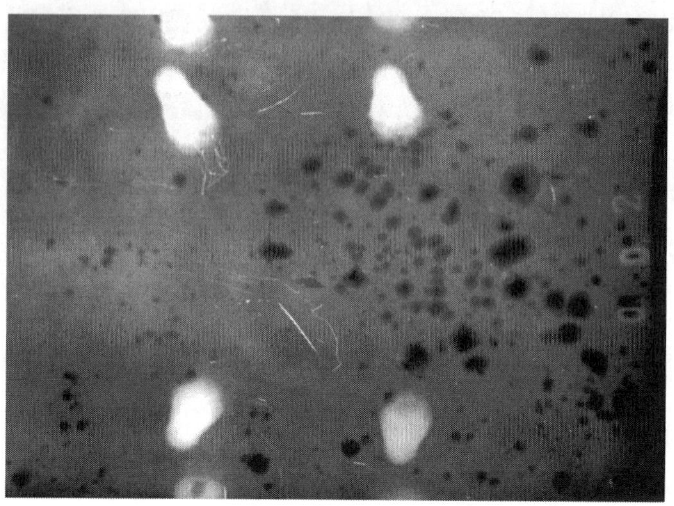

图 4-11　冲洗过程中底片的划伤

4.3.2　折痕与压痕产生的伪信息

有时在 X 射线照片上可见到弯月形的黑色或白色印纹，称为“指甲印”或“月牙印”，也即常说的折痕与压痕。这样的痕迹一般可根据其成因和最后形成的效果分为以下两种：在曝光前受到弯折，为减感白印，即一条白色的“月牙印”；在曝光后受到弯折，为增感黑印，即出现一条黑色的“月牙印”。另外还可能有一些由于挤压而产生的斑块，一般以黑印居多。

图 4-12 是陶马的 X 射线照片局部，在底座旁边沿箭头方向我们也能看到两处清晰

的黑印，其中一条明显的黑色月牙印，当然这并不是器物本身存在的痕迹，而是底片经过了强力弯折，或者挤压产生的折痕。如果这些问题产生于成像部位，很容易造成信息误判，所以应该加以避免。

折痕与压痕通常是在装片、卸片、移动以及拍摄时放置器物过程中不小心（过度弯折或局部施压）所引起。移动时尽量不要使片子出现硬性弯曲；拍摄时，器物做到轻拿轻放，既可保证文物安全，又可以避免这种缺陷。

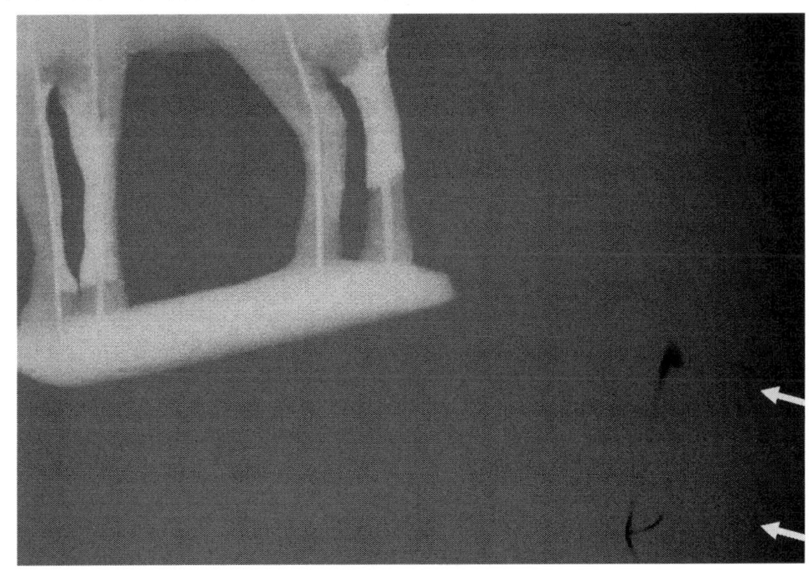

图 4-12　陶俑马 X 射线照片局部

4. 3. 3　静电斑痕缺陷

在天气干燥的季节，若装片或卸片过快，就可能产生静电。快速抽掉胶片包装中的夹纸时，也可能产生静电电荷。静电斑痕的形状各不相同，排列成行的连续斑点，称为负性放电；像枝状、放射火花状的黑纹，称为正性放电。常见的静电斑痕主要呈冠状、枝状和点状这三种类型。

了解了产生静电斑的成因就能很容易总结出解决这些静电斑痕的方法：在拿取胶片时要轻拿轻放，动作尽可能缓慢且小心，周围的环境不能太干燥，要保持适当的湿度。

4. 3. 4　灰雾缺陷

产生灰雾的原因很多，其形貌也各不相同。最普遍的是未使用的胶片因受低度辐射、高湿或高温、或受到光强超过限值的安全灯照射，而引起的轻微的曝光效应。这需要在存放胶片时注意采取一定的防护措施：将未使用的 X 射线胶片保存在无辐射、无光照的环境中，保证暗室不漏光，安全灯亮度适中，注意 X 射线胶片的有效期，在有效期内使用。

4.3.5　熔胶

夏季高温环境中被检器物的表面温度常常很高，若长时间曝光可使胶片与增感屏粘连甚至药膜发生热熔形成废片。这样的例子比较少见，在笔者的胶片照片中尚未发现，在这里就不多做介绍了。

4.3.6　指纹和指印缺陷

与折痕类似，此类缺陷在显影前和显影后都有可能形成。形成的原因主要是把胶片装入暗袋，显影前用显影架夹住胶片或者水洗后晾干的时候，手指接触了胶片的表面，在底片上留下指纹。因此在操作过程中，尽量避免手指接触胶片表面，迫不得已时也应只拿胶片两边。对于显影前留下的指纹，由于手指上的油脂在胶片上形成一层薄膜，使部分胶片无法接触显影液，这种指纹缺陷是无法纠正的；对于显影后造成的指纹，则可用专用胶片清洗液进行清洗消除。

如图 4-13 是一个青铜簋 X 射线照相底片的局部，沿箭头所指方向我们可以看到有清晰的手指留下的痕迹，造成了此局部显影的缺陷。

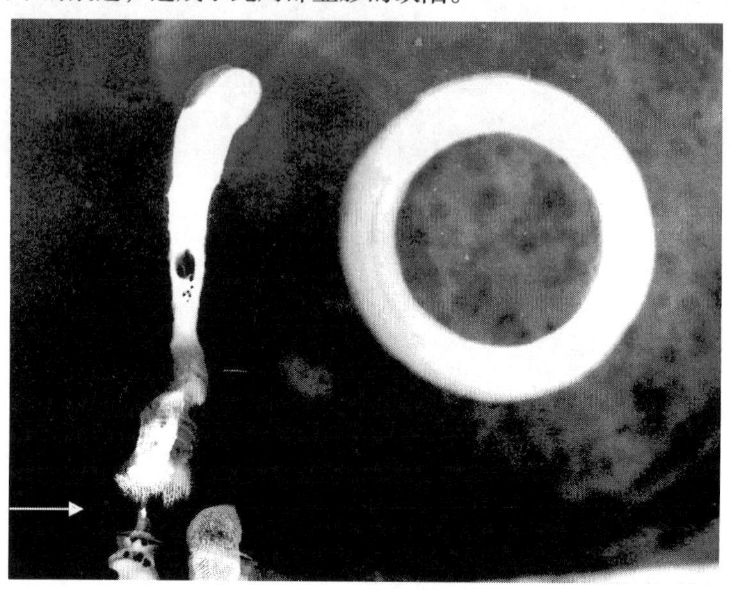

图 4-13　X 射线底片上的指印

4.3.7　显影时胶片叠压产生的缺陷

手工冲洗大量胶片，特别是使用盘冲洗时，容易发生胶片叠压、粘连，形成缺陷。叠压缺陷有两种情况，一种是显影时叠压，造成胶片叠压部分显影不足，颜色较正常情况浅，如图 4-14 所示；另一种情况是定影时出现叠压，叠压的部分还没有完全停止显影，这时就会造成叠压部分颜色较正常情况深。所以手工冲洗时，要尽量保证单片显影，显影时还需不断晃动胶片，避免产生显影不均的现象。为了减少定影时出现叠压缺陷，可以在显影和定影环节中增加停显液停显，同时定影过程中要不断翻动，以保证定影均匀充分。

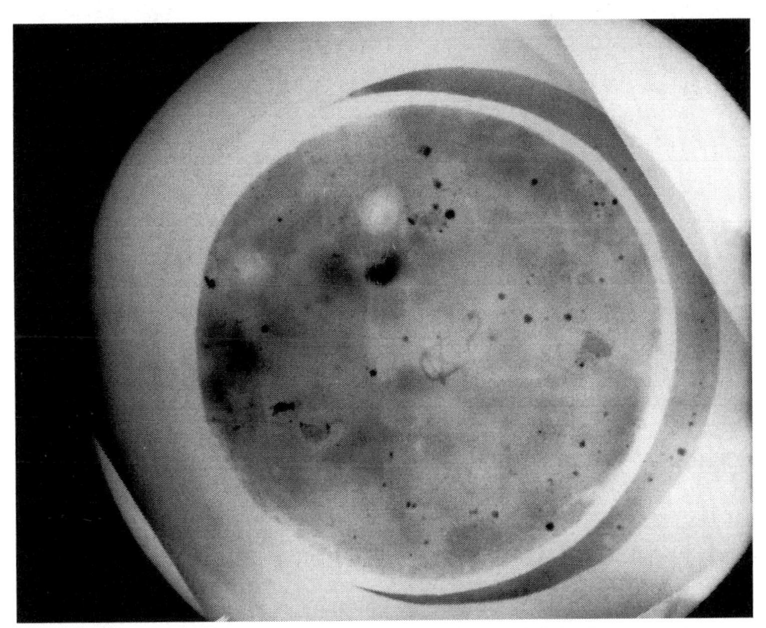

图 4-14　显影时胶片叠压产生的缺陷

4.3.8　显影时未及时整体浸润产生的缺陷

显影时，胶片没有及时全部浸润，或者局部有气泡，都会造成局部显影欠缺，造成影像缺陷，如图 4-15 所示。

解决办法：其一，显影前先将胶片完全浸入清水中，使胶片表面完全浸润，这样可以有效消除气泡的影响；其二，应尽快将胶片全部浸入显影液，保证显影均匀一致；其三，胶片须在显影液中均匀翻动。

4.3.9　定影不足缺陷

定影液效力下降或者定影时间不足都会造成定影不充分。定影时间一般应为定透时间的 2 倍。定影不充分会造成图像不清晰，如图 4-16 所示，影响胶片的解读。所以定影时既要确定定影液的效力，还要保证充足的定影时间。

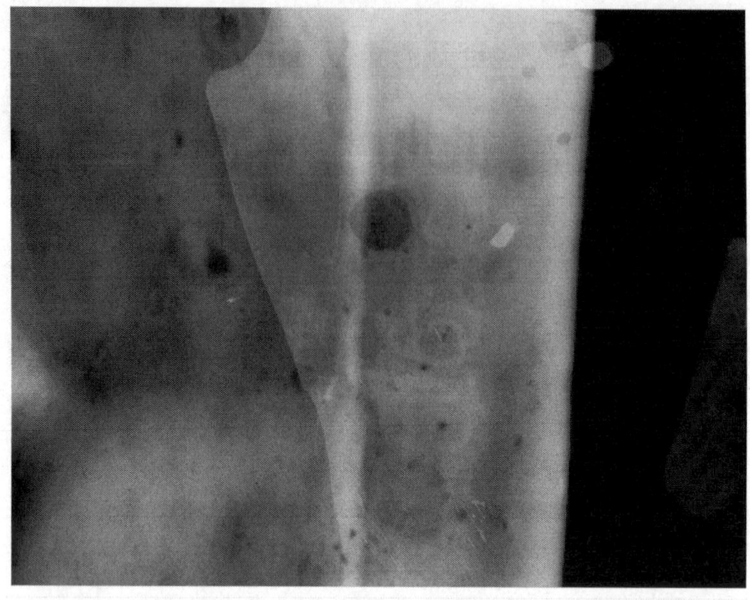

图 4-15　显影时未及时全部浸泡、溅液及气泡等因素产生的缺陷

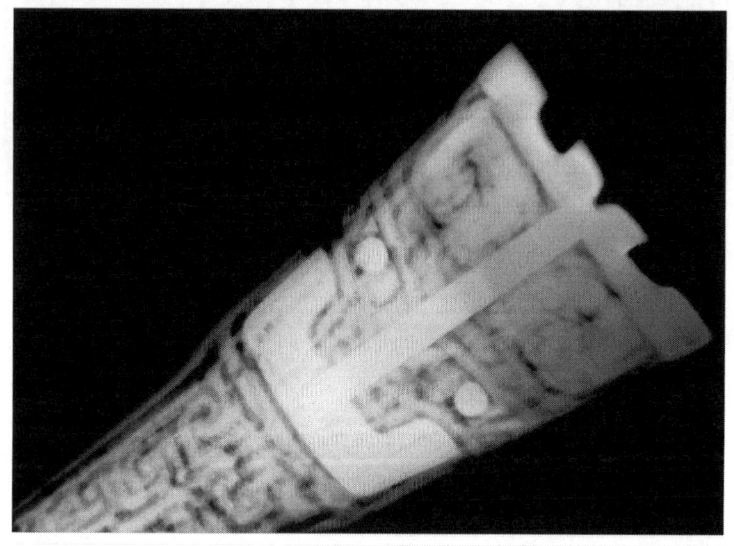

图 4-16　定影不充分造成的缺陷

4.3.10　增感屏缺损造成的伪信息

增感屏受到划伤、污染或者脱落等，通常都会反映在 X 射线胶片上，特别是一些形状不规则的损伤。如果出现在文物影像区域，形成的伪信息就很有可能造成误判。图 4-17 中箭头所示部位显示的就是钨酸钙增感屏表面荧光层出现脱落，造成局部曝光减少而形成的伪信息亮斑，非常容易误解为青铜器此处曾经被修补过。如果脱落的荧光层移动，会造成其他地方异常增曝，产生伪信息暗斑，如图 4-18 所示。

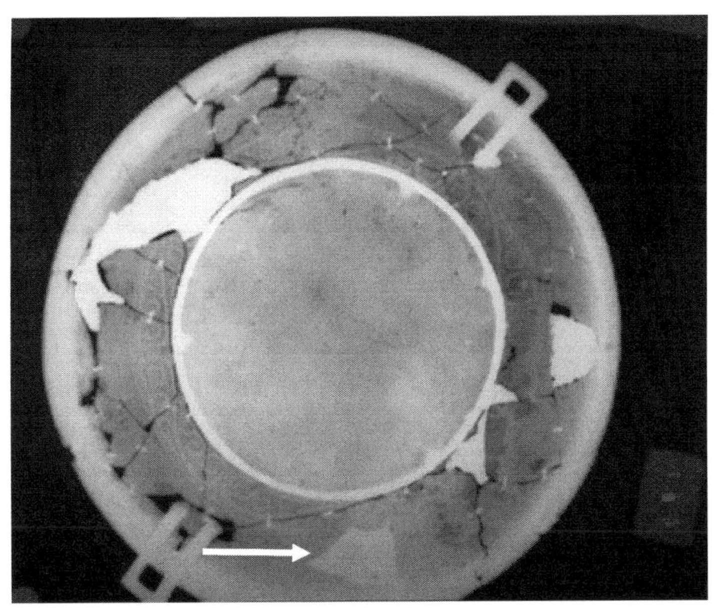

图4-17　增感屏局部增感材料脱落形成的伪信息

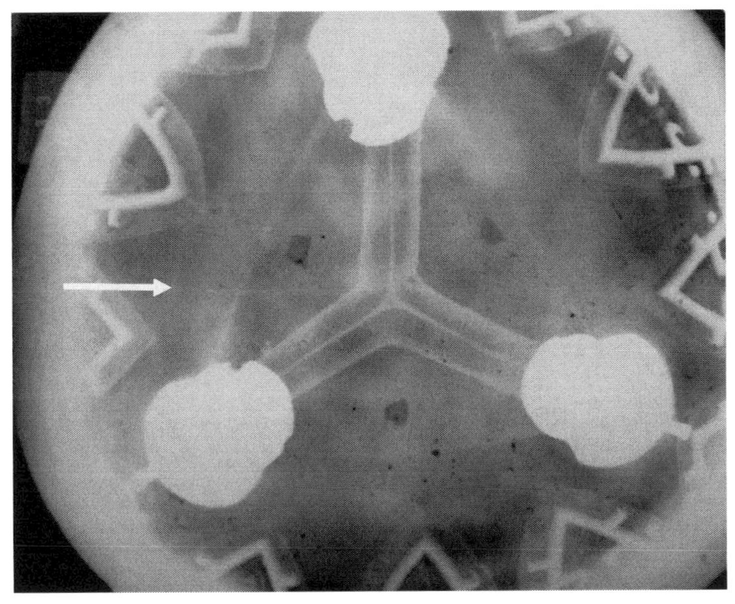

图4-18　荧光增感屏荧光层脱落移动导致异常曝光产生的伪信息

4.3.11　增感屏错位产生的缺陷

增感屏错位缺陷是胶片与增感屏产生偏离而造成的局部增感不足，导致曝光欠缺在影像的边缘形成规则的笔直亮区，如图4-19所示。虽然只发生在边缘，但有时同样会对画面造成影响，应尽量避免。避免的方法：一是胶片装袋时注意胶片的位置，二是使用大于胶片尺寸的增感屏。

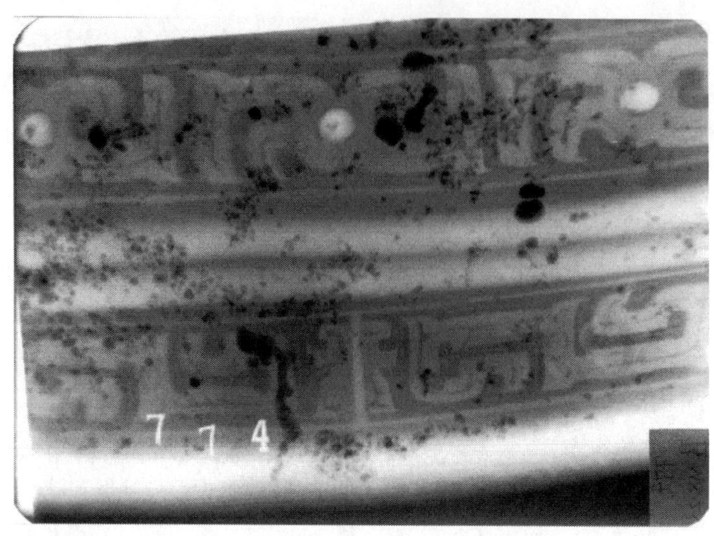

图 4-19　增感屏错位造成的局部曝光欠缺

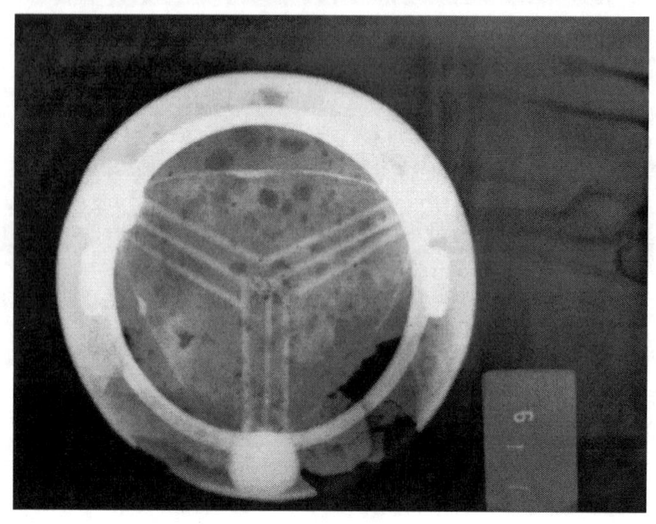

图 4-20　X 射线底片上的化学条痕

4.3.12　化学条痕

化学条痕是指在显影过程中因种种原因造成化学试剂在表面残留而形成的一种影像缺陷。其可能形成的原因包括：

· 手工冲洗过程中，原先洗片时留在洗片架上的药液未清洗掉；

· 胶片显影后不经停显液中，而直接放到水中漂洗；

· 显影液被胶片带到定影液中；

· 显影时洗片架未充分晃动。

如图 4-20 是一件青铜器鼎 X 射线照片，我们可以看到照片右侧一大片清晰的化学条痕，严重影响了底片的判读。

4.3.13 伪信息的辨别与消除

对于胶片上的信息，我们应该仔细辨别，目前辨别信息真伪的方法主要有两种：一种是靠经验判断，另一种则是靠科学分析辨别。

1. 经验判断

一般积累了一定的工作经验后，拍摄人员如能够对检测方法产生科学而完整的认识，就能比较容易区分出哪些是伪信息。

底片表面上的划痕、压痕和折痕等伪信息，可以借助侧光观察胶片表面，看底片（或药膜）上是否有表面划痕、压痕、折痕印迹。

静电感光影像以树枝状最为常见，暗袋漏光、霉点等影像比较特殊，易于识别。

水迹形状如水滴一样，可借助表面反光观察，有时可以看到底片上水迹处药膜有污染。

显影斑纹呈黑色条状或垂带状，在整张底片范围出现，影像对比度不大，轮廓模糊，一般不会与缺陷影像混淆，易于识别。

依靠经验判断简单方便，一般有经验的拍摄人员都能辨别出大部分伪信息，但是其准确性因人而异，因此不仅需要仔细的观察、分析，还需要辅以一些科学方法。

2. 科学方法判断

使用科学方法区别缺陷与伪信息相对比较复杂也比较专业，在这里仅作一些比较简单的介绍。

首先是对得到的图像进行处理，把目标区域从黑色背景中正确提取出来，然后采用图像增强技术改善图像质量，使提取出来的目标区域更适合后续处理。

接着我们就可以利用迭代算法确定一个最佳阈值，经过阈值处理以后目标图像中的目标缺陷和背景就根据灰度的不同被自然区分为两类，并分别标记为黑色与白色（迭代算法的具体内容可见相关文献）。

虽然利用上面的迭代算法几乎不受噪声干扰影响，但仍然会产生一部分伪信息。缺陷和伪信息之间的区别就是缺陷点比较集中，而伪信息点分散且没有规律。可以根据缺陷点的集中程度这一几何结构的不同，用数学形态学图像处理技术判别该点为缺陷还是伪信息。具体算法如下：

先用 $b \times b$ 的模板对整幅图像进行扫描。设定一个评价缺陷点集中度的函数，即

$$u = v \times b \times b$$

其中 v 为预先设定的概率阈值，在 0 ~ 1 之间。在实际的应用中，v 的值越大，去除的伪信息越多，但真实缺陷被误去除的可能性也越大。

然后，设 s 为模板内可疑点的个数，当 s 大于 u 时，判断为缺陷，否则判断为伪

信息。

经过以上的分析处理，我们就能有效去除伪信息的干扰，得到比较准确的器物缺陷的分析。但是其复杂性也是显而易见的，因此对于要求不是很高的照相检测来说这个部分是可以省略的，仅仅依靠经验就能够找出大部分伪信息的存在，同时也能了解器物的简单面貌。

4.3.14 伪信息的消除方法

为了减少或避免伪信息的出现，我们要了解伪信息产生的原因。除了胶片本身生产、运输和存放等造成的质量问题以外，很大一部分是来源于曝光的过程和暗房的操作。因此在操作中一定要符合工作规范，小心谨慎，特别要注意以下几点：

· 检查暗袋是否有破损、变形，暗袋内是否洁净，发现问题应立即清理、更换；

· 保持工作台的清洁，防止尖锐物体划伤胶片，避免胶片受压受折；

· 装、取胶片时要小心仔细，避免摩擦；

· 显、定影前避免胶片沾上显、定影液；

· 显影时注意恒温，显影前应将胶片在干净的水中润湿一下，并轻轻将胶片放入显影液中多次均匀摇动，使胶片与显影液充分接触；

· 暗室处理时注意不要用手接触胶片表面，防止沾染上指纹；

· 底片水洗后用海绵擦去多余的水，在酒精里放 5 ~ 10 秒后干燥以减少水渍；

· 胶片宜保存在低温低湿的环境中以免受潮；

· 经过数字化处理保存过的胶片影像，放入胶片柜内妥善保存。

除此之外，每拍摄一张 X 射线照相底片，应及时检查是否出现伪信息。一旦出现，应当立即补拍验证，在同一地方出现同一种伪信息的概率非常的低，通过这样的方法，可以非常有效地消除伪信息和拍摄缺陷的影响。

4.4 X 射线胶片图像的数字化

4.4.1 X 射线胶片数字化的目的

随着计算机技术的发展，计算机图像处理已经成为计算机的一个重要用途。利用计算机的强大图像处理能力来阅读、整理、编辑、处理 X 射线图像常常事半功倍。但是目前，CR、DR 数字 X 射线成像技术还没有广泛应用于文物考古领域。过去及当前拍摄的 X 射线胶片如需计算机技术处理，就需要进行 X 射线照相底片的数字化转换。归纳起来，X 射线胶片的数字化可以具有以下几点好处：

（1）方便比较和同时观察

传统的 X 射线胶片观察时需要专门的观片设备，而使用计算机不仅同样可以方便地观察，而且可以同时观察、分析及比较多张X射线胶片而不需要添置新的设备。

（2）便利的放大与缩小

传统的X射线胶片观察时无法进行放大，细节的观察比较费力，有时不得不借助辅助设备，而计算机上可以方便地放大与缩小，无论是整体观察还是细节观察都比较方便。

（3）存储和使用上的优势

在计算机上存储和使用数字化文件具有方便性的使用特性。X射线胶片数字化以后，可以方便地进行打开、保存和查看操作，随时随地方便快捷。除此之外，随着技术的发展，计算机已经具有了庞大的存储空间，对于数字化的X射线影像，即使是高清晰度的数字化文件，也可以满足需要。同时，在计算机中保存X射线影像，减少了对于原始胶片的使用，因此减少了可能导致的磨损和损坏。

（4）方便添加附加信息

计算机作为信息处理终端，可以为X射线影像添加附加的文字、标记用来解释和说明，方便交流和传授以及信息共享。

（5）信息共用性提高

数字化的X射线影像，方便传递和交流，这是传统X射线胶片无法实现的。

4.4.2　X射线照相底片的数字化方法

X射线胶片的图像需要经过光学输入设备转化为数字形式之后才能输入计算机，对于X射线照相底片来说，常用的方法是使用数码相机翻拍和扫描仪扫描输入。

从两种光学输入设备的工作原理看，数码相机最重要的指标是CCD或者CMOS的分辨率；扫描仪最重要的指标则是光电转换器的物理精度，较好的扫描仪使用的一般是排列成横行的电荷耦合器（CCD）。二者中专业级的光电转换器都可以提供很好的精度。

而从光的输入方式比较，由于数码相机镜头系统的介入，即使是顶级镜头，也会产生一定程度的畸变，此外还会出现对焦不良产生的模糊等。相比较起来，数码相机对于具有一定层次或者纵向结构比较复杂的对象具有优势，而这恰恰是X射线照相底片不需要的。因此，从两种设备的工作原理和X射线照相底片本身数字化的要求看，毫无疑问专业胶片扫描仪的效果更好，实际工作也证明了这一点。那么数码相机是不是就没有优势了呢？也不完全是。专业X射线胶片扫描仪的价格不菲，除了用于扫描胶片，没有其他的用途。对于使用率不高的单位，无疑也是一个负担。相对而言，数码相机除了可以翻拍X射线照相底片外，还可以用于其他文物工作，同时也可以满足X射线照相底片数字转换工作的基本要求，而且工作效率要高于扫描仪。

4.5　文物X射线照相底片的保存与管理

文物的X射线照相底片是文物的重要档案资料，所以应当与其他文物材料一样妥善保管。

· 对文物 X 射线照相底片进行编号整理，并在文字档案中注明底片的编号，便于查找；

· X 射线照相底片容易被划伤磨损，应当有专用纸袋保存；

· X 射线照相底片一般要垂直放置于架子上，不应平放或者堆叠，以防止变形；

· X 射线照相底片容易受潮而发生霉变，从而导致相关信息丢失，所以 X 射线照相底片应与其他胶片类资料一样放置于适宜的温度和湿度条件下；

· X 射线照相底片即使是放置在合适的环境下，其图像质量也会随着时间的推移逐步下降。所以，一旦拍摄完成后，应当及时解读，并以文字的形式记录下来，并且尽可能实现数字化转换。

4.6　放射安全防护相关法律法规

文物的 X 射线拍摄所使用的 X 射线机，虽绝大部分为射线装置，不存在放射源，但仍存在电离辐射。这关系到操作人员以及周边相关人员的安全，特别是在一些观光旅游区，使用这些设备时，要非常谨慎小心，要严格遵守国家的相关法律法规。拥有这些设备的单位，应依法申请射线装置许可证，并按照相关规定，对操作人员进行体检、培训，持证上岗。与文物 X 射线成像研究相关的法律法规主要有：

《中华人民共和国放射性污染防治法》，自 2003 年 10 月 1 日起施行；

《放射性同位素与射线装置安全和防护条例》，国务院颁布，自 2005 年 12 月 1 日起施行；

《中华人民共和国职业病防治法》，自 2002 年 5 月 1 日起实施；

《放射性同位素与射线装置安全许可管理办法》，2006 年 3 月 1 日起实施；

《放射诊疗管理规定》，2005 年 6 月 2 日卫生部令第 46 号发布，2006 年 3 月 1 日起施行；

《放射事故管理规定》，2001 年 8 月 26 日卫生部、公安部公布。

第 5 章　X 射线成像在青铜器铸造工艺研究中的应用

5.1　芯撑与泥芯

芯撑是中国古代青铜器范铸技术中一项重要的工艺措施。芯撑放置在铸芯与铸范之间，是为了控制二者之间的距离，起到稳定、支撑和定位的作用，使器物厚度均匀，避免由于不慎晃动或浇铸时由于铜水的冲击和浮力使铸芯飘移造成芯和范靠近、相贴而造成器物厚度不均甚至形成孔洞。

芯撑一般有泥质和铜质两种，泥质芯撑又称为“泥芯撑”，铜质芯撑又称为“铜芯撑”或者“垫片”。当然，一些学者提出了泥质芯撑应称为“芯撑”，而铜质芯撑应称为“垫片”，在这里不做讨论，在理解其含意的前提下，这里我们使用前一种解释。

5.1.1　泥芯与泥芯撑

从铸造工艺学角度，为减少铸造缺陷，器体的厚度应保持基本一致。因此范铸青铜器时，在器物较厚的部位，例如青铜礼器的腿部和耳部，常需要加泥芯以减小铜的厚度。泥芯的使用，不但可以减小铸造缺陷，而且可以减少铜的用量，可谓一举两得。我国商周时期的先民，在长期实践中已经掌握了这一项技术。泥芯在器物铸成以后，有些会部分暴露在外边，如簋耳部位的泥芯，但也有些泥芯完全被铜包裹而不可见，这种泥芯称为盲芯。在合范时，盲芯不可能悬置其中，因此还需要芯撑以支持和定位①，固定泥质盲芯的通常是泥芯撑，在制作时其实与盲芯是一体的。

1. 泥芯撑的 X 射线影像表现和辨识

青铜器存在泥芯撑的部位虽然常常被青铜所包裹而不能显露，但该部位的铜壁较周围其他部位为薄，X 射线阻挡能力较弱，造成胶片更多的曝光，在底片上表现为规则的暗影，部分器物中的泥芯或可在器表小孔上观察到泥质芯撑，通过 X 射线影像则能确定其内部泥芯的位置、范围。

---

① 苏荣誉、华觉明、李克敏等：《中国上古青铜技术》，山东科学技术出版社，1995 年，第 181 页。

图 5-1 ~ 图 5-3 中显示了司母戊鼎右耳（司母戊鼎出土后仅存右耳，左耳为后配）的情况，可以清楚看到其中 3 个方形泥芯撑的位置。

图 5-1　司母戊鼎右耳（姚青芳摄）

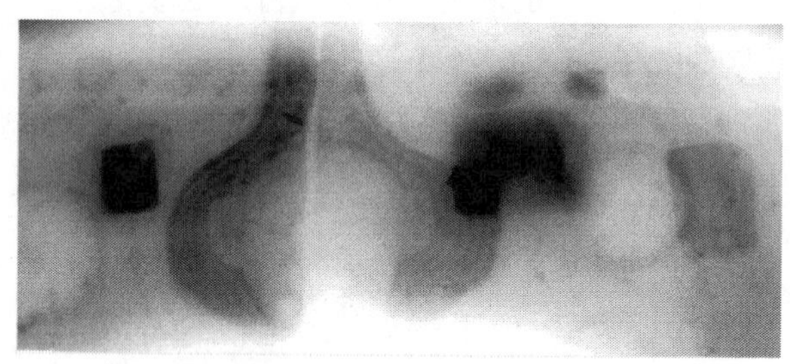

图 5-2　司母戊鼎右耳 X 射线影像（姚青芳摄）

图 5-3　司母戊鼎右耳 X 射线影像与鼎耳原位叠放（姚青芳摄）

此外，在陕西眉县杨家村出土的西周青铜鼎和山西天马曲村晋侯墓地 13 号墓出土的 43 号残鼎耳部的 X 射线影像中也可以见到明显的泥芯撑影像（图 5-4、图 5-5）。这至少说明，在商周时期，盲芯及泥芯撑曾被广泛地用于青铜器铸造中。

图 5-4　陕西眉县杨家村出土青铜鼎耳 X 射线影像（宝鸡青铜器博物馆藏）

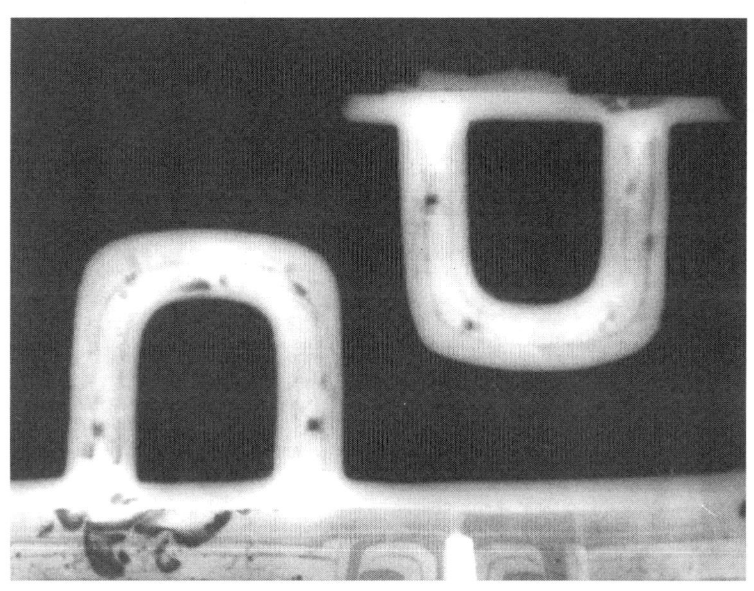

图 5-5　山西天马曲村晋侯墓地 13 号墓 43 号残鼎耳部的 X 射线影像

2. 泥芯

如前所述，加入泥芯是为了控制器物整体厚度保持基本一致，减少铸造缺陷，客观上又可以节省铜这一贵重材料。商周青铜器中的泥芯主要施加在耳、足、盖纽等处。但并不是所有的青铜器在这些较厚部位都加有泥芯，如果不是盲芯，直接观察就可以得出结论。但对于盲芯，由于外部被铜所包裹，判断起来就比较困难，此时可以根据 X 射线影像特征进行判断。

通过 X 射线影像判断泥芯是否存在，主要的根据是泥芯密度、原子序数等远小于铜器本体，故而对 X 射线的吸收相对较少，反映在影像中，表现为较亮的铜质包裹着规则的黑影。最后结合实物，可以推断泥芯的使用情况。如图 5-6 所示的鼎耳，外表可见其厚度基本均匀，但 X 射线影像中显示出亮的边缘，说明此处的铜较中心为厚，故而鼎耳内部应是泥芯。除此之外，支撑泥芯的三对泥质芯撑也清晰可见。以晋侯墓地出土鸟盖人足盉为例（图 5-7），可见盉足的小人内部有暗影，但实物此处并无减薄，由此可知其中包含泥芯。

图 5-6　带有盲芯的鼎耳

图 5-7　盉足小人中的泥芯

5.1.2　铜质芯撑

商周乃至汉代青铜薄壁容器表面，常能观察到一些不同于器物本体的形状较规则的铜质小块，这些小块就是铜质芯撑。

铜质芯撑有时因器物表面锈蚀、修复，或者浇注时被铜水遮盖等原因，肉眼难以辨识。如在《宝鸡㢭国墓地》一书有关铸造工艺研究部分，就因一些器物表面铜质芯撑不可见，只能描述为“芯撑设置不详”。其中，伯各卣、伯各尊等器物，虽然表面锈蚀不甚严重，但仅凭肉眼还是难以判断一些部位是否存在铜质芯撑，对研究这些器物的铸造工艺造成了困难。利用 X 射线成像技术，可以更加清楚地观察到铜质芯撑的数目、位置及排布等信息，以利于了解和分析青铜器的铸造工艺。例如在图 5-8 中，可见伯各尊底部三个及颈部无纹饰处四个不规则的四边形，即是七枚铜质芯撑。

1. 铜质芯撑的形状

商周青铜礼器中铜质芯撑没有固定的形状，目前所见以四边形居多，形状不甚规则，除了四边形外，还有三角形等形状。有时同一器物中即包含了多种形状的铜质芯撑。在图 5-9 中可见，提梁卣盖中的铜质芯撑即有四边形、三角形两种。

2. 铜质芯撑的用料

商周青铜礼器中，有些铜质芯撑采用预制的纯铜或青铜小块，也有些取自废铜器碎片，因此在一些铜质芯撑上可见铜器纹饰。如图 5-10 和图 5-11 所示，新干大洋洲 13896 号晚商青铜方鼎底部芯撑就是取自废铜器。

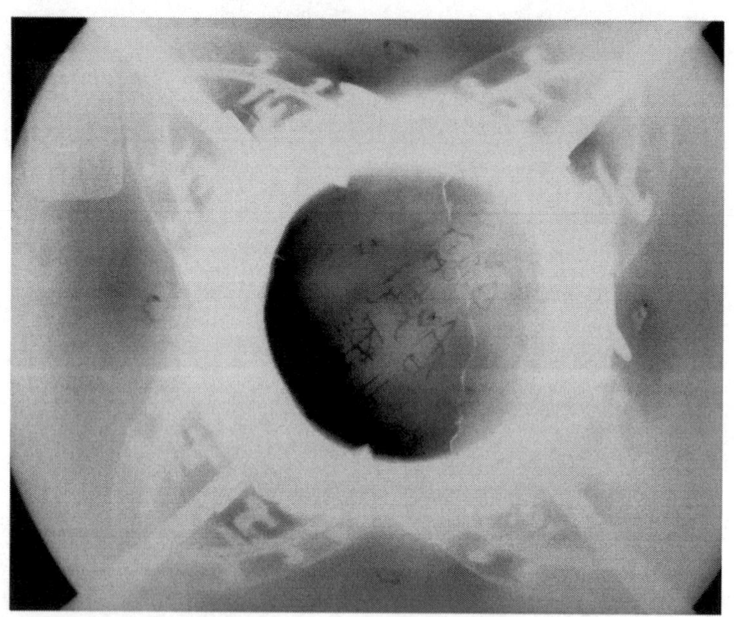

图 5-8 強国墓地 BR-M7-008 伯各尊底部及颈部 X 射线影像

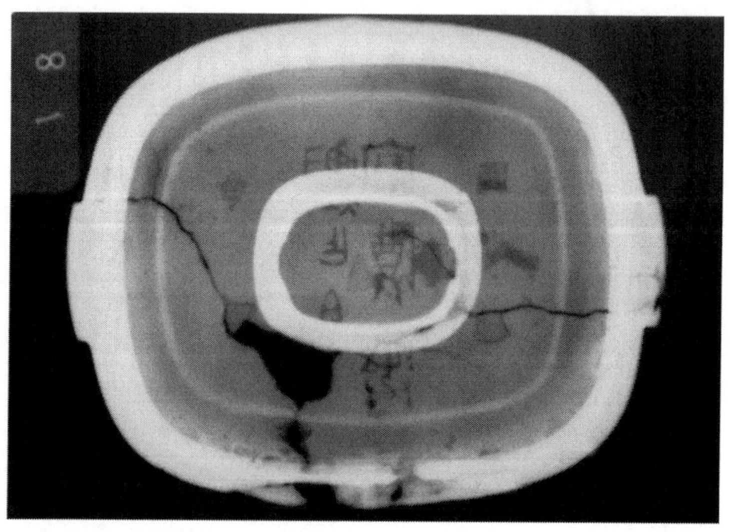

图 5-9 宝鸡強国茹家庄一号墓地 BR-M1 乙-003-提梁卣盖（宝鸡青铜器博物馆藏）

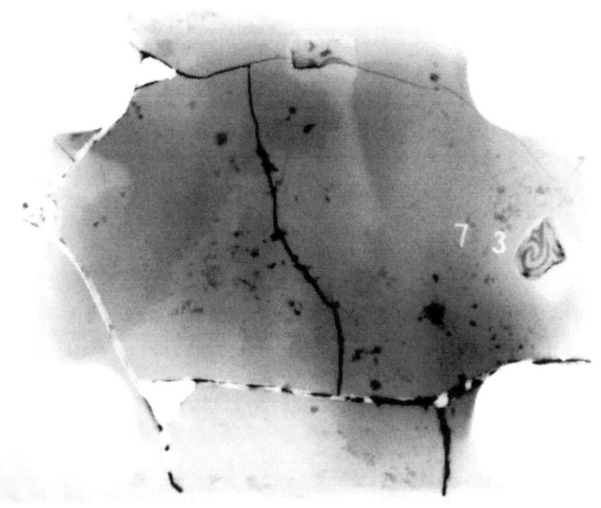

图5-10　新干大洋洲出土13896号方鼎底部X射线图片

图5-11　新干大洋洲出土13896号方鼎底部（马燕如摄）

纯铜质芯撑通常对射线的吸收能力较含锡铅的青铜弱，且纯铜的保存状况一般也比青铜差，进一步降低了对射线的吸收能力，所以纯铜质芯撑在 X 射线影像中呈暗影（图 5-12）。

青铜质芯撑的 X 射线影像密度一般与周边器体相近，即使有差别，一般也不会很大，这同样取决于锡铅含量及腐蚀程度。锡铅含量高于周边器壁者呈现亮影，反之亦然。这种判断方法大部分情况下是可靠的，但并不排除一些特殊情况。准确的判断还需采用 X 荧光能谱等成分分析手段。图 5-13 为青铜质芯撑与器体 X 射线影像密度相近的情况。

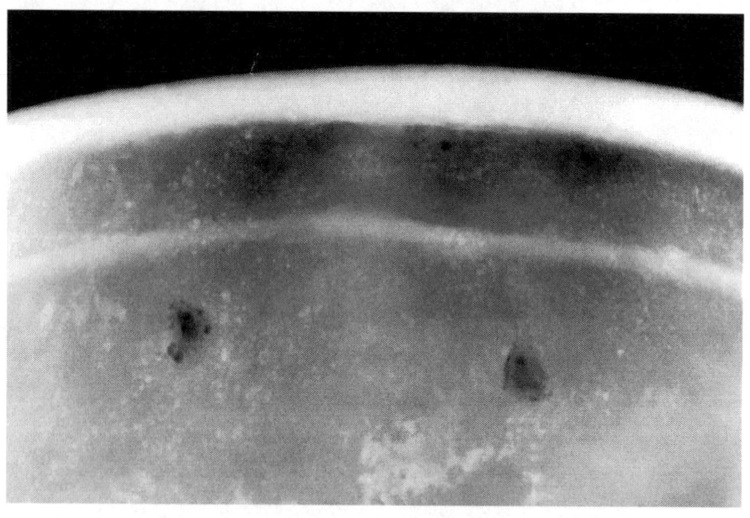

图 5-12　红铜质芯撑在 X 射线成像中的表现

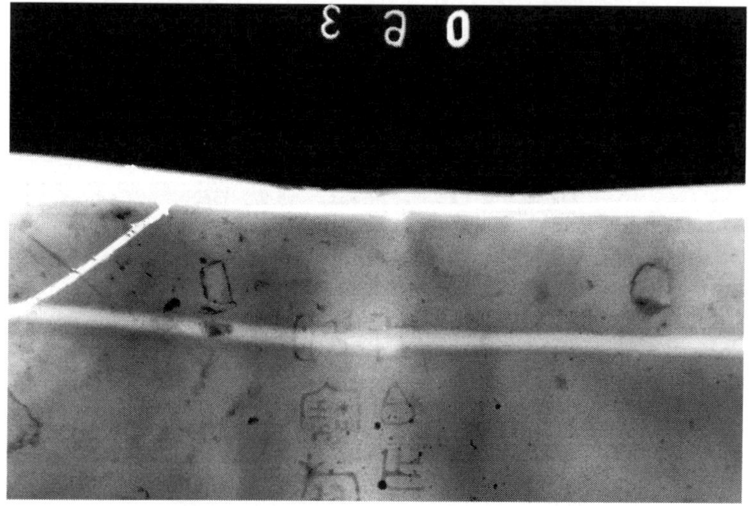

图 5-13　青铜质芯撑在 X 射线成像中的表现

3. 铜质芯撑的位置

铜质芯撑的形状虽然不甚规则，甚至可以称为“随意”，但其摆放位置具有一定规律：在满足支撑和定位作用的前提下，会尽量避开铭文和纹饰部位；如果铭文较多，芯撑往往设在文字之间。但也有个别例外，有的是确实难以回避，有的是由于浇铸时芯撑偏离了原来的位置。图 5-14 中可见铜质芯撑都尽量避开文字放置。

弜国墓地 BR-M1 乙-013 带盖铜鼎鼎盖上纹饰复杂，但芯撑设置还是尽量避开了纹饰。如图 5-15 ~ 图 5-17 所示。

商周青铜器中，个别器物由于表面纹饰繁缛，不得已将一些铜质芯撑放在了有纹饰的地方，其后果往往会造成此处纹饰的缺失，图 5-18 和图 5-19 中弜国墓地 BZF-M1-001 带盖铜鼎鼎壁纹饰处就放置了铜质芯撑，导致相应部位纹饰缺失。

范铸青铜器中，大的范与腹芯之间有可能放置多枚芯撑，而较小的范有的只放置一枚芯撑。从图 5-20 和图 5-21 宝鸡弜国墓地 BZ-M4-74 四足鼎底部及 X 射线影像来看，该器物底部有四枚芯撑，与底部外范数相同。

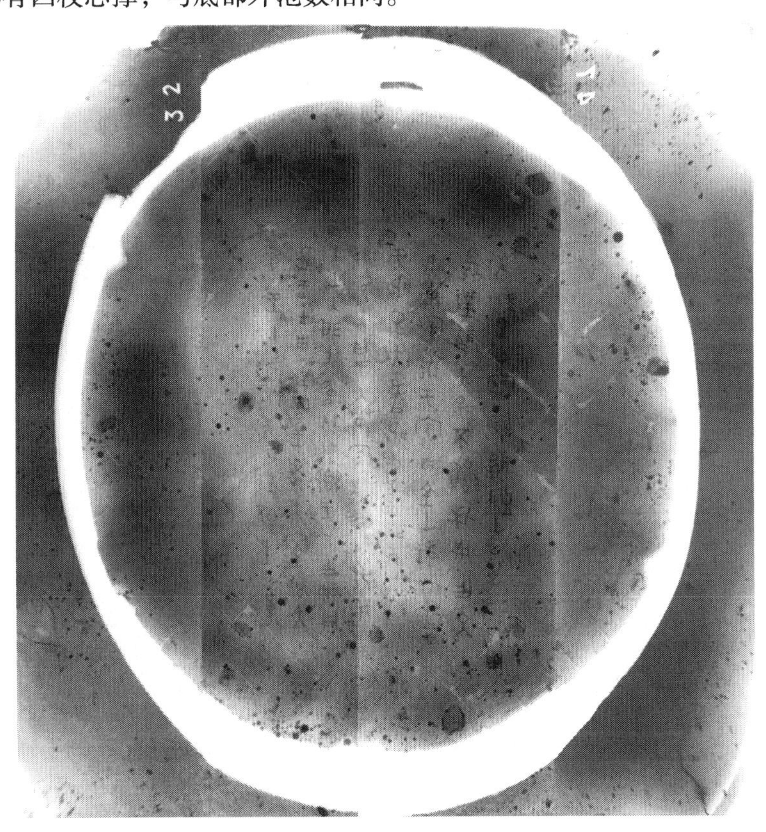

图 5-14　铜盘底部铜质芯撑的放置（姚青芳摄）

图 5-15　㺇国墓地 BR-M1 乙-013 带盖铜鼎（吴正龙摄）

图 5-16　㺇国墓地 BR-M1 乙-013 鼎盖

图 5-17　強国墓地 BR-M1 乙-013 带盖铜鼎 X 射线影像

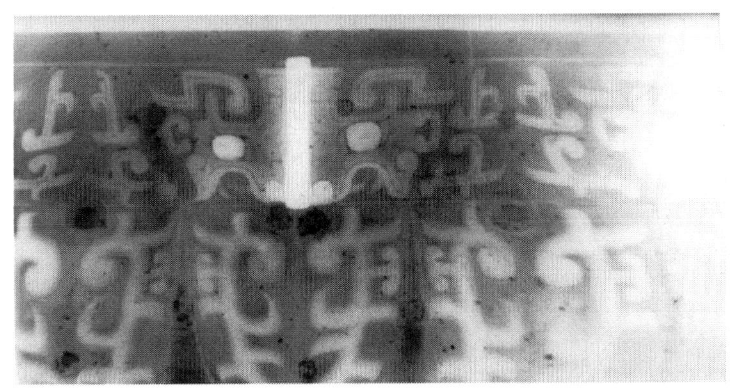

图 5-18　鼎壁纹饰处铜质芯撑的摆放位置

图 5-19　鼎壁纹饰处由于摆放铜质芯撑导致部分纹饰缺失

图 5-20　BZ-M4-74 四足鼎底部

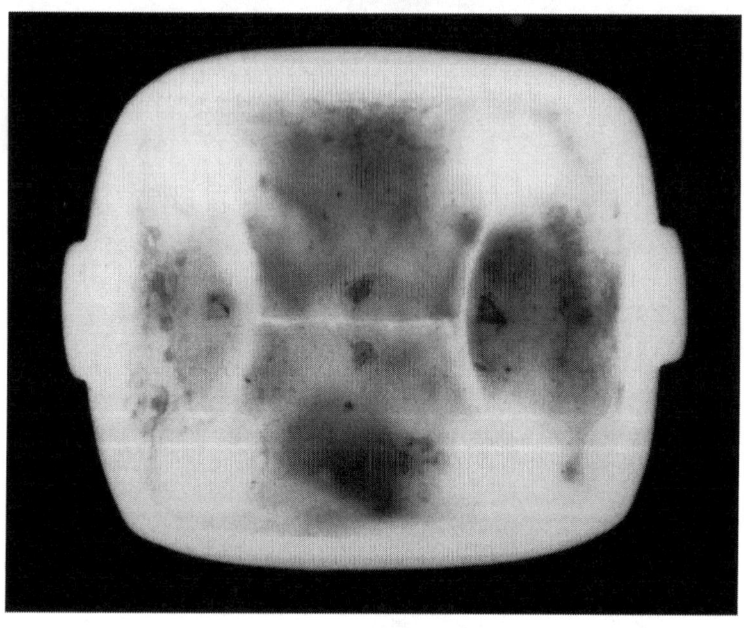

图 5-21　BZ-M4-74 四足鼎底部 X 射线影像

图 5-22、图 5-23 为一商代大方鼎的 X 射线影像，在较长的侧面、侧范与腹芯之间设五枚铜质芯撑，位置在腹壁方形无纹饰处的正中和四角。较短的侧面设四枚芯撑，位置在无纹饰处的四角。

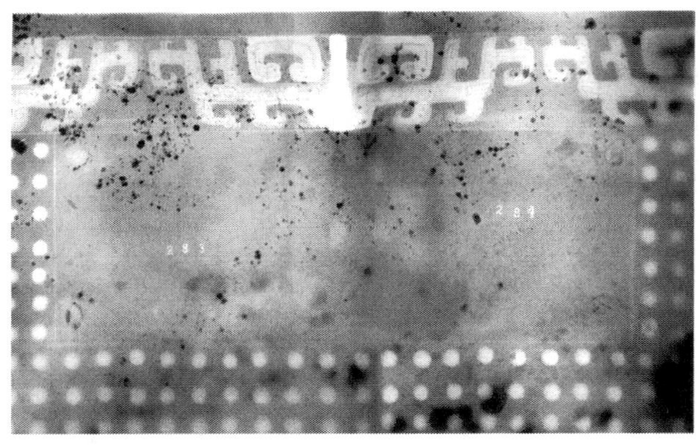

图 5-22　商代大方鼎长侧面的 X 射线影像（可见五枚铜质芯撑）

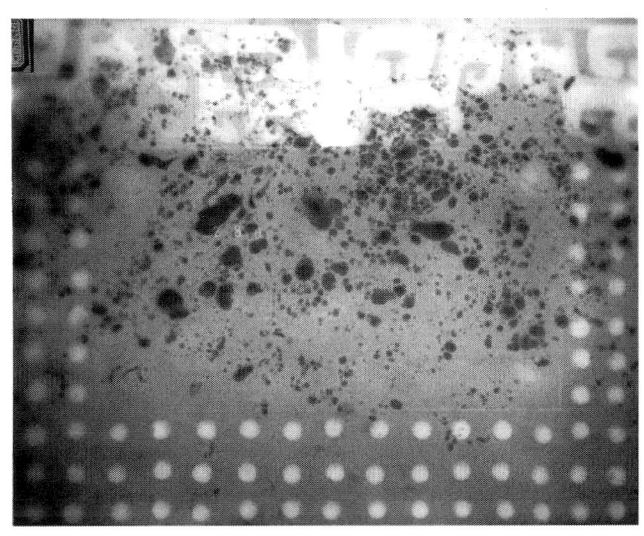

图 5-23　商代大方鼎短侧面的 X 射线影像（可见四枚铜质芯撑）

4. 装饰性芯撑

有时纯铜质芯撑也起装饰作用。例如，宝鸡〓国墓地茹家庄二号墓出土编号为 BR-M2-004 的环耳圆鼎，其侧面即以纯铜作为芯撑，芯撑制成圆形和长方形，起到装饰作用（图 5-24）。

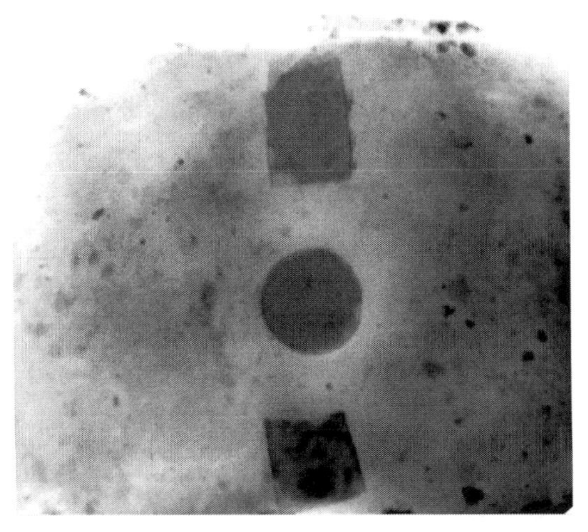

图 5-24　〓国墓 BR-M2-004 环耳圆鼎装饰性芯撑

5. 铸造铜质芯撑的 X 射线表现

青铜器的铜质芯撑在 X 射线影像中的表现形式并不相同，其原因综合起来大致有以下几点：芯撑与周边器物本体的材料质地不同，造成对射线吸收的差异，在 X 射线影像中表现为密度的不同；芯撑在埋藏环境中与器体的腐蚀状况不一致，腐蚀程度高且矿化严重的，对射线的吸收小，呈暗影，反之亦然；铜质芯撑周边与器体存在缝隙或气孔，X 射线影像中芯撑与器体之间形成暗的点、线，勾勒出芯撑的形状。

一般说来，含锡、铅比较少的芯撑，在 X 射线胶片中表现为暗影，如图 5-25 中鼎底部规则分布的暗影。而且如果芯撑锡铅含量低，其在土壤中往往较青铜更易遭受腐蚀，有时甚至会完全矿化，导致对射线的吸收更小，在 X 射线影像中甚至可呈现出极其强烈的对比，如图 5-26 所示。

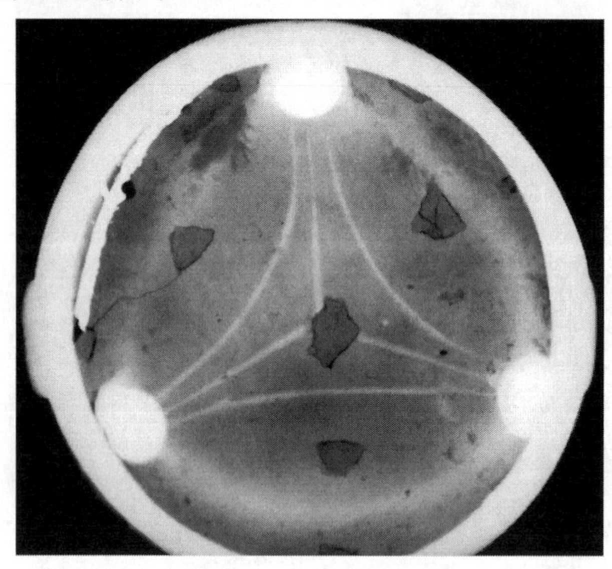

图 5-25 鼎底部 X 射线影像（铜质芯撑较器身暗）

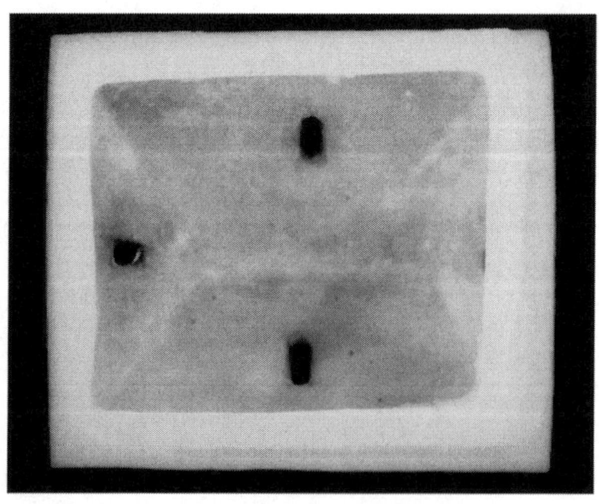

图 5-26 铜质芯撑腐蚀程度远大于器身

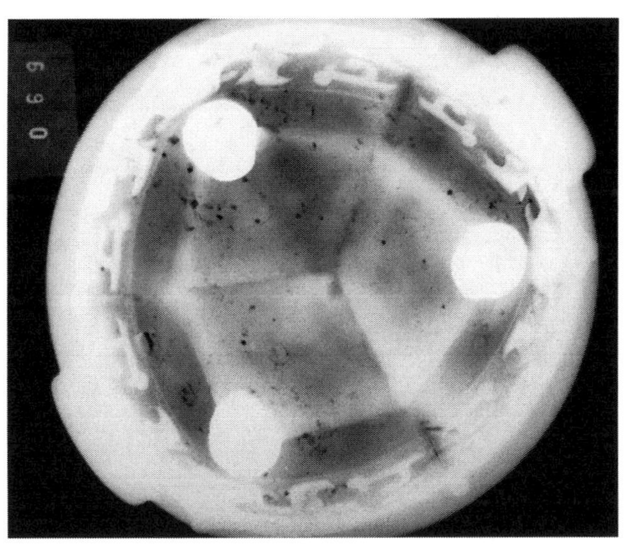

图 5-27　铜鼎底部 X 射线影像（铜质芯撑与器体对射线的吸收基本一致）

一些铜质芯撑虽然对 X 射线的吸收与器体基本一致，如图 5-27 所示，三枚铜质芯撑颜色与器体基本一样，但是芯撑边缘的缝隙在 X 射线胶片上表现为较暗的点、线，可以勾勒出芯撑的形状。在本例中可见鼎腹与鼎底的连接部位有六枚芯撑，鼎底部有三枚芯撑。

同一件器物中的铜质芯撑也会呈现出不等的影像密度。图 5-28 中卣盖的七枚铜质芯撑中，四枚较器体为暗，而三枚较器体明亮。其原因可能是由于埋藏中局部腐蚀环境的不同造成腐蚀程度不一而产生差异。当然，在其他器物中，这种差异还存在一种可能性，那就是这些部位曾经过修复。区分这两种情况需要结合形貌观察或配合其他分析手段。

图 5-28　卣盖的 X 射线成像

5.2 铸接

铸接有两种情况：一是分铸铸接，这是中国古代青铜器铸造的一种重要工艺方法，是将铜器的一些部分先铸好，在铸造器物主体时再合铸在一体，这种方法可以简化主范，司母戊大方鼎的鼎耳就是采用分铸铸接的。另一种情况是对于铸造失误或者其他问题的补救措施。

江西新干大洋洲出土的商代青铜器中，13907 号甗耳采用的是分铸铸接，如图 5-29 和图 5-30 所示。从 X 射线影像中可以看到，甗耳中有泥芯，预铸出的兽在耳内部分还基本保持了单铸造成的形状：燕尾状扩展的部位为浇泛口，足还连在一起。兽身内部也有盲芯。兽身内可见从颈部至臀部的亮线，但在实物外部找不到对应的结构，因此推测造成这一现象的原因应存在于兽身内部，或为制作泥芯时用作支撑的金属丝。

湖北博物馆所藏曾中斿父壶属于第二种情况，如图 5-31 所示。如《曾国青铜器》一书所描述，该壶的口部与颈部有接缝痕迹。从 X 射线影像和纹饰上看，口与颈部显然也不是一体，口部对射线的吸收能力明显强于颈部，最大的可能即为铸接。此外，最上一排铭文明显与下面的铭文间距较大，也可解释为铸接时用范而不得已。

图 5-29　江西新干大洋洲商代铜甗耳部（马燕如摄）

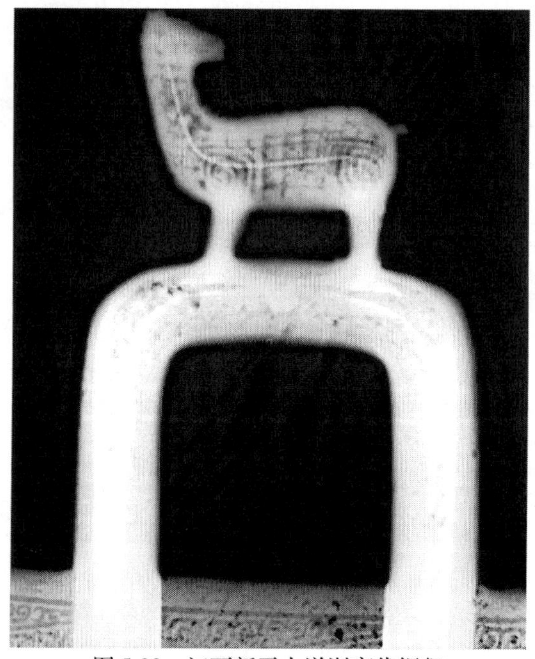

图 5-30　江西新干大洋洲商代铜甗耳部 X 射线影像

图 5-31　湖北博物馆藏的曾中斿父壶 X 射线影像

接下来的问题是哪一部分为先铸，哪一部分为后接。一般说来，这种补铸性质的铸接，后浇注的部分通常铅锡含量应高些以满足良好的流动性与浸润性。而且后浇注的部分应搭接在先浇注的部分。可惜由于拍摄时间仓促，未及细看实物，而在《曾国青铜器》的照片中，正看与倒看所见效果截然相反，所以如果需要确切了解铸造的先后顺序，还需查看实物。研究确切的铸接顺序，可以在接缝处采样进行金相分析，先铸出的部分由于再次受热，应形成退火等轴晶组织，而后铸部分未经再次受热，应该是铸造树枝晶组织。

5.3　浇口和冒口

图 5-32 和图 5-33 为宝鸡茹家庄𢐗国墓地出土的 BRM1 甲:4 圆鼎的底部照片和底部 X 射线影像，其中可以清楚地发现鼎底中心有纺锤形亮影；纺锤形左侧由于范裂导致铜水溢出，对应位置形成亮线；在右侧范线中部也有明显宽于范线的亮影；增宽部分的上端还有一个较大的铸造缩孔；左侧范线中部亦隐约可见相同的情况，如果仅凭肉眼观察，很容易忽略这些现象。这些现象至少可以说明除了足部的浇口或冒口之外，在三角形底范的中间和两个边还存在 3 个作为浇口或冒口的部位。此外还可以发现器底使用了 3 枚铜制芯撑，呈三角形摆放。

图 5-32　宝鸡茹家庄強国墓地 BRM1 甲:4 圆鼎底部照片

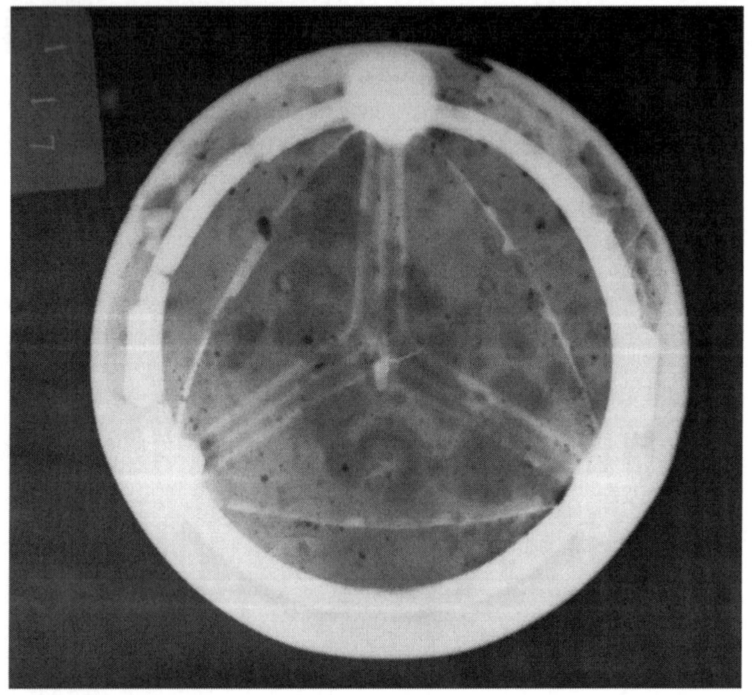

图 5-33　強国墓地 BRM1 甲:4 圆鼎底部 X 射线影像

图 5-34 中战国铜壶底部仍保留有铸造时的范土，从其 X 射线影像图 5-35 可见，中心部位白色纺锤形影为铸造时遗留的冒口或浇口，其周围由于铜渗入范土，形成边缘模糊的圆形亮影。在其外围，高温的铜水使范土过烧，导致孔隙率增大，形成环状暗影。器物底部由于外范的开裂，铜水渗出形成多条不规则线状亮影。

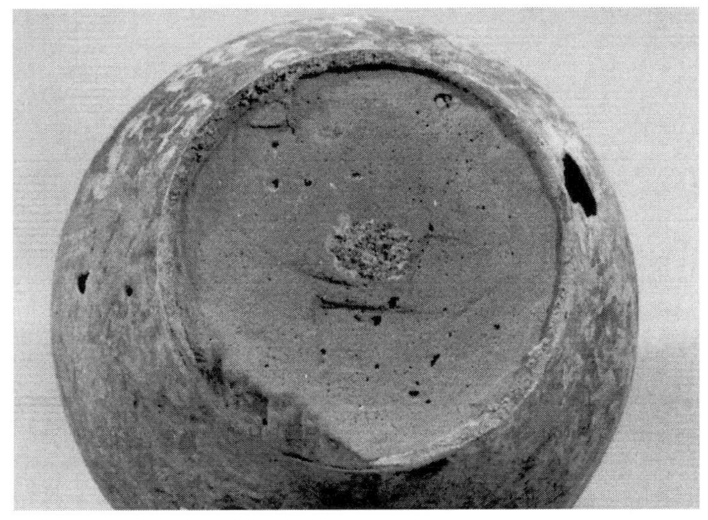

图 5-34　战国铜壶底部照片

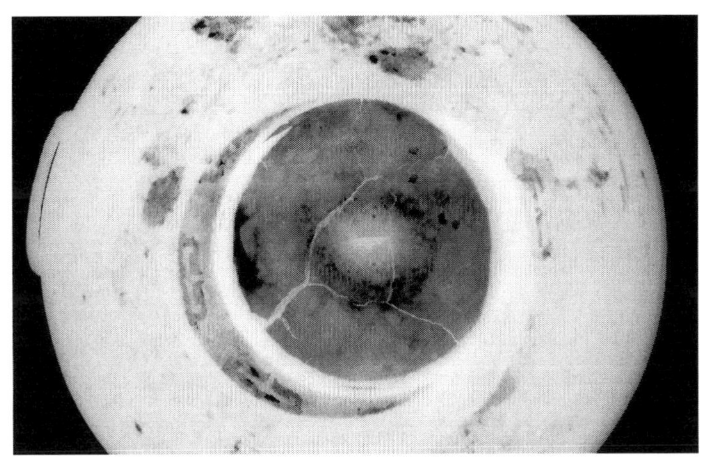

图 5-35　战国铜壶底部 X 射线影像

5.4　加　强　筋

在商周青铜器中，许多带有圈足的器物如簋、盘、尊、卣等常在圈足与器底连接部位设加强筋，目的是提高应力集中部位的强度。

图 5-36 和图 5-37 为北京大学赛克勒考古与艺术博物馆收藏的一件铜尊底部及其 X

图 5-36　北京大学赛克勒考古与艺术博物馆藏周代青铜尊底部

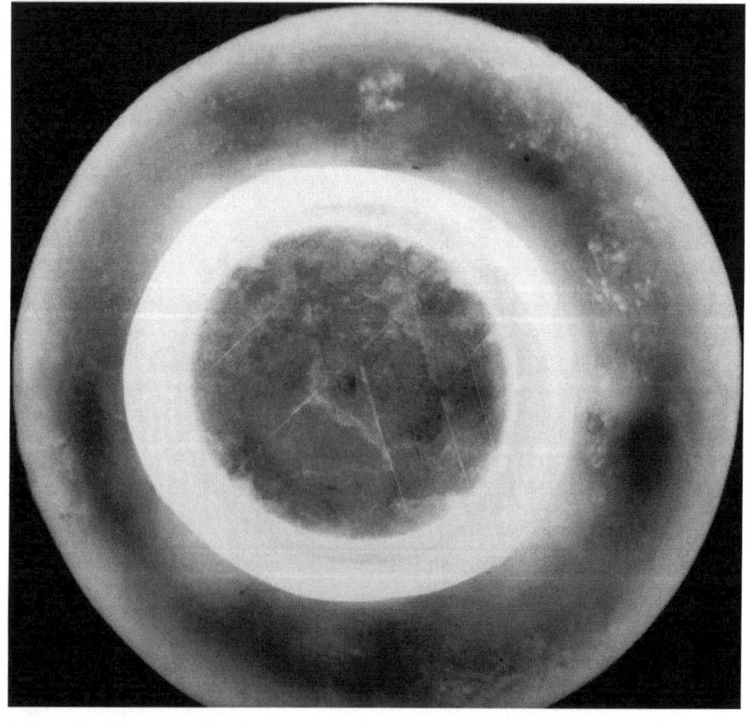

图 5-37　北京大学赛克勒考古与艺术博物馆藏周代青铜尊底部 X 射线影像

射线影像，器物牌标注为周代，编号 95.1564，器底保留有范土和黄土。X 射线影像显示底与圈足相接处有 4 个对称的三角形加强筋，底部中心有一枚铜质芯撑，并有菱形网纹。图中右上的三角形加强筋左右各有一三角形亮影，因其一边与网纹刻划重合，疑为在范上刻划网纹时造成局部范土崩落，铸造后形成铜质三角。

大部分三角形加强筋的位置比较规则，也有一些相对随意，如图 5-38 所示的铜簋底部 X 射线影像，其三角形加强筋分布及底部网格刻画都较为随意。

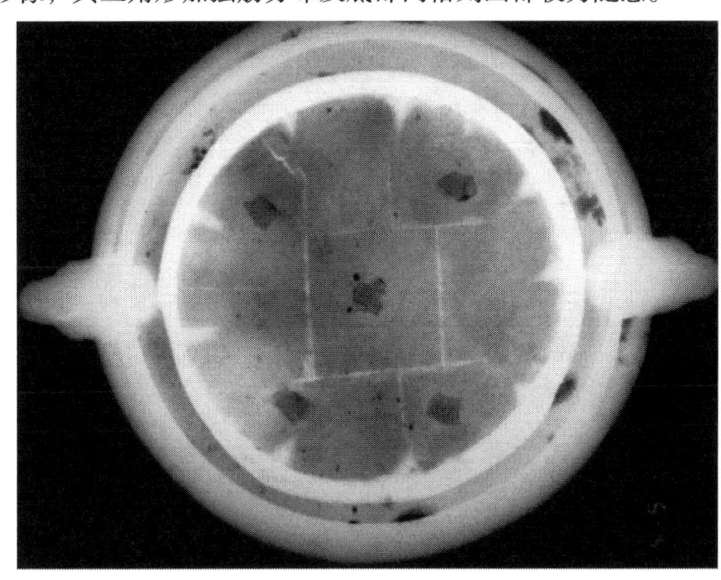

图 5-38　铜簋底部 X 射线影像

5.5 范　　缝

范缝，是古代铸造青铜器时，合范的缝隙处留下的痕迹，它是研究中国古代青铜制作工艺的重要参考资料。通过对范缝的研究，可以了解范的数量及分范方式等铸造的重要工艺方法。虽然范缝的成因十分简单，但是在器物中观察到的范缝表现形式却是多样的。归纳起来主要有以下几类：

一，铜水沿范缝溢出，形成突起的线条，形成后未加打磨，如图 5-39 所示；

二，铜水沿特意预留出的范缝形成突起的线条，这一般在器物的底部，同时起到加强筋的作用，如图 5-40 所示；

三，外范上下错位产生的外表或纹饰的不对称，如图 5-41 所示；

四，外范由于径向错位产生器物厚薄的差异，如图 5-42 所示。

上述范缝大多数从器物的表面就可以观察到，但是如果器物表面被锈蚀和泥土覆盖，直接观察就很难发现。对于此类情况，只要存在上述四条特征之一，通过 X 射线成像基本上都可以观察到。还有一些范缝，在器物铸造完成后，又经过表面的打磨处

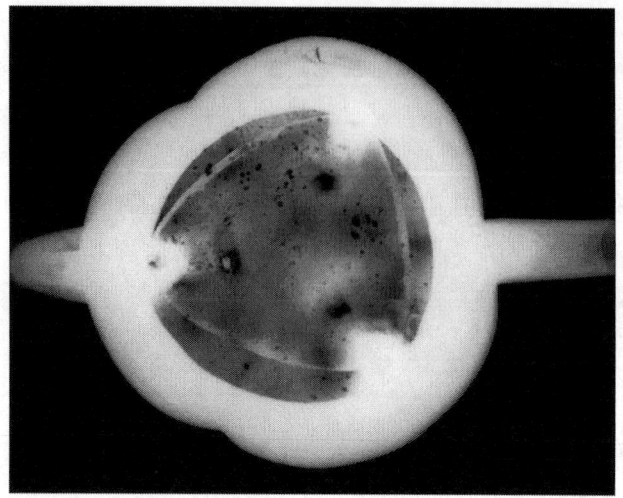

图 5-39　盉底部范缝

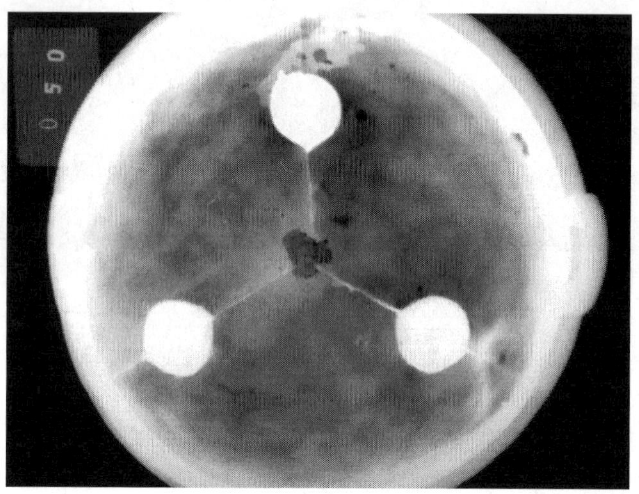

图 5-40　带有加强筋性质的范缝

图 5-41　范错位显示出的范缝

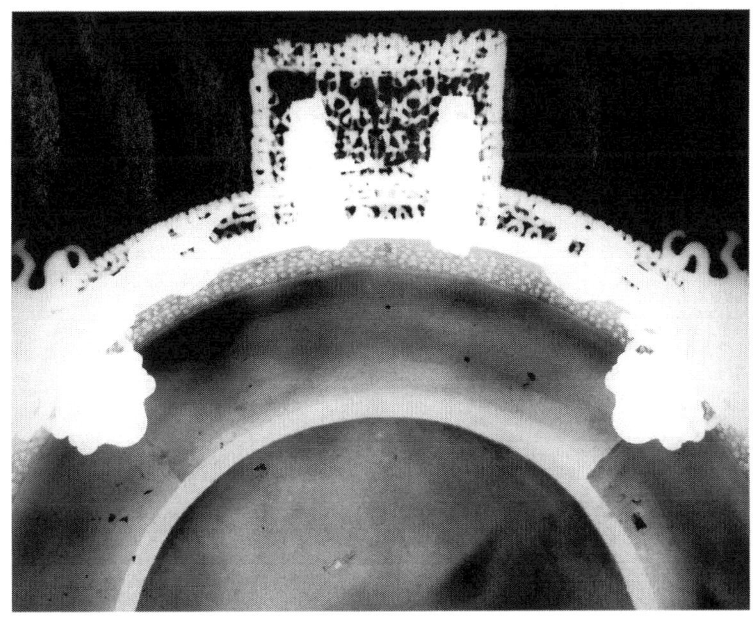

图 5-42　青铜盘底部由于器物薄厚不同而显示出来的范缝

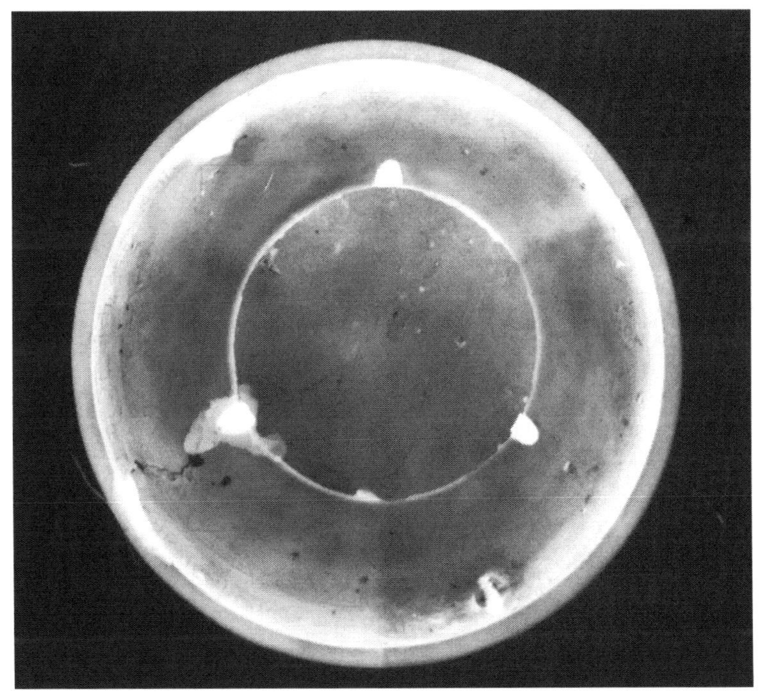

图 5-43　青铜器范缝经打磨后在 X 射线影像中的表现

理，缺少了厚度的差异，即使使用 X 射线成像，也难以发现。但在某些特殊的例子中，经过打磨处理的铸造范缝也可呈现在 X 射线影像中。究其原因，可能是铸造过程中，范的差异导致铜器内部组织结构出现细微差异，而这种差异在后期腐蚀环境中被放大（图 5-43）。

5.6 补　　铸

补铸，是古代青铜铸造中重要的一项工艺，有研究认为铸接技术就是在补铸技术的基础上发展而来的。古代青铜器出现补铸究其原因有两种情况：铸造中出错，使用中损坏。在古代青铜器铸造和使用过程中，由于这样或那样的问题，使铸造出来的青铜器局部出现一些缺陷和破损，高超的补铸技术可以部分甚至完全修复这些缺陷。

1. 嵌入式补铸

嵌入式补铸中，补铸的部位与原器身没有搭接，所以如果器壁较薄，补块很容易脱落，所以常用于器壁较厚的大型器物。我国著名的古代青铜器、殷墟出土的商代司母戊鼎就使用了嵌入式补铸技术，见图 5-44 及图 5-45，补铸部分占图示侧面面积的四分之一。其补铸技术较高，不认真观察难以发现。从 X 射线影像中很容易发现补铸部位与器物本体的密度不同，补铸的部位密度大，铸造缩孔少，在补铸的接缝处可以看到明显的缝隙。

图 5-44　司母戊鼎补铸侧面和补铸部位的 X 射线影像（姚青芳摄）

2. 单面突起式补铸

单面突起式补铸其一面与原器身平齐，而另一面则与原器物有搭接，搭接面一般会安排在承重面，在这一面补铸部位高于原器物表面，以便提供良好的受力性能，防止补铸部分脱落。由于补铸部位较原器身为厚，所以对射线的吸收相对较强，在 X 射线影像中呈亮区。

安阳殷墟花园庄 M54:475 的牛尊在牛颈下和器盖内都铸有阴文铭文“亚长”二字，

图 5-45　司母戊鼎补铸部位与 X 射线影像重合显示（姚青芳摄）

同时腹底部铸有凸起的“亚”字①，这种奇怪的、不符合常规的做法使人怀疑是否有过补铸，但腹底部内外侧均看不出任何补铸的痕迹。经 X 射线成像分析，确定该凸起部位为补铸，补块形成“亚”字形，巧妙地弥补了铸造中的缺憾，见图 5-46 ~ 图 5-48。从 X 射线影像中可以看到原有孔洞经过细致的修整打磨，同样形成“亚”字形。为了连接牢固，补块大于孔洞，与原器身形成搭接。此外，还可以看到两枚铜质芯撑，这也是仅从外表难以观察到的情况。

图 5-46　殷墟花园庄 M54∶475 牛尊腹底部外侧照片

有些单面补铸的青铜器为了提高补铸部位的连接强度，会在待修补的孔洞周边打若干小孔，以期铜水流入其中，从而提高补铸部位的连接可靠性。在图 5-49 中可以看出，器物底部有两处这样的补铸。但是，从 X 射线影像中可以看到，并不是所有的小孔中都流入了铜水，亮点为灌入铜水的小孔，而暗点说明孔内无铜水进入（图左上补铸处）。

① 中国社会科学院考古研究所：《安阳殷墟花园庄东地商代墓葬》，科学出版社，2007 年，第 122、302 页。

图 5-47　殷墟花园庄 M54∶475 牛尊腹底内侧照片

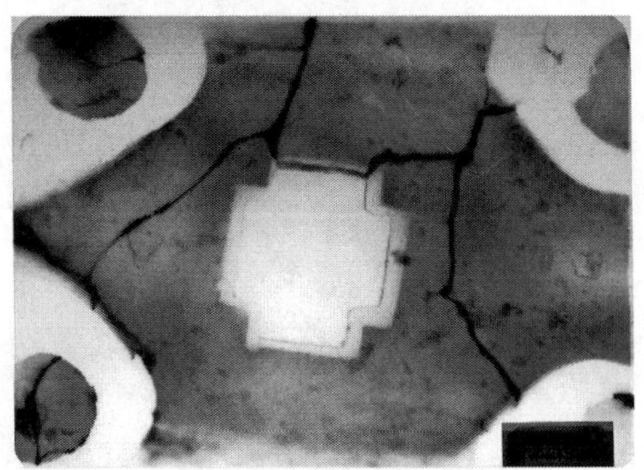

图 5-48　殷墟花园庄 M54∶475 牛尊腹底部单面补铸 X 射线影像

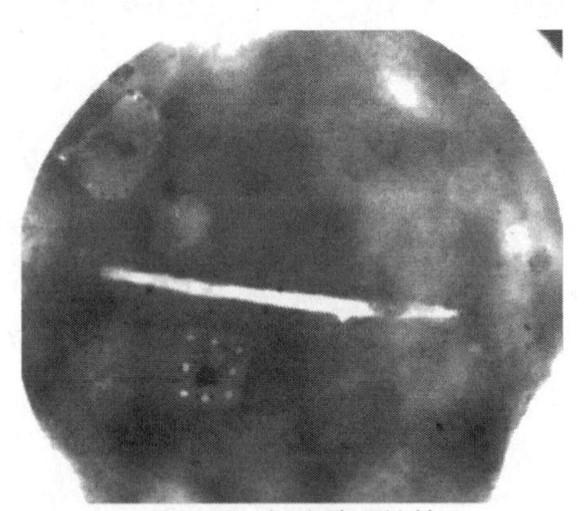

图 5-49　打孔单面补铸

3. 双面补铸

双面补铸是古代最常见的青铜器补铸形式，由于补铸部位两面都与原器物形成搭接，所以任何一面都能提供良好的强度。

在图 5-50 所示铜甗的外表并未发现明显的铸造缺陷，而从图 5-51 的 X 射线影像中可以发现，之所以进行修补是因为器物侧壁出现了裂隙，修补时内外两侧制范，补铸的铜将缝隙夹住。

5.7　复　合　剑

东周时期，吴越出现了复合兵器，最常见者就是复合剑。所谓复合剑，是指剑脊和剑从用不同成分配比的青铜合金浇铸的青铜剑。一般认为，先用含锡量较低的青铜合金铸出剑脊，以利用低锡青铜韧性强且不易断折的特点；然后将剑脊放入剑从的陶范中再次铸造，剑从采用含锡量较高的青铜合金，硬度高，特别锋利，从而得到刚柔相济的复合剑。

图 5-50　铜甗侧面补铸的情况

图 5-51　铜甗侧面补铸部位的 X 射线影像

从目前拍摄的 X 射线影像看，复合剑有剑脊部分带“榫翼”和不带“榫翼”的两种形式。所谓带榫翼，是指剑脊从断面看两侧带有榫头，便于与剑从紧密连接。如图 5-52 所示，从 X 射线影像中可见除了剑脊的中心部分外，两边还带有一定宽度的“榫翼”；所谓不带榫翼，就是剑脊部分从断面看不带有榫头，如图 5-53 所示。

5.8　铸造气孔与缩孔

铸造气孔与缩孔是一种铸造缺陷，是商周青铜器中的常见现象。但是，除了一些铸造比较粗糙的明器外，大多数气孔与缩孔隐藏在器物内部，从器物的外表很难发现，而

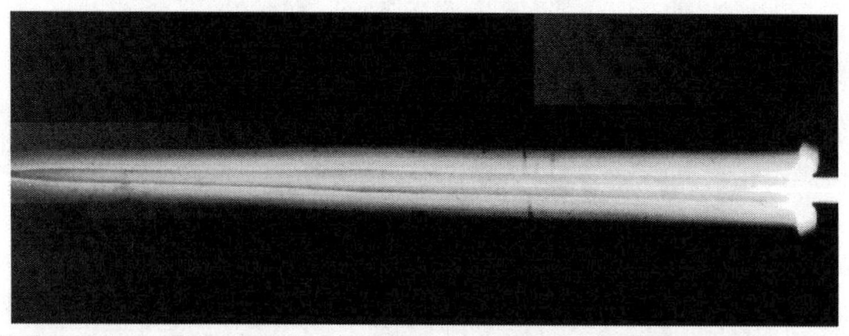

图 5-52　剑脊带“榫翼”的复合剑 X 射线影像

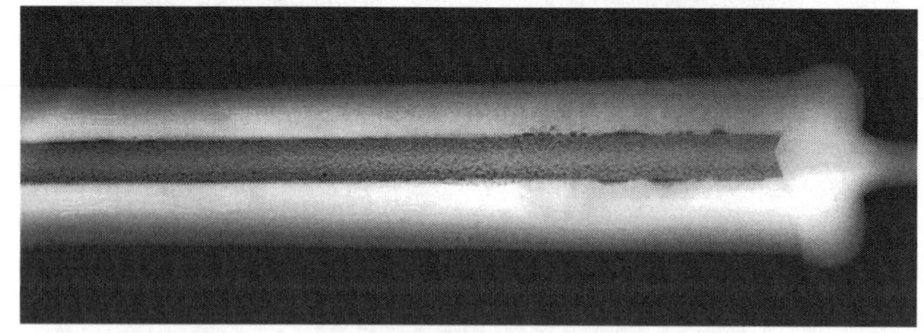

图 5-53　剑脊不带“榫翼”的复合剑 X 射线影像

且在器物的使用中也基本不会造成问题。通过 X 射线成像观察青铜器的铸造气孔与缩孔，可为研究青铜器的铸造工艺提供一定的帮助，同时也对文物的保护、修复、保存有一定的意义。

铸造气孔与缩孔在 X 射线影像上一般呈圆形或椭圆形，偶尔呈蚓形暗区，边缘光滑清晰，这与腐蚀产生的斑点不同（与腐蚀斑点的区分详见第 6 章 X 射线成像在青铜器保存状况分析上的应用，这里不加赘述）。

铸造气孔与缩孔的影像形貌基本一致，但产生机理不同，通常须根据其位置再做区分。铸造气孔是由于铜液凝固时所夹带的气体没有及时排出而形成的，故而通常集中在排气不畅处，如圆鼎底部等浇铸位置较高，而非浇口、冒口的部位。还有一种情况，就是浇铸时铜液的温度比较低，这种情况下，气孔可以在器物的任何部位出现，如图 5-54 所示。有时气孔还可呈现出铜水的流线形貌，如图 5-55、图 5-56 所示。

铸造缩孔通常出现在器物厚度变动比较大的部位，如鼎耳与器壁交界处等。它是由于铜液凝固收缩时，器壁较薄的地方先凝固，较厚的口沿、耳部后凝固，先凝固的器壁部分阻塞了铜液流动的路径，导致后凝固处继续冷却收缩时不能获得铜液补充，形成缩孔。如图 5-57 所示，器物（鼎）左侧耳根与器壁交界处的暗色部位即为铸造缩孔。

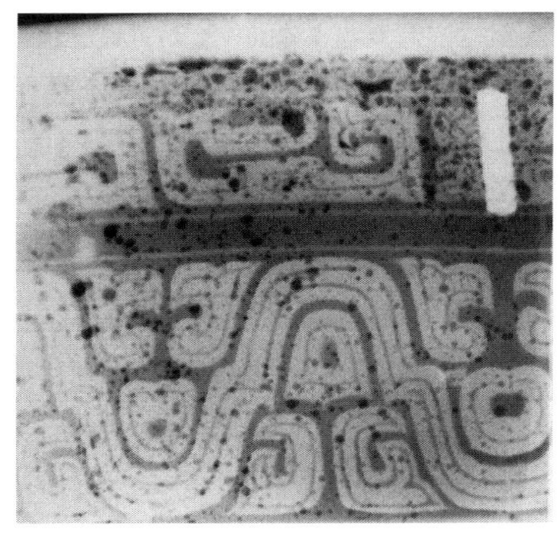

图 5-54　青铜器中常见的气孔

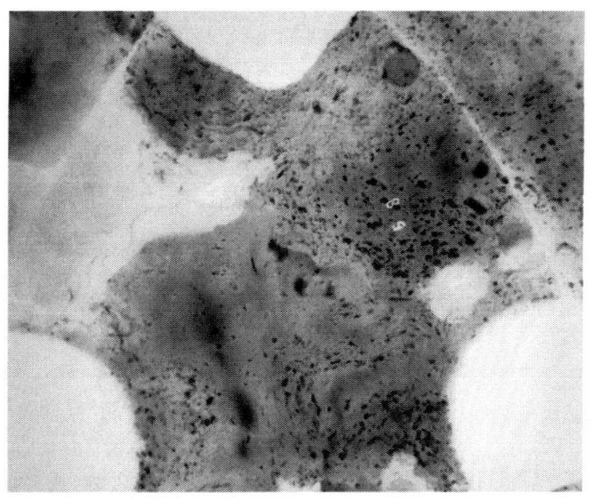

图 5-55　青铜器中气孔反映出铜液的流动情况

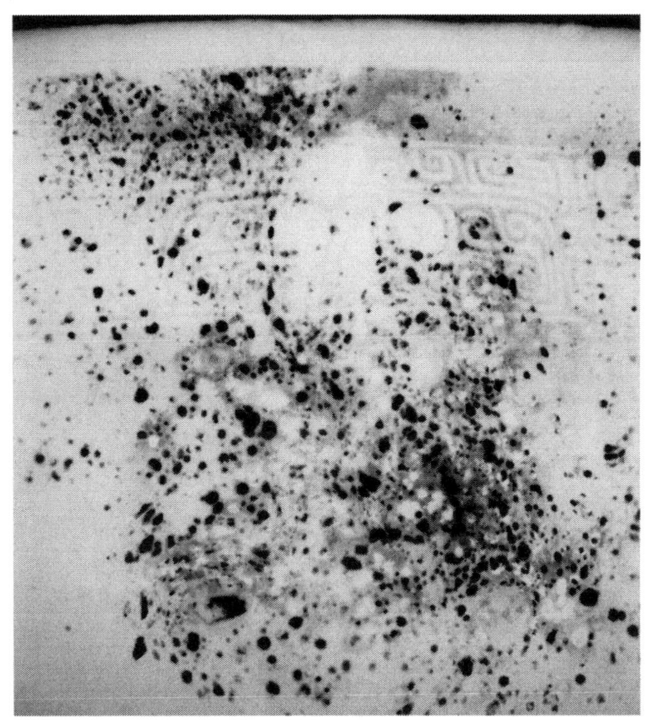

图 5-56　青铜器铸造气孔反映出铜液的流动情况

5.9　底 部 纹 饰

商周青铜器常会在器物底部以凸起的图案替代网格纹，此种做法比网格纹更具装饰性，如图 5-58 所示。但其能否起到与网格纹相同的作用，还需要研究。

在保护修复前使用 X 射线成像方法，很容易发现被锈蚀和附着物遮盖的装饰性图案，这使得文物的保护处理工作更具有针对性。图 5-60 就显示了图 5-59 器物底部被掩盖的装饰性图案。

图 5-57　青铜器铸造缩孔

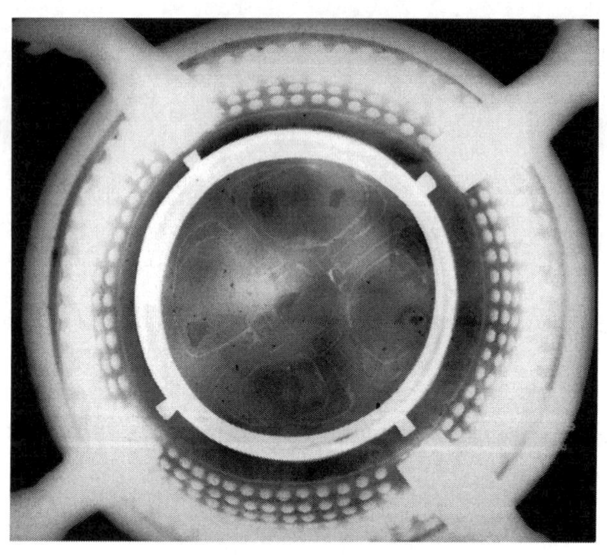

图 5-58　青铜簋底部的装饰图案

图 5-59　青铜器底部装饰性图案被锈蚀所掩盖

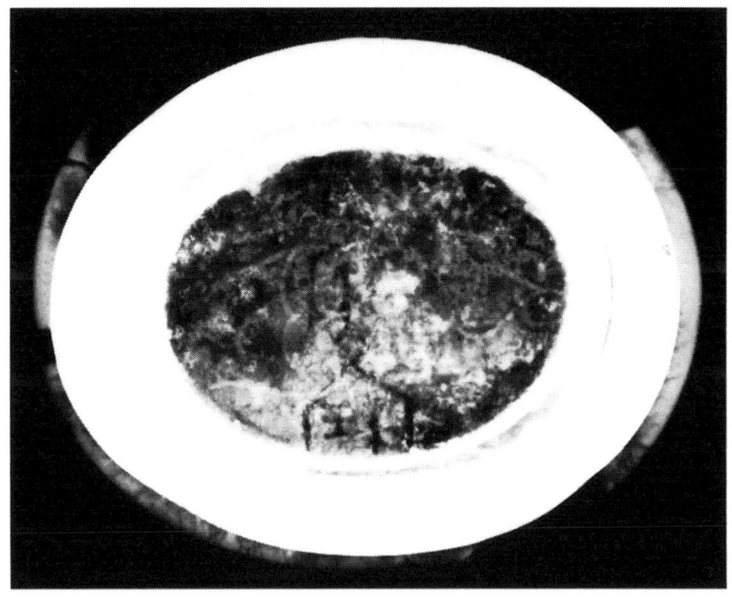

图 5-60　器物底部 X 射线影像
（显示出器物内部的铭文和外部被遮盖的装饰性图案）

第6章　X射线成像在青铜器保存状况分析中的应用

X射线成像除了可以应用于青铜器的铸造工艺以及实验室考古研究之外，还可在青铜器的保存状况分析中发挥重要的作用。这主要体现在以下三个方面：青铜器的腐蚀情况分析，青铜器修复情况的分析，青铜器指纹档案的建立。

通过对X射线影像的分析，可以无损地检测青铜器的内部信息，掌握青铜器的保存状况，从而为制定科学、合理的保护修复方案提供依据。

周期性的X射线拍摄，可以了解青铜器病害的发展情况并判断病情，确定哪些青铜器的病害处于不稳定和发展状态，需要及时进行保护处理。

青铜器保护修复前后的X射线影像记录，可用以评估青铜器保护修复的效果，为发展、完善保护修复技术，也为今后文物的保存、收藏、陈列、展示提供一定的依据。

建立青铜器X射线影像档案，不仅仅是保护、研究的需求，还是完善文物信息档案的重要一环，从文物保管角度看，因为青铜器制作工艺、腐蚀规律、腐蚀特征具有唯一性，难以仿制，故而X射线影像档案可以作为青铜器的指纹性记录。

6.1　青铜器的保存状况分析

6.1.1　青铜器的“暗”裂隙

所谓“暗”裂隙是指肉眼难以直接观察到的裂隙。有些暗裂隙因为裂隙细小所以难以发现，而有些则是因为被锈蚀、浮土等遮盖，所以无法直接观察到。在对青铜器进行保护处理的过程中，特别是除锈工作之前，通过X射线成像，了解文物中裂隙存在的情况，可以避免在保护修复过程中对器物产生不必要的伤害；在腐蚀比较严重的青铜器的关键部位，如铭文、纹饰的除锈过程中，X射线片可以提供准确的依据，避免出现差错。

通过青铜器的X射线成像所表现出的特征，可以将青铜器中常见的“暗”裂隙分为三种主要情况：

1. 埋藏环境中由于外界载荷产生的应力导致的暗裂

见图 6-1、图 6-2。这种暗裂一般集中分布在一定的范围内，裂隙之间往往并不贯通，去除掉表面的锈蚀等覆盖物后通常能够用肉眼观察到。这种暗裂隙失去锈蚀层和覆盖层时通常会变得非常不稳定，故在除锈过程中尤其需要注意，稍有不慎即可造成器物的断裂。

图 6-1　存在暗裂的器物表面

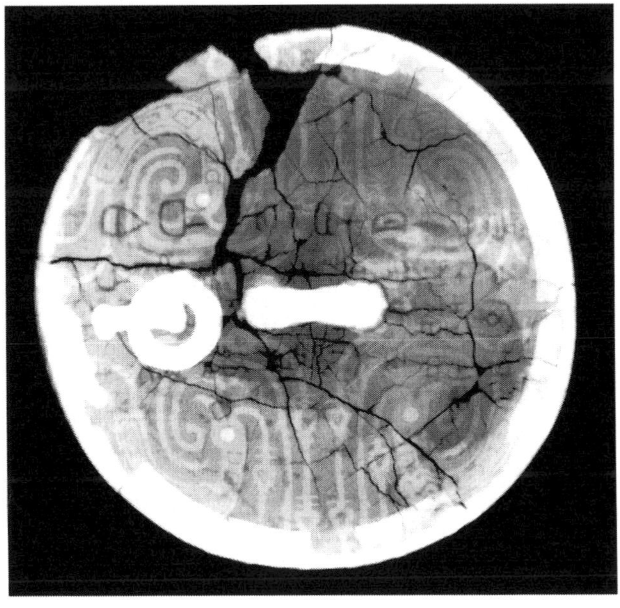

图 6-2　青铜器的暗裂

2. 铜质芯撑锈蚀膨胀引起的暗裂

很多青铜器的铜质芯撑（垫片）的锈蚀比器身更为严重，同时芯撑的部位通常又是应力集中点，在芯撑锈蚀膨胀以及其他因素的共同作用下，往往容易造成青铜器器壁出现裂隙。这种裂隙起始于芯撑周边，以芯撑为中心并向四周扩散，一般不会贯穿（图 6-3）。

3. 点蚀周边的暗裂

出现在青铜器的点蚀周围，从点蚀的边缘向周边延伸，这种暗裂通常最为细小，肉眼很难观察到（图 6-4）。

6.1.2 青铜器的腐蚀

青铜器的腐蚀是指青铜器基体材料与周围介质发生化学、电化学反应或者生物作用而受到的破坏现象①，在出土青铜器中普遍存在。但是，铜器的腐蚀情况往往非常复杂，同一件器物上的不同部位由于埋藏环境的不同，导致其腐蚀矿化程度的不同。而这恰好可以通过 X 射线成像加以鉴别。其原理为：腐蚀矿化的部位密度下降，其对射线

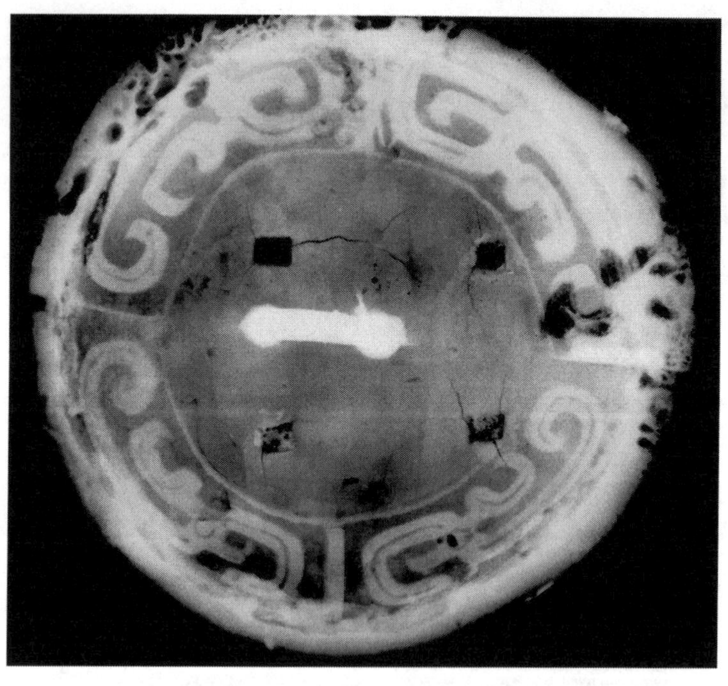

图 6-3　由铜质芯撑锈蚀引起的暗裂

① 国家文物局：《中华人民共和国文物保护标准汇编（一）》，文物出版社，2010 年，第 86 页。

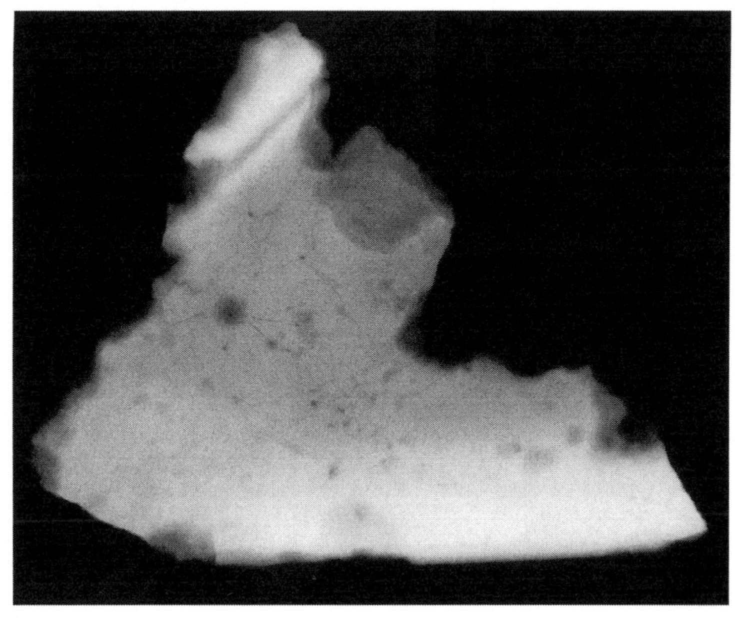

图 6-4　点蚀周边的暗裂

的吸收减弱。对于同一器物壁厚相似的部位，矿化程度越高，对射线吸收能力降低得越明显，X 射线影像越暗。

值得注意的是，出土青铜器在金属的腐蚀矿化过程中，很少出现均匀一致的腐蚀，而且腐蚀过程也会不一样，从而产生不同的腐蚀形式，归纳起来主要有以下几种：

1. 基体不均匀腐蚀矿化

绝大多数情况下，青铜器中不同部位的腐蚀会呈现出一定的差异，这种情况可称为不均匀腐蚀，其成因与埋藏条件以及出土后保存环境密切相关。

有时，看上去表面状况良好的青铜器其基体的不均匀腐蚀会出乎意料的严重。例如在图 6-5 和图 6-6 中，外观上鼎底的厚度比较均匀，也无显著的局部腐蚀现象，但从 X 射线影像中，可以看到多个不同的灰度层次，即亮区、略暗区、暗区，部分深色暗区带有散布的白色斑点（图 6-7）。

亮区：除去三个最亮的圆形鼎足影，鼎底整体上呈现出弥散的亮区和略暗的暗区，亮区说明基体的腐蚀矿化程度相对较低，而暗区说明腐蚀略严重。当然，这种明暗差异，有时与青铜器基体厚薄有关，在新仿铸的青铜器中也会出现，只是由基体厚薄差异产生的明暗差别，通常没有清晰的地图状边界，而由腐蚀产生的差异大多存在边界。目前相关研究比较欠缺，需要根据具体情况加以区分。

暗区：在图 6-7 中所显示的暗区具有清晰的地图状边界①，其是该 X 射线片中最暗的区域，说明此处腐蚀矿化相当严重，但在这些区域中会发现一些很亮的斑点，这一现象与锈层堆积中铅、锡腐蚀产物的富集相对应，有关研究的详细内容参见第 7 章。

图 6-5　圆鼎内表面状况

2. 点蚀

在《中华人民共和国文物保护标准汇编（一）》的《馆藏青铜器病害与图示》（简称《标准》，下同）中，对点腐蚀给出了定义：点腐蚀是指在点或者孔穴类的小面积上的腐蚀。这是一种高度局部的腐蚀形态，孔有大小，一般孔表面直径等于或小于它的深度，小而深的孔可能使金属穿孔；孔蚀通常发生在表面有钝化膜的金属②。

这里的点蚀与《标准》稍有区别，可能包含的腐蚀范围更宽。这里的点蚀是指青铜器上某一局部出现的圆形或椭圆形坑状腐蚀，坑的中部较深，边缘渐浅，大小不一，在 X 射线影像中没有清晰的边界，其成因通常认为与氯离子的作用有关。

点蚀在 X 射线影像中的典型表现如图 6-8 所示，点蚀根据其发展情况的不同而大小不一，在 X 射线片中呈圆形或者椭圆形虫蚀状，其特点是边界模糊，腐蚀中心的颜色比较暗，中心向边缘颜色逐步变浅，这一点与气孔、缩孔区别明显。相互接近的点蚀随着发展可能连接成片，但仍可辨认出各自的腐蚀区域及起始点，除非器物已完全矿化。

① 所谓地图状，是指边界清晰但不规整的状况。

② 国家文物局：《中华人民共和国文物保护标准汇编（一）》，文物出版社，2010 年，第 87 页。

图6-6　圆鼎外表面状况

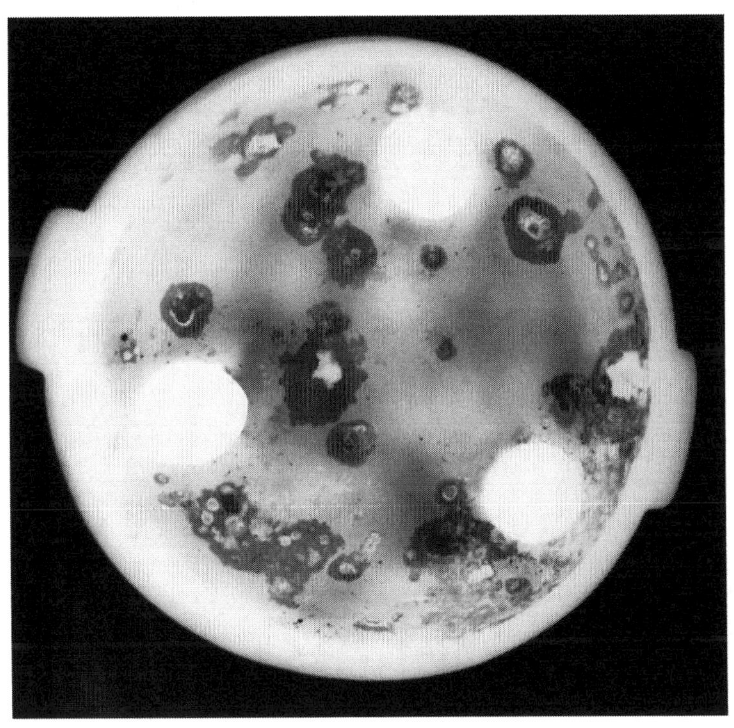

图6-7　圆鼎X射线片表现出来的内部局部腐蚀状况

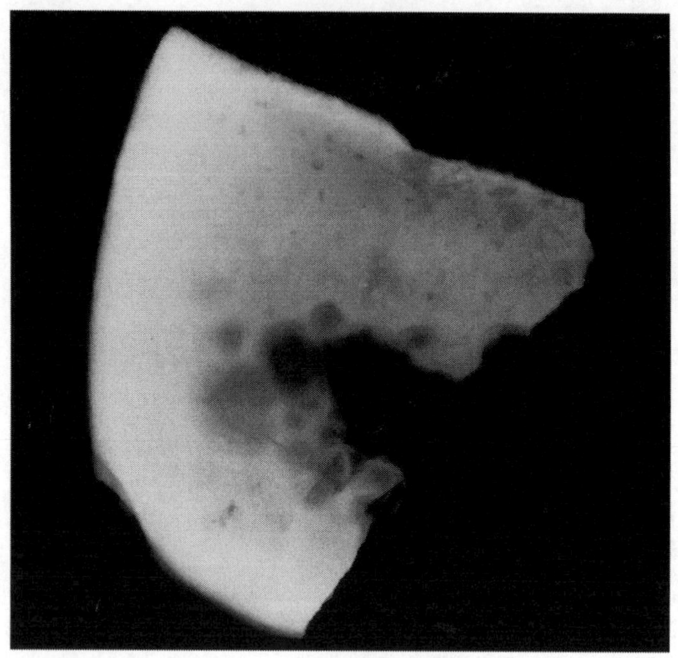

图 6-8　青铜器的点蚀

3. 铜质芯撑腐蚀后连带周边器体腐蚀矿化

铜质芯撑腐蚀后，会连带周边器体出现腐蚀，如图 6-9 所示。只是这种现象并不常见，这说明此种腐蚀需要一定的埋藏环境及保存条件才能形成。此种现象较多地出现在安阳出土的商代青铜器中。

4. 缝隙腐蚀

青铜器的腐蚀有时会与缝隙存在一定的关联，在《标准》中，缝隙腐蚀的定义如下：金属表面由于存在异物或者结构上的原因而形成缝隙（如铆缝、垫片或者沉积物下面等），缝隙的存在使得缝隙内溶液中与腐蚀有关的物质迁移困难，由此而引起缝隙内金属的腐蚀①。

缝隙腐蚀的主要特征是腐蚀沿着缝隙或者暗裂隙方向发展较为迅速，如图 6-10 所示。其产生与污染物的侵入以及应力作用等诸多因素的关系，还需要更多的研究。

5. 埋藏环境造成的腐蚀差异

毫无疑问，环境甚至是微小的环境差异都会造成青铜器腐蚀的不同，图 6-11 所示就是青铜器破碎后，由于埋藏环境的差异，导致其内部腐蚀状况的不同。

---

① 国家文物局：《中华人民共和国文物保护标准汇编（一）》，文物出版社，2010 年，第 87 页。

图6-9　芯撑腐蚀后连带周边器体出现的腐蚀

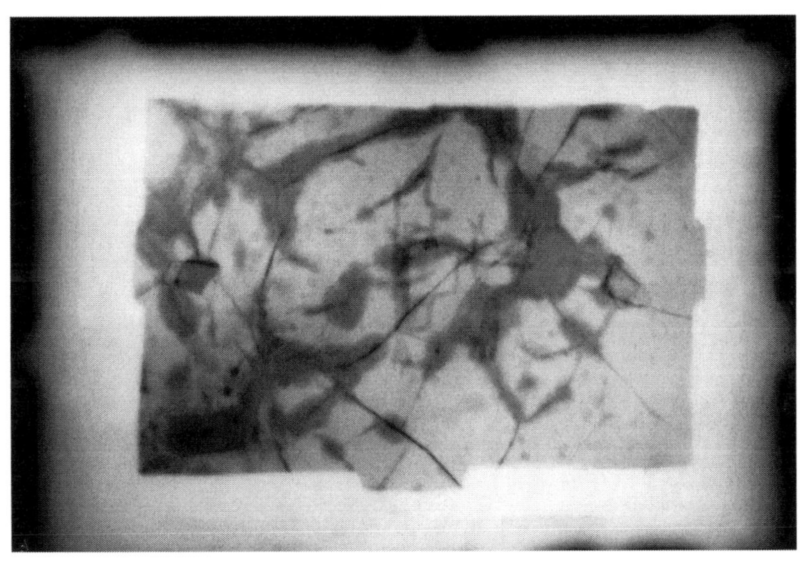

图6-10　青铜器腐蚀与裂隙的关联

6. 夹层锈蚀

夹层锈蚀是青铜器锈蚀中一种常见的腐蚀现象，其具体表现为外部还保存着较坚硬的外壳，这个外壳常带有青铜器的原始表面，而内部已经腐蚀殆尽，呈粉末状，如图6-12所示。这种锈蚀在器物破碎时，根据断面观察很容易发现，当器物完整时，通常

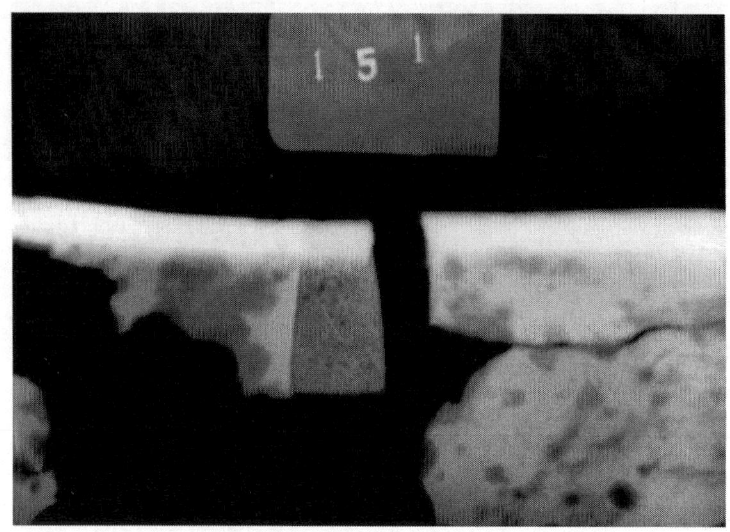

图 6-11　埋藏环境造成青铜器腐蚀的差异

很难确定。

夹层锈蚀状况在 X 射线影像中表现为成像模糊，如有重影，类似于照相时对焦不准的状况，见图 6-13。如果这种病害不能事先发现，并在保护修复的过程中予以注意，很有可能造成破坏性的后果。

图 6-12　青铜器夹层锈蚀

6.2　青铜器的修复情况

修复，是青铜器保护中的一项重要工作，良好的修复工作可以化腐朽为神奇。许多修复后的青铜器，从外表仅凭肉眼是难以看出修复的情况，青铜器的 X 射线成像，在大多数情况下可以帮助我们对修复的情况加以评估，使我们掌握更多的信息，为修复验收和建立修复档案提供资料。

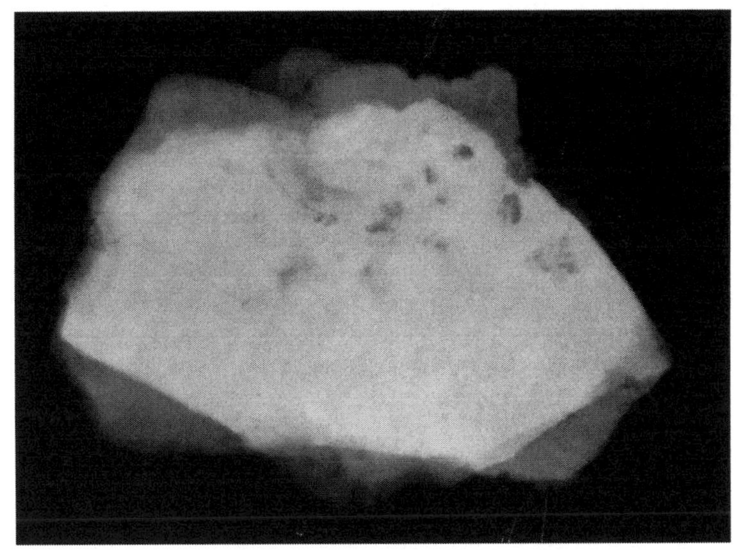

图 6-13　夹层锈蚀的 X 射线成像

6.2.1　青铜器焊接、粘接修复

锡焊是中国青铜器传统修复工艺中将碎片连接起来的一种重要方法。具体焊接方式有连续焊、点焊、加芯焊等若干种。由于焊接需要锉出焊口，露出新鲜的金属表面，所以焊锡的宽度都会大于原来的铜器缝隙。焊锡的主要成分为金属锡，锡的原子序数为 50，大于铜的原子序数 29，故焊锡对 X 射线的吸收能力强于铜，所以其在 X 射线片中呈亮区。

1. 连续焊

连续焊是指为完成焊件上连续的焊缝而进行的焊接。由于这种方法是沿着青铜器原有的裂隙或者断裂方向进行焊接操作，故而焊缝的走向并不规整，在 X 射线片中表现为不规则的白色条带，如图 6-14 所示。由于缝隙和锉口的宽度以及拍摄角度的不同，条带的宽度常会出现一定的变化。

2. 点焊

点焊是指通过一个或少数几个焊点，将焊件连接起来的焊接。点焊操作时一般要先在焊件两边锉口，焊锡填入后再经修整与青铜器表面平齐。点焊部位受力集中，连接并不牢靠，因此一般仅用于初期定型，很少作为最终的连接方式。在 X 射线片中表现出的白点形状即为锉口形状，如图 6-15 所示。

3. 加芯焊

对于细长的青铜器，如剑、戈等，为了减少锉焊口对表面的损伤，同时保证一定的焊接强度，通常需要使用加芯焊。另外，对于矿化严重的青铜器，加芯焊也是常用的修

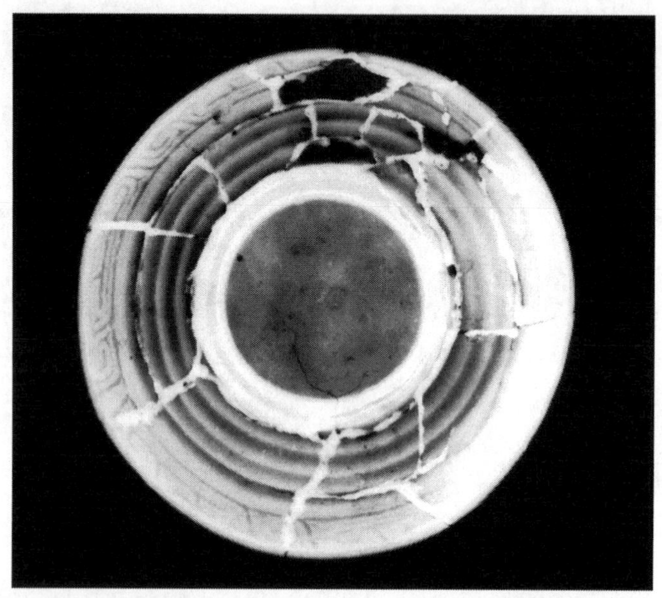

图 6-14　连续焊在 X 射线片中的表现形式

图 6-15　点焊在 X 射线片中的表现形式

复手段。加芯焊的形式主要有两种：打孔加芯焊（图 6-16）和切槽加芯焊（图 6-17）。打孔加芯焊的芯子一般使用铜丝，而切槽加芯焊一般使用铜片。这两种焊接方式在 X 射线影像上都表现为垂直于缝隙方向形状较规则的短棒。

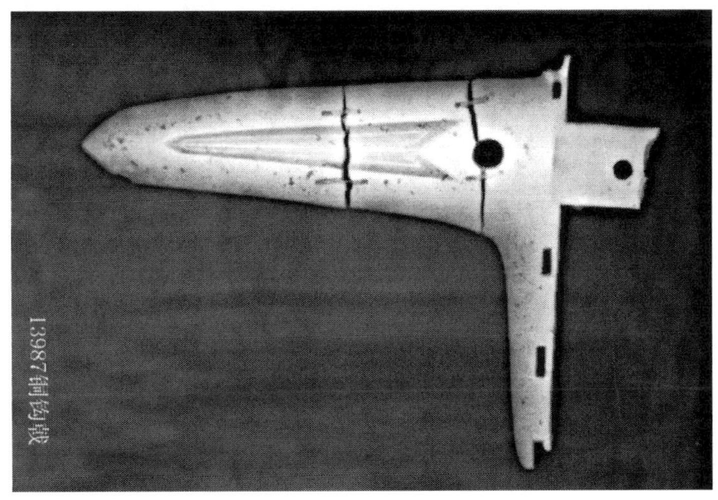

图 6-16 打孔加芯焊

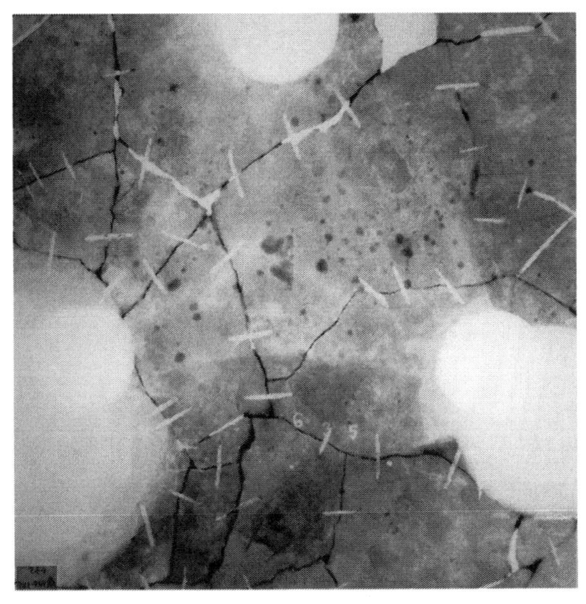

图 6-17 切槽加芯焊

4. 银锭扣焊接

银锭扣焊接是一种在器物承受较大拉力的部位两侧各开一个梯形孔洞，对合形成银锭槽，再用黄铜制作的比孔洞略小的银锭钉，将其嵌入孔洞再行焊接，从而将碎片连接在一起。有时银锭槽也可不加芯，直接用锡填充。由于银锭扣形似燕尾，故亦称燕尾榫。其实，银锭口可以看做是一种特殊形式的点焊。这种工艺适合形体较大、承受拉力强及铜质矿化严重的铜器，也适合焊口面积小、负荷又过大的铜器。

如图 6-18 所示，在 X 射线影像上可以清楚地看到燕尾形的榫接。

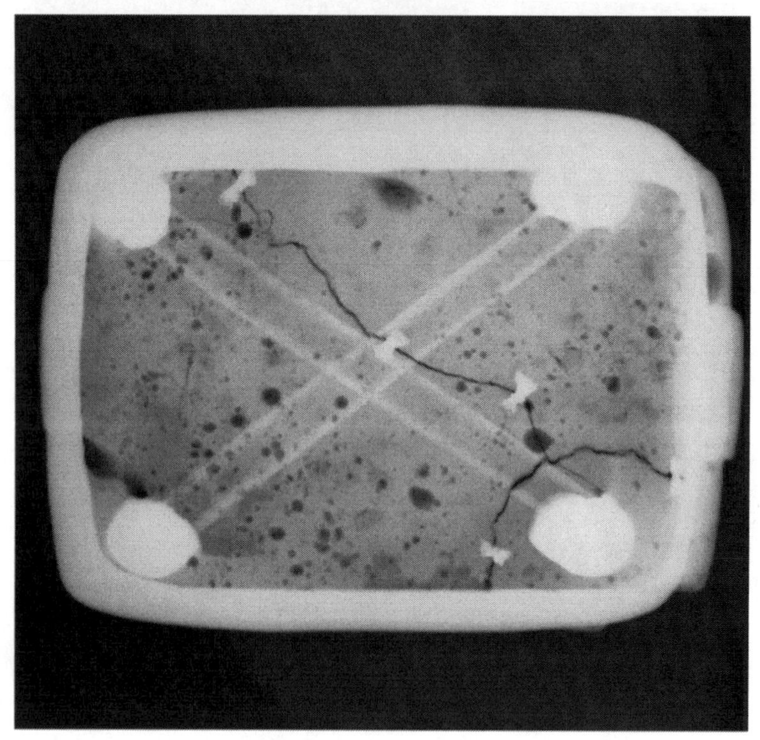

图 6-18　银锭扣焊接

5. 锯解后焊接

锯解后焊接整形是传统青铜器修复中常用的方法，主要用于变形严重而且腐蚀矿化也比较严重的青铜器。图 6-19 中可以观察到的、较规则的亮线即为锯解后焊接的结果。其在 X 射线片中与自然断裂相比，表现为缝隙十分平直。

6. 粘接

相对于焊接，使用树脂粘接青铜器，对文物本体的破坏相对较小。粘接具有良好的可逆性和可再操作性，因而也是目前提倡的一类广泛使用的方法，其缺点是操作上比焊接要复杂。用于青铜器粘接的树脂种类非常多，从早期的虫胶到现在常用的环氧树脂等，但无论哪一类树脂，相对于青铜来说，其对 X 射线的吸收非常弱，所以通常在 X 射线片中表现为深暗色，如图 6-20 所示。

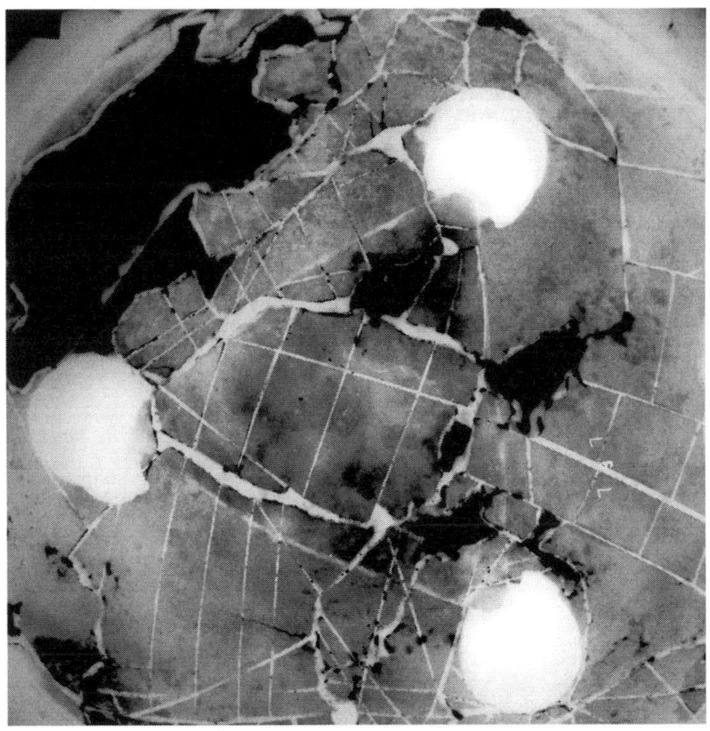

图 6-19　锯解后焊接

图 6-20　树脂粘接的青铜器

6.2.2　青铜器补配

补配是指使用金属或者树脂材料修补青铜器上缺损的部位。可用于青铜器补配的材料甚多，目前常用的主要有：锡、红铜皮、树脂和铸铜。

1. 锡补

锡对 X 射线有强烈的吸收，只要达到一定厚度，在 X 射线片上就会呈现亮白色，很好辨认。锡补常见的方式有两种：锡补铸和锡片修补。

锡补铸可以是直接在铜器待修补的部位制范浇铸锡液，凝固后补块与器身连接紧密，没有空隙；也可以先翻好模，铸成所需的缺损部位后，在修补到缺损的部位上。铸锡补块内部有时会有少量气泡。在图 6-21 中，不规则的白色块即为锡补铸。

锡片修补是用锡片制成形状合适的补块，再以树脂与器体粘接。通过 X 射线片可以看出修补部位锡片与器身之间的暗色线条——树脂粘接后由于树脂对射线的吸收能力较弱造成的。图 6-22 所示即为这种情况。

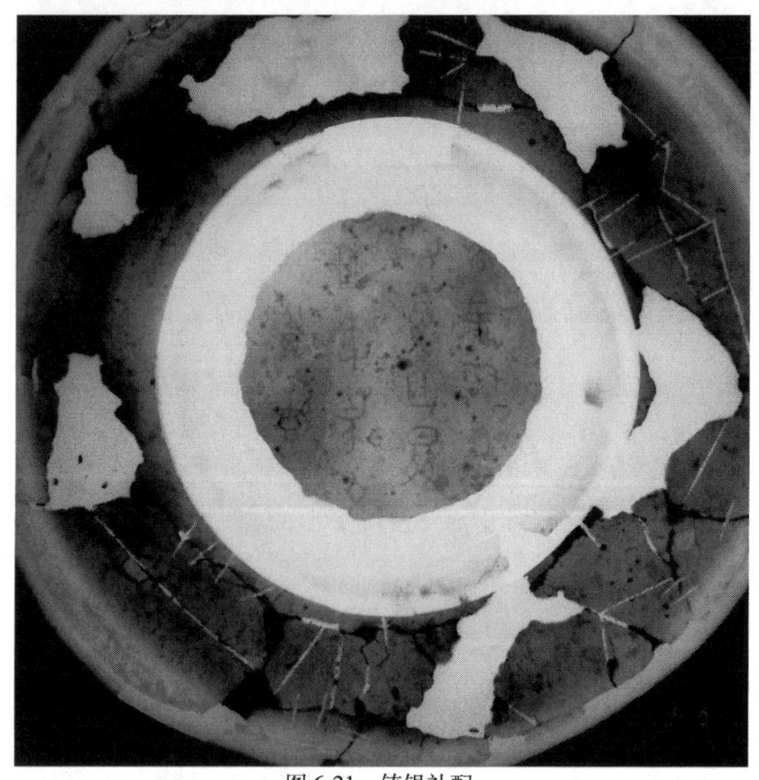

图 6-21　铸锡补配

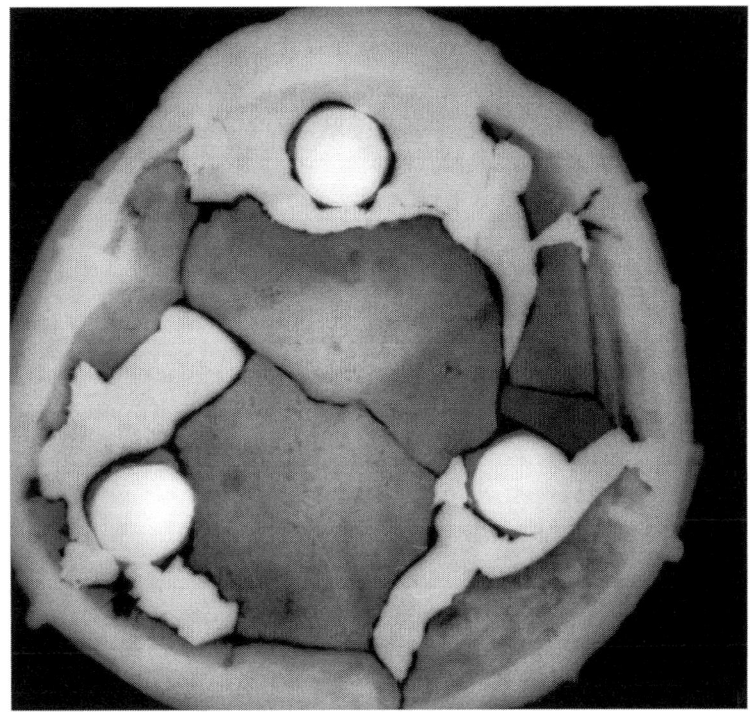

图6-22　锡补粘接

2. 铸铜补配

铸铜补配在X射线片上的表现并不一致，这主要与补配所用的材料有关，一般黄铜影像略暗，青铜影像较亮，且铅锡含量越高，X射线片上的颜色越浅。图6-23所示，器物的底部即为铸铜补配。铸铜补配一般通过焊接与原器物连接。

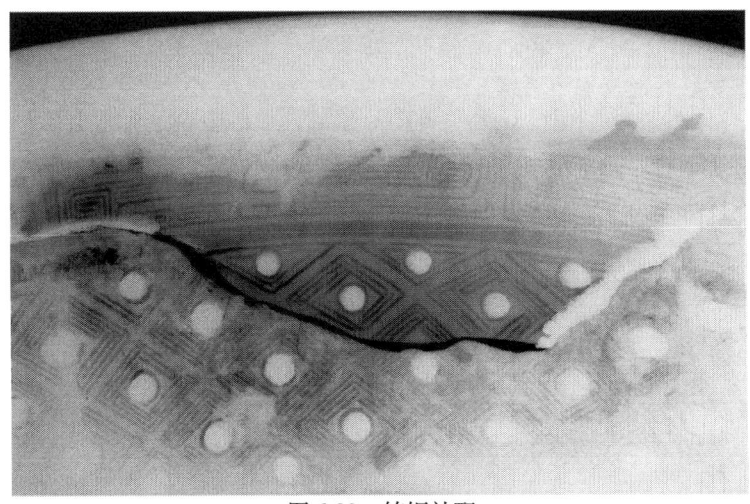

图6-23　铸铜补配

3. 树脂补配

树脂补配如图 6-24 所示，如果树脂中没有掺入铜粉，或者掺入的矿物颜料较少，则很难形成对 X 射线的有效吸收，在 X 射线片中呈黑色。树脂补配一般用于缺损不大、受力较小的部位，也用于一些腐蚀矿化严重的青铜器。

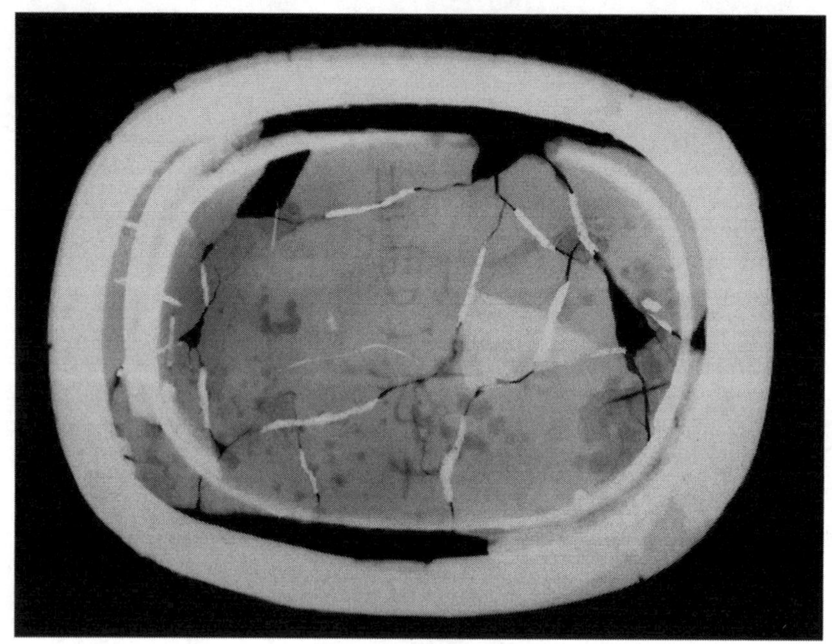

图 6-24　树脂补配

4. 树脂调和铜锈和矿物颜料补配

修复中也存在使用铜锈调和树脂进行补配的工艺，修复后再经过打磨，补配部位与原铜器表面色泽基本一致，有时甚至不需要再进行表面作色（图 6-25）。这种方法修复的青铜器在 X 射线片上的表现取决于所使用铜锈的粗细，如果铜锈没有经过分筛，颗粒不均，常常可以在 X 射线片中看到铜锈的颗粒亮点，如图 6-26 所示。如果铜锈筛分得比较细，那么与使用矿物颜料没有区别，在 X 射线片上很难区分。

5. 铜皮补配

铜皮补配因其操作简便故而使用比较广泛，如图 6-27 所示。一般使用红铜皮，因其柔韧，便于锤揲成形。相对于青铜器壁，红铜皮对 X 射线的吸收要弱一些，如果铜皮较薄，就更难在 X 射线片中显现出来，这可能导致与树脂补配相混淆。此时可以用两种方法加以判断：其一，如果铜皮是焊接于器物上的，可以从其边缘的焊锡判断出

图 6-25　器物底部铜锈修复后

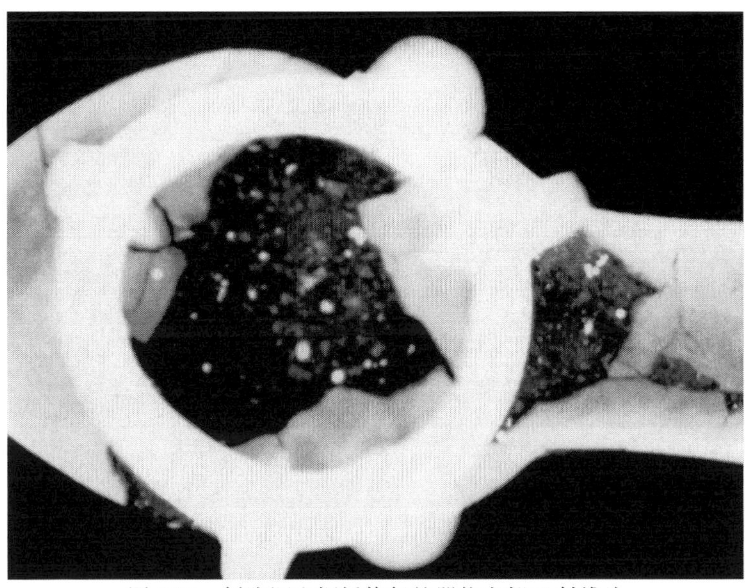

图 6-26　树脂调和铜锈修复的器物底部 X 射线片

铜皮的范围；其二，降低射线强度，以配合铜皮的射线吸收能力，也可在 X 射线影像中呈现出它的结构，如图 6-28 所示。但是，纵向的铜皮对射线的吸收能力还是很强的，X 射线片中，器物边缘亮白色细线条就是纵向铜皮的表现，如图 6-27 所示。

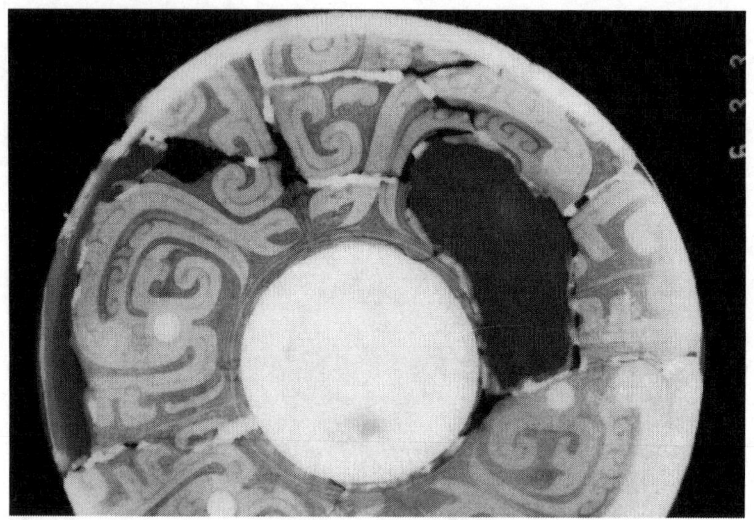

图 6-27　铜皮补配

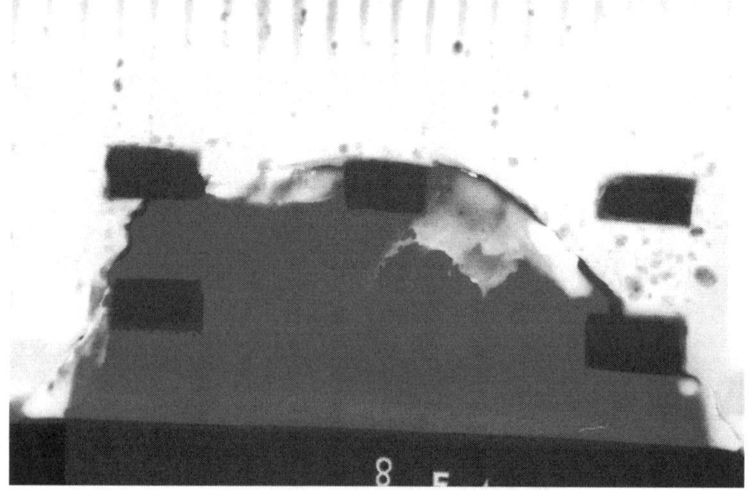

图 6-28　铜皮补配（降低射线强度观察补配）

第7章　青铜器X射线影像与青铜腐蚀状况对比研究

目前，X射线成像技术已经较广泛地应用在文物的研究中，但多停留在简单的直观分析上，利用其结果对文物进行病害分析的应用开展较少。针对一些具体的病理分析，还缺少更深层次的基础研究，特别是针对青铜器。虽然很多现象可能已经反映了青铜器的腐蚀病害现象，但是缺少定量的科学研究会导致很多现象无法给予科学的解释。此次，承蒙中国社会科学院考古研究所的帮助，在待修复的青铜器中选取了一些具有典型现象的残片，对其进行对比分析研究。

研究所使用的样品出土于山东省高青县，由于没有采集到青铜器埋藏土壤，仅能通过相关资料对埋藏环境做大致了解。高青县隶属于山东省淄博市，县境地理坐标为东经117°331′~118°041′，北纬37°041′~37°191′。全县土壤表层质地分为五种类型：轻壤（两合土）、中壤（小红土）、重壤（红淤土）、砂壤（白土）及紧砂（白砂土）。全县土壤偏碱性，潮土类中潮土亚类土壤的pH值平均为7.7，盐化潮土亚类土壤的pH值平均为7.8；盐土类中，土壤pH值在7.8~8.2之间。盐碱主要成分是氯化钠和氯化钾①。

此次研究思路为：首先获取青铜器残片X射线影像，从X射线照相胶片底片上，挑出或明或暗、或虚或实的典型现象（或具特殊现象的区域），在样品实物上找出对应位置；然后采取无损与微损检测相结合的分析方法（显微观察、X射线荧光能谱分析、X射线衍射分析、激光拉曼光谱分析、金相分析等），探究出X射线照相胶片底片上这些现象的成因，从而建立一个X射线影像与腐蚀状况的联系。当然，孤立的这种分析研究还不一定具有普遍性和严格的可重复性，但是希望借此做一个方法上的探讨，在研究积累到一定数量后，可以再总结出普遍规律，为通过X射线成像分析研究文物的病害打下基础，以便在无法取样的情况下通过X射线照相胶片底片直接判断或推断锈蚀状况。

---

① 引自高青县人民政府网站 http：//www.gaoqing.gov.cn/art/2007/8/24/art_100_26343.html.

7.1　X 射线影像观察

此项研究是以 X 射线影像所显示的现象为基础的研究，所以我们首先对样品中的典型现象及其对应位置的表面情况做统一描述。研究中所选的样品，部分可能经过一定程度的除锈处理。

7.1.1　X 射线影像及样品表面描述

见表 7-1 ~ 表 7-11。

表 7-1　觥（M18: 3-1）残片 X 射线影像与样品表面描述

名称	觥（残片）	编号	M18: 3-1
X 射线照片	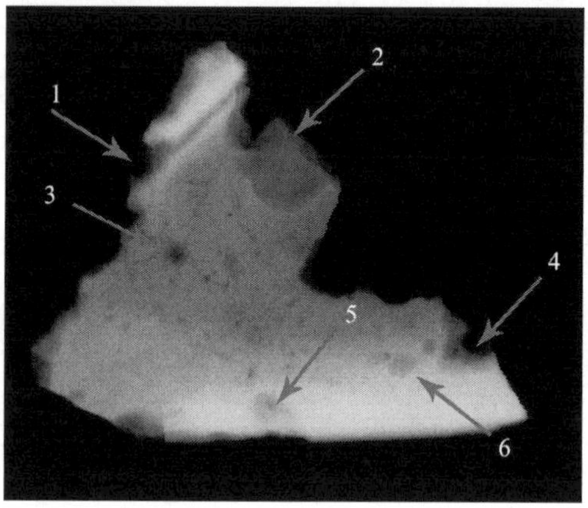 1 2 3 4 5 6		
实物照片	 6	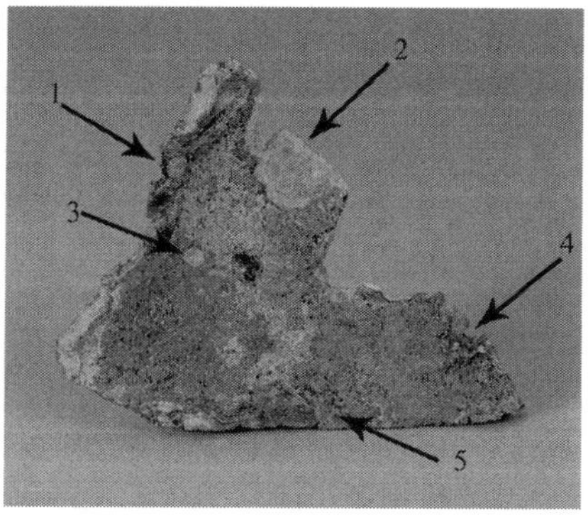 1 2 3 4 5	

续表

名称	觚（残片）		编号	M18∶3-1
样品描述	X 射线照相胶片底片上箭头 1 所指的较虚暗处为一块绿色锈蚀，且与其下层的蓝色锈蚀之间有空隙；箭头 2 所指的暗区表面为一薄层细腻、疏松的浅绿色锈，其下为青铜基体，在厚度上还要略厚于周围；箭头 3 所指轮廓模糊的暗处为浅绿色锈蚀坑，坑的周围有若干条肉眼不可见的细小裂纹；箭头 4 与 5 所指的较暗处表面有明显的腐蚀线与周边的基体分割开来，表面锈层已脱落，呈暗褐色，基体致密，内部夹杂多层蓝色或绿色锈蚀；箭头 6 的两个暗点处表面状态与 4、5 相近，均为较致密的基体			
细部照片	1		2	
	3		4	
	5		6	

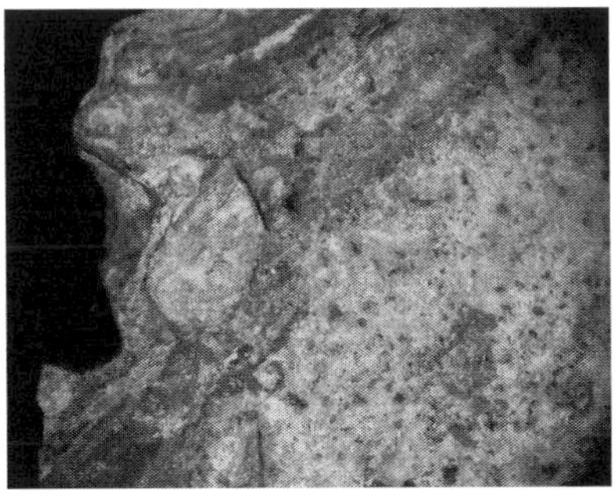

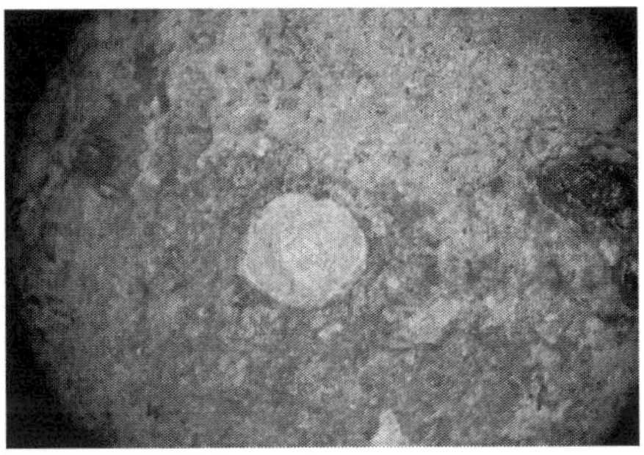

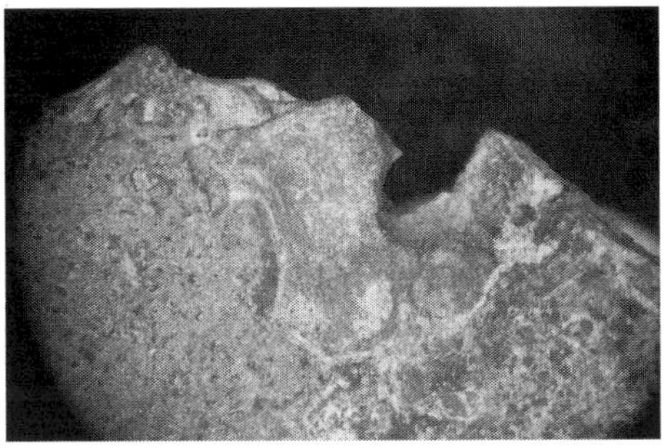

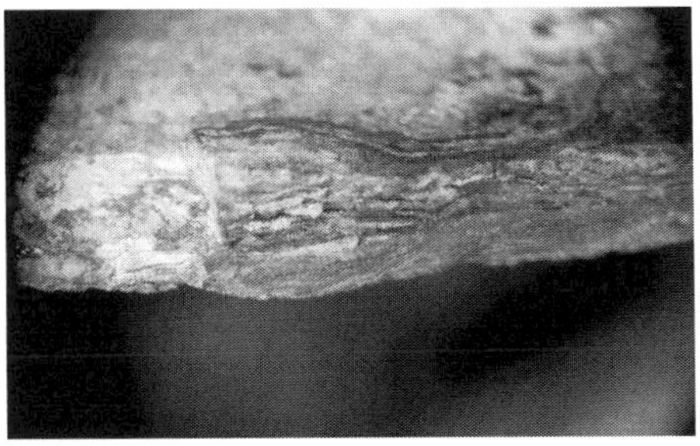

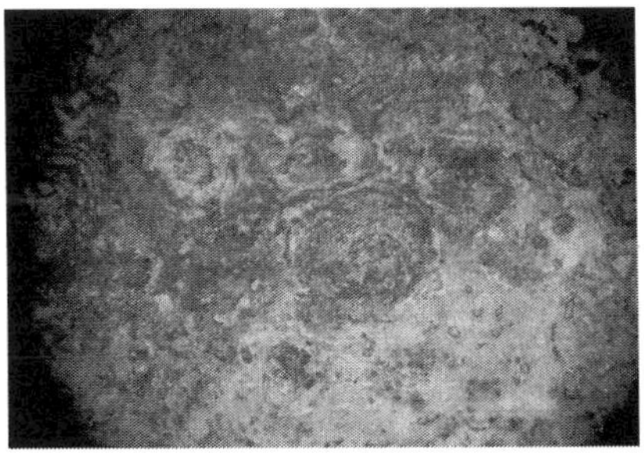

表 7-2　觚（M18∶3-2）残片 X 射线影像与样品表面描述

名称	觚（残片）	编号	M18∶3-2
X 射线照片 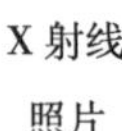	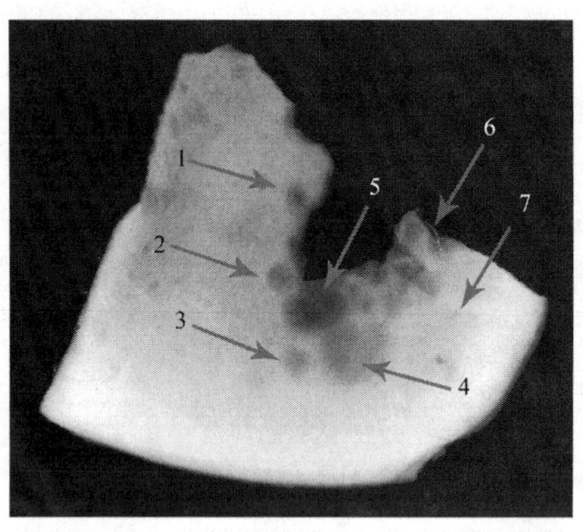		
实物照片	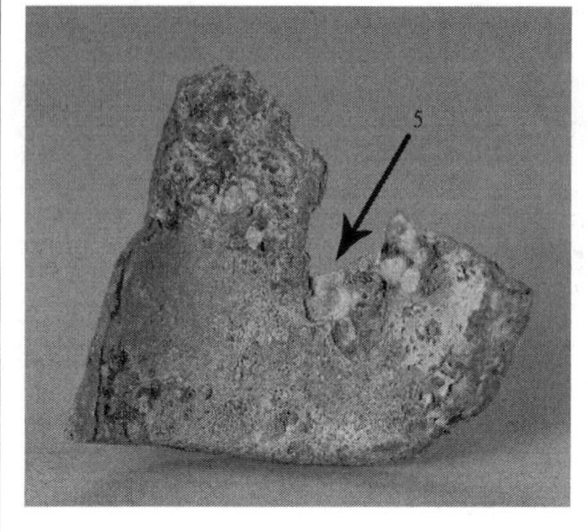		
样品描述	X 射线照相胶片底片上箭头所指的较暗处，其表面锈蚀具有不同程度的剥落，失去原始表层，与周边形成明显的界限，中间为细腻的浅绿色锈蚀，箭头 5 处另一面呈坑状残缺；箭头 6 处其中一面表面局部残缺，另一面有 4 个凸起的柱状锈蚀，为浅绿色细腻锈蚀		

续表

<table>
<tr><td>名称</td><td>觥（残片）</td><td>编号</td><td>M18∶3-2</td></tr>
<tr><td rowspan="6">细部照片</td><td>1 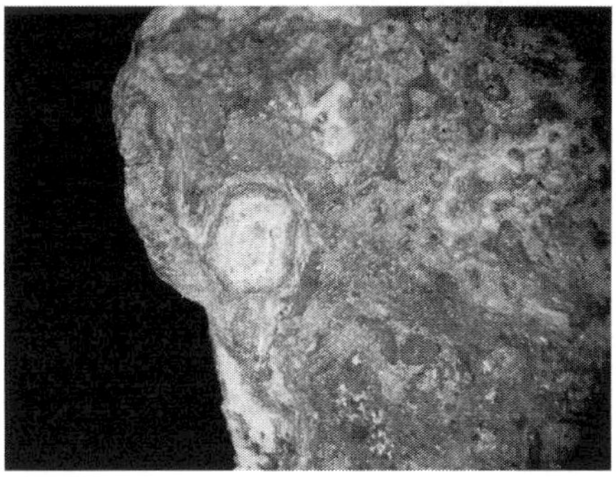</td><td colspan="2">2 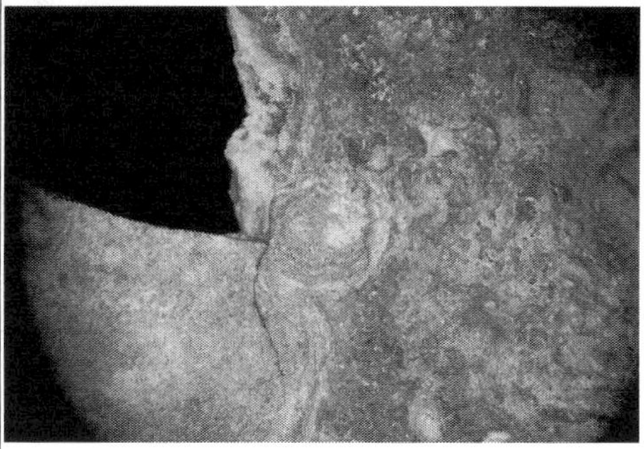</td></tr>
<tr><td></td><td colspan="2"></td></tr>
<tr><td>3 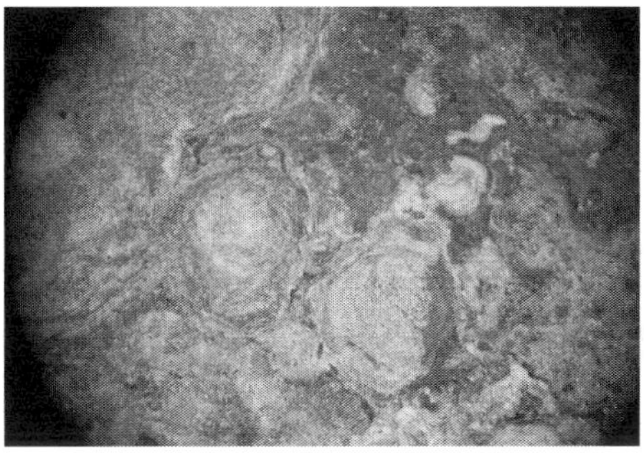</td><td colspan="2">4、5 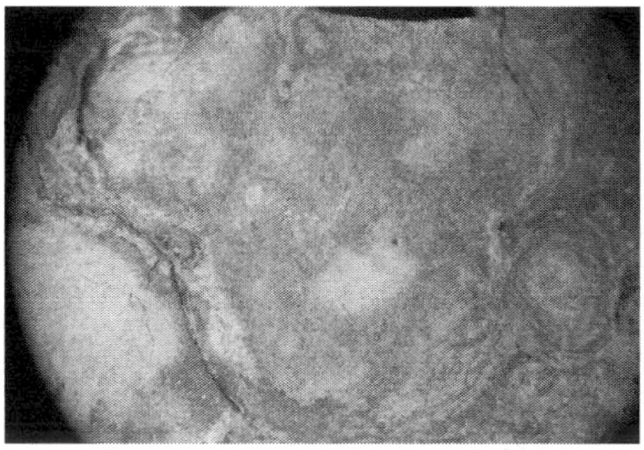</td></tr>
<tr><td></td><td colspan="2"></td></tr>
<tr><td>6 </td><td colspan="2">7 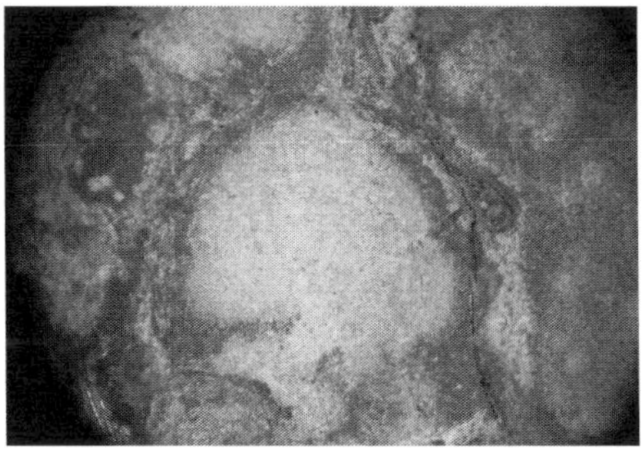</td></tr>
<tr><td></td><td colspan="2"></td></tr>
</table>

表 7-3　卣（M18∶4）残片 X 射线影像与样品表面描述

<table>
<tr><td>名称</td><td>卣（残片）</td><td>编号</td><td>M18∶4</td></tr>
<tr><td>X 射线照片</td><td colspan="3">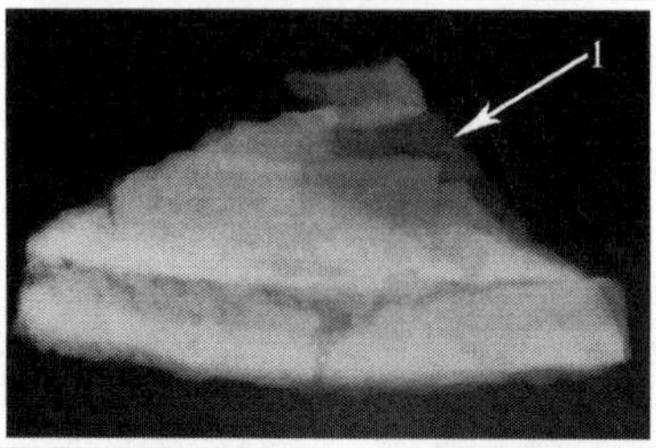
</td></tr>
<tr><td>实物照片</td><td></td><td colspan="2">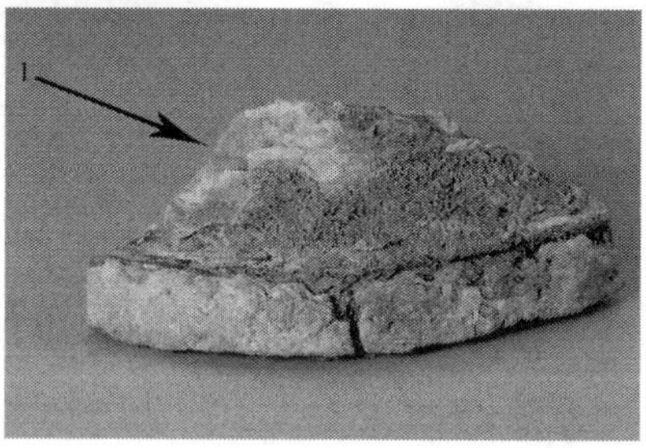
</td></tr>
<tr><td>样品描述</td><td colspan="3">从 X 射线照相胶片底片上看，整体影像模糊不清晰，是分层后多重影像叠加的结果。样品质地疏松，锈蚀呈层状分布，蓝、蓝绿、黄绿、深绿等各色锈蚀相间。总体上分成了两层外壳和间隙较大的中间夹层，而每层又由若干分层组成。箭头 1 所指较暗处有若干层锈蚀从表面脱落</td></tr>
<tr><td rowspan="4">细部照片</td><td>1</td><td colspan="2">下部裂隙处</td></tr>
<tr><td></td><td colspan="2"></td></tr>
<tr><td>下部边缘层状结构 1</td><td colspan="2">下部边缘层状结构 2</td></tr>
<tr><td>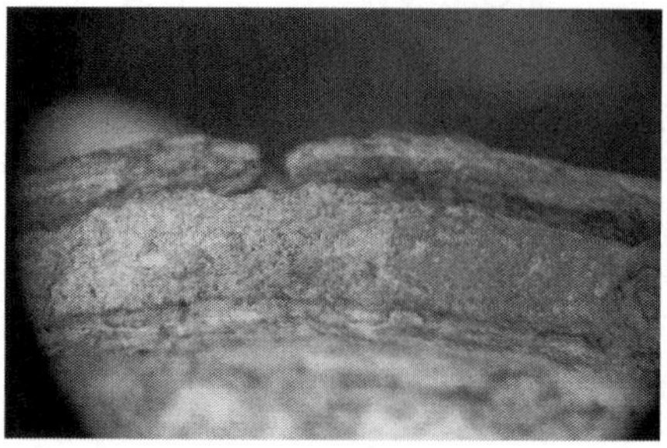</td><td colspan="2">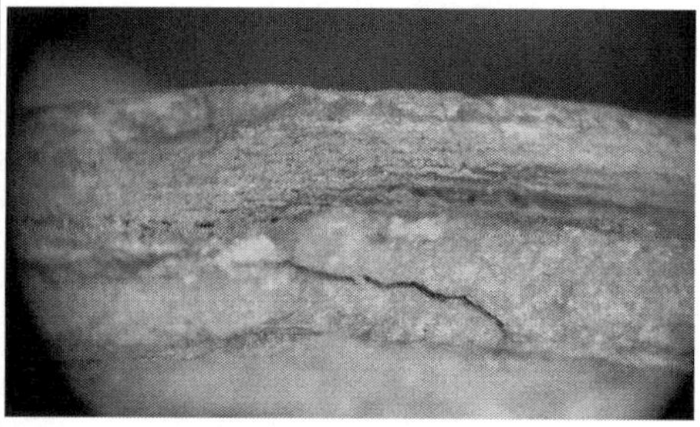</td></tr>
</table>

表7-4　鼎（M18∶5-1）残片X射线影像与样品表面描述

名称	鼎（残片）	编号	M18∶5-1
X射线照片	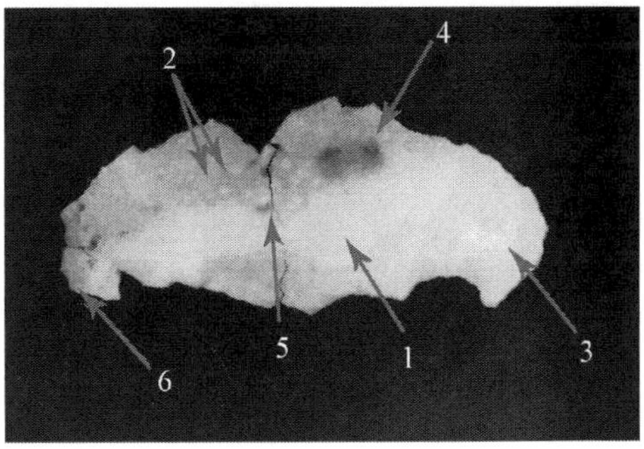 2 4 5 1 3 6		
实物照片	 3 5	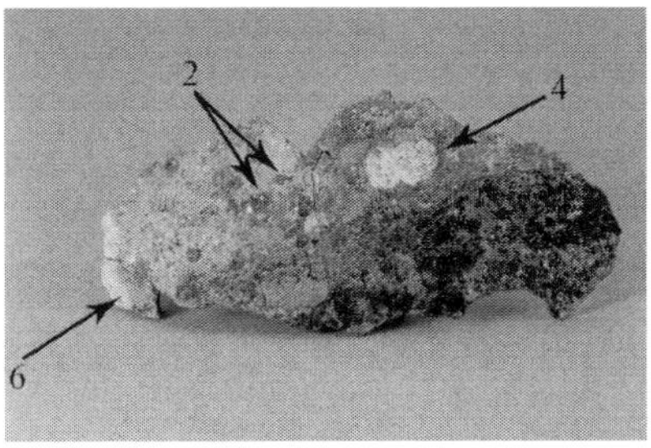 2 4 6	
样品描述	样品质地比较密实，大部分表面覆盖有致密的黄色锈层。在X射线照相胶片底片上，箭头1所示的较亮区域在实物表面无法看出其与周围有何区别；箭头2所示的亮点为质地致密坚硬、表面粗糙的绿色或蓝色锈蚀，呈凸起状；箭头3所指的絮状亮区主要为棕、黄、白三色锈蚀，其旁边还有质地致密坚硬的绿色和蓝色锈蚀；箭头4所指的暗处为锈蚀坑，坑内主要是质地细腻松软的灰白色锈蚀，零星分布绿色和黑色的小点；箭头5、6暗处亦为灰白色锈蚀			
细部照片	2 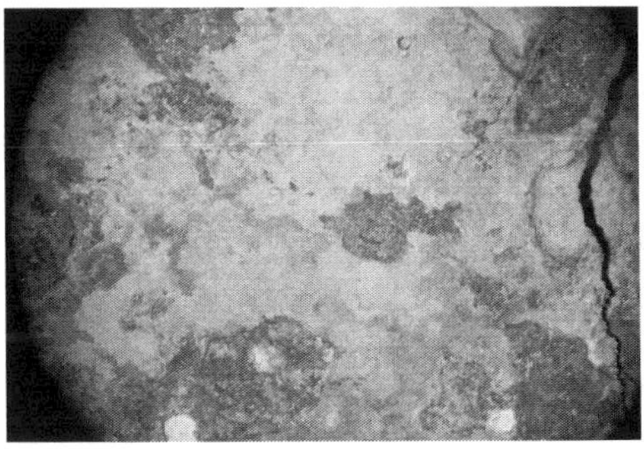	3 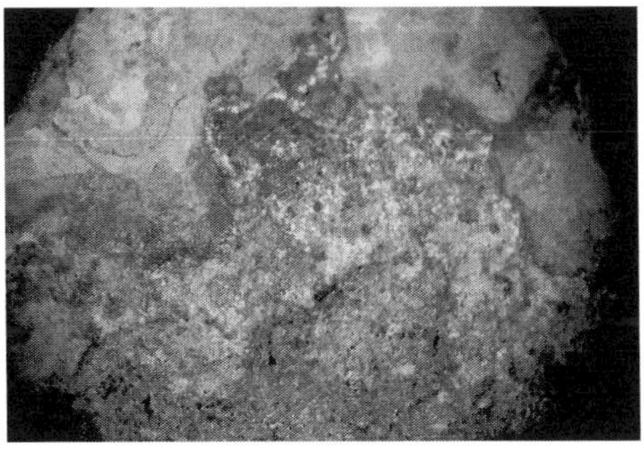	

续表

名称	鼎（残片）	编号	M18∶5-1
	4		4 坑内黑点和绿点
细部照片			

表 7-5　鼎（M18∶5-2）残片 X 射线影像与样品表面描述

名称	鼎（残片）	编号	M18∶5-2
X 射线照片 实物照片	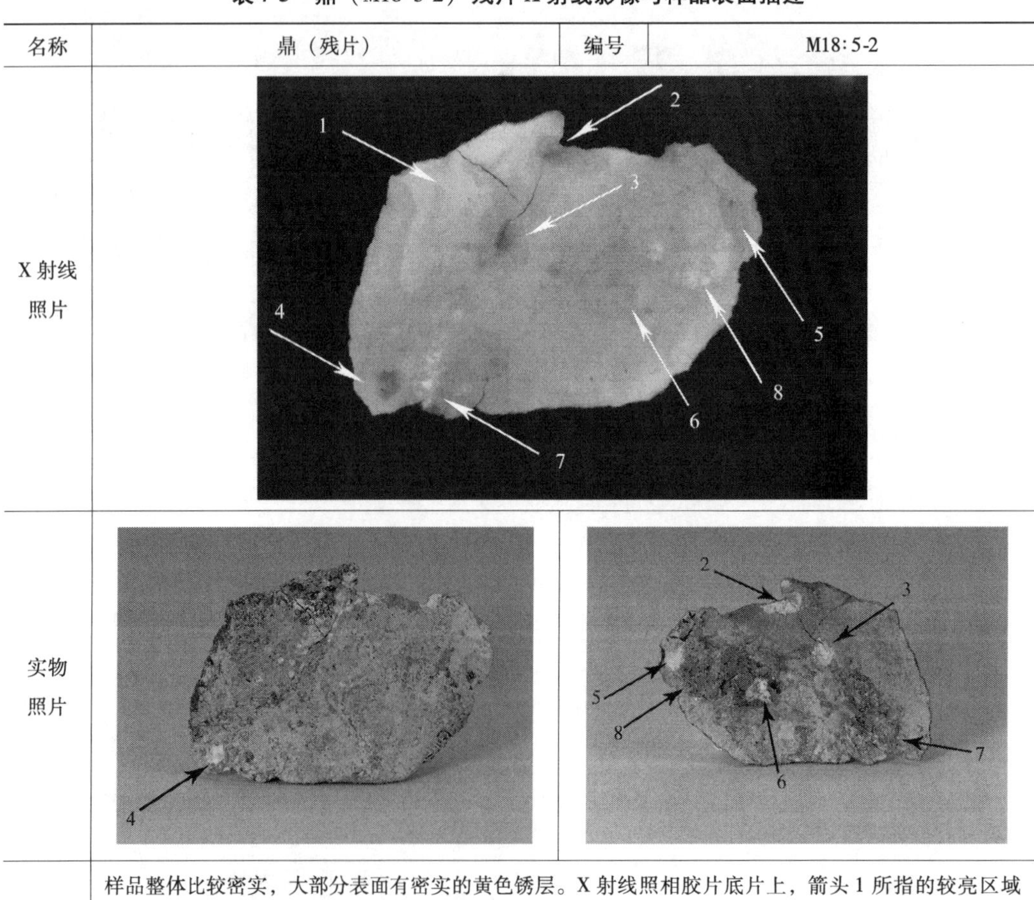		
样品描述	样品整体比较密实，大部分表面有密实的黄色锈层。X 射线照相胶片底片上，箭头 1 所指的较亮区域在实物上未能看出与周围有何区别；箭头 2、3、4 所指的暗处均为浅绿细腻锈蚀形成的锈蚀坑；箭头 5、6 所指的略暗处为表面坚硬的蓝、绿锈蚀层掉落后露出的灰白色锈蚀；箭头 7 所指的絮状亮区为黄、棕、白色锈蚀，其周围是坚硬的蓝、绿色锈蚀。此外 X 射线照相胶片底片中诸多的暗色小点均为浅灰绿色细腻锈蚀形成的小锈蚀坑		

续表

<table>
<tr><td>名称</td><td>鼎（残片）</td><td>编号</td><td>M18∶5-2</td></tr>
<tr><td rowspan="8">细部照片</td><td>2</td><td colspan="2">3</td></tr>
<tr><td>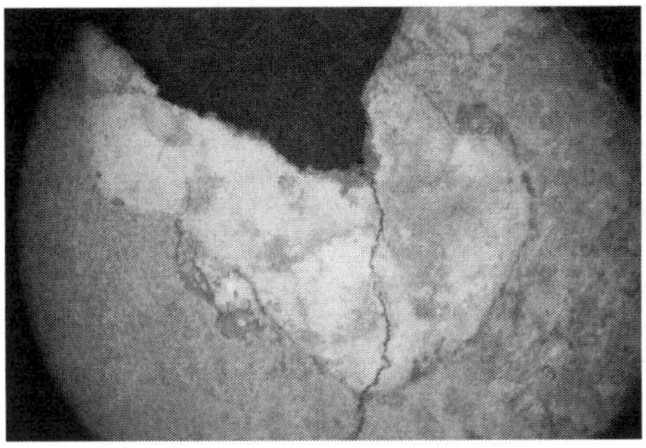</td><td colspan="2">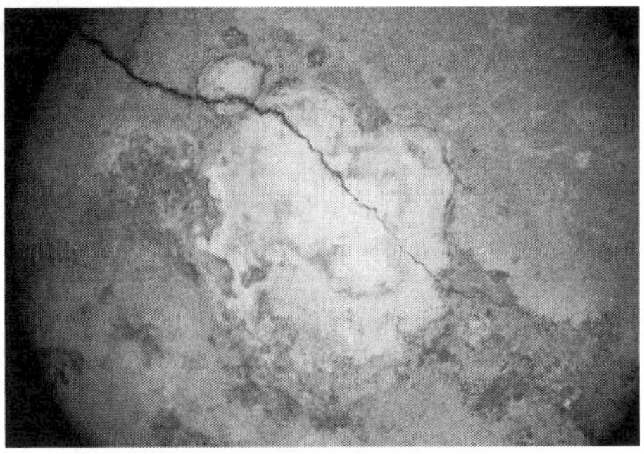</td></tr>
<tr><td>4</td><td colspan="2">5</td></tr>
<tr><td>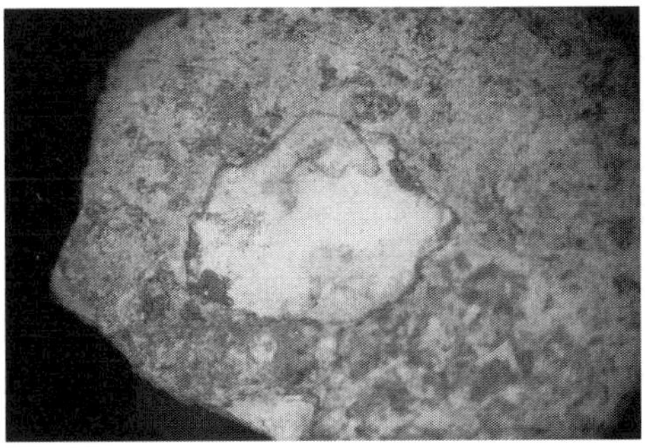</td><td colspan="2">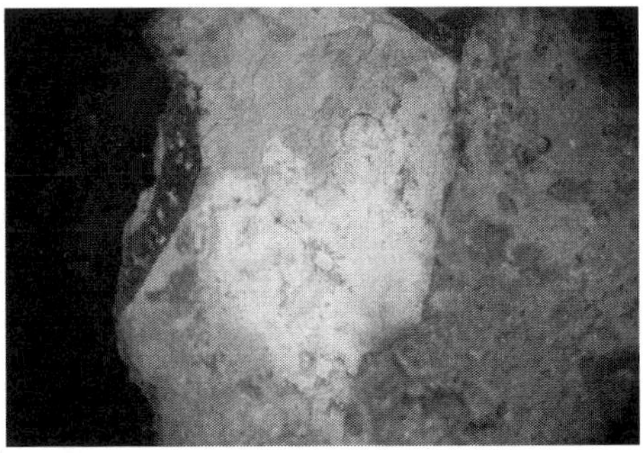</td></tr>
<tr><td>6</td><td colspan="2">7</td></tr>
<tr><td>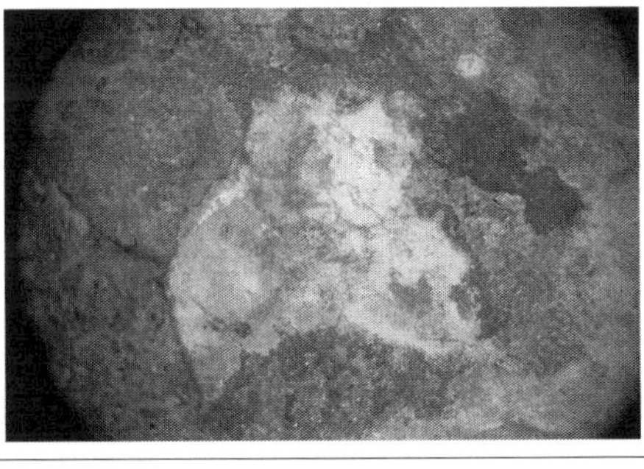</td><td colspan="2">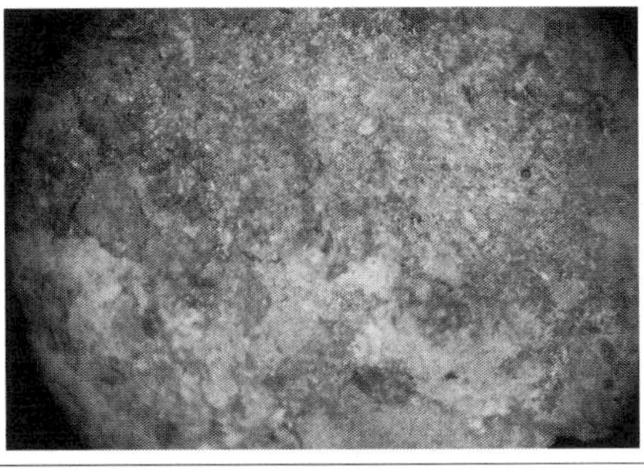</td></tr>
<tr><td>8</td><td colspan="2">小锈蚀坑</td></tr>
<tr><td>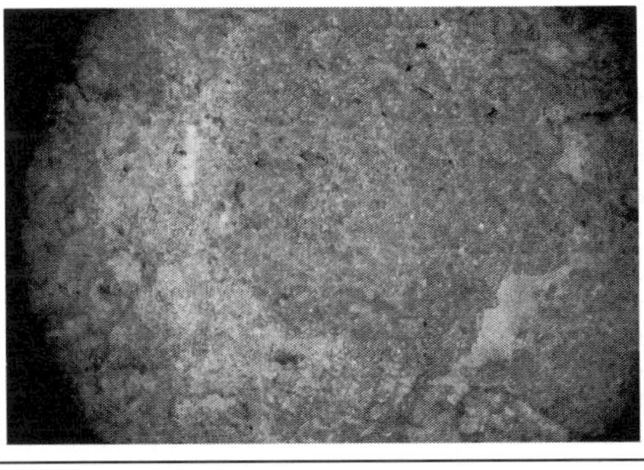</td><td colspan="2">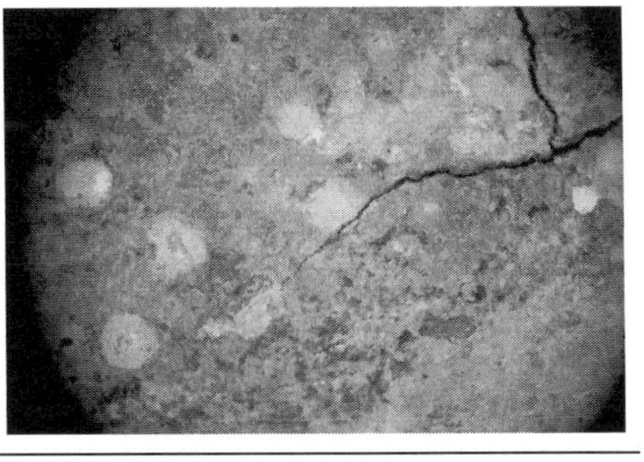</td></tr>
</table>

表 7-6　簋（M18:6-1）残片 X 射线影像与样品表面描述

<table>
<tr><td>名称</td><td>簋（残片）</td><td>编号</td><td>M18:6-1</td></tr>
<tr><td>X 射线照片</td><td colspan="3">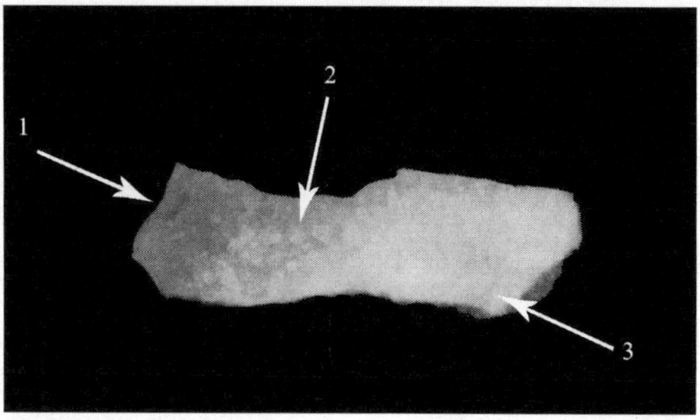
</td></tr>
<tr><td>实物照片</td><td colspan="2">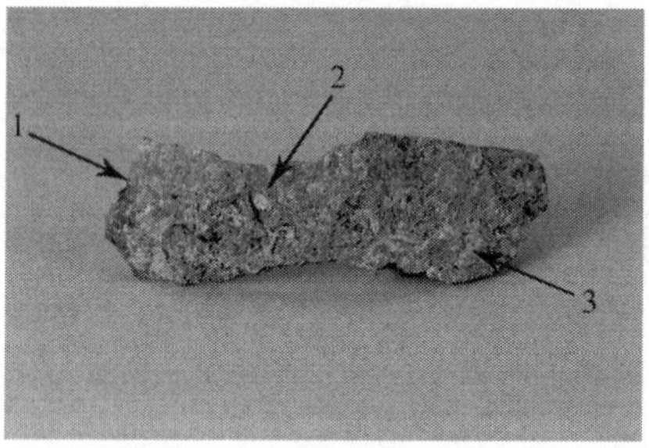
</td><td>
</td></tr>
<tr><td>样品描述</td><td colspan="3">样品整体比较密实。X 射线照相胶片底片上箭头 1 所指的较暗区域表面的锈层明显薄于旁边；箭头 2 所指的亮点处为坚硬的绿、蓝色锈蚀，呈凸起状；箭头 3 所指较亮区域为绿、蓝、棕黄锈蚀，锈层较厚</td></tr>
<tr><td rowspan="4">细部照片</td><td colspan="2">1</td><td>2</td></tr>
<tr><td colspan="2"></td><td></td></tr>
<tr><td colspan="2">3（中）</td><td>3（右）</td></tr>
<tr><td colspan="2"></td><td>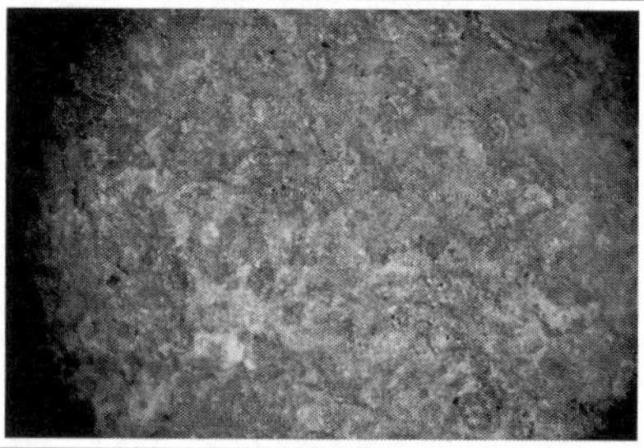</td></tr>
</table>

表 7-7　簋（M18∶6-2）残片 X 射线影像与样品表面描述

<table>
<tr><td>名称</td><td>簋（残片）</td><td>编号</td><td>M18∶6-2</td></tr>
<tr><td>X 射线照片</td><td colspan="3">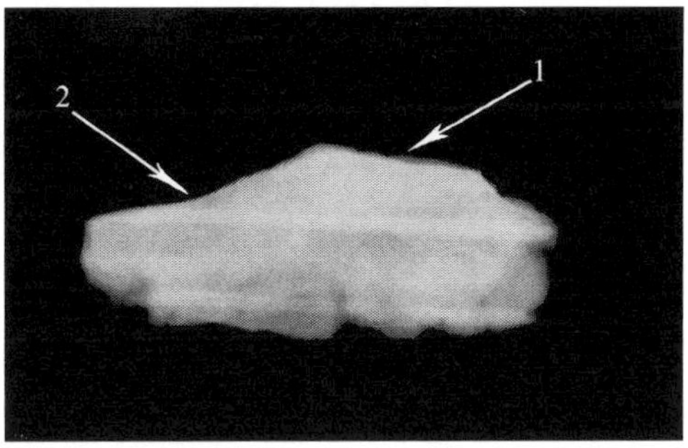
</td></tr>
<tr><td rowspan="2">实物照片</td><td colspan="2">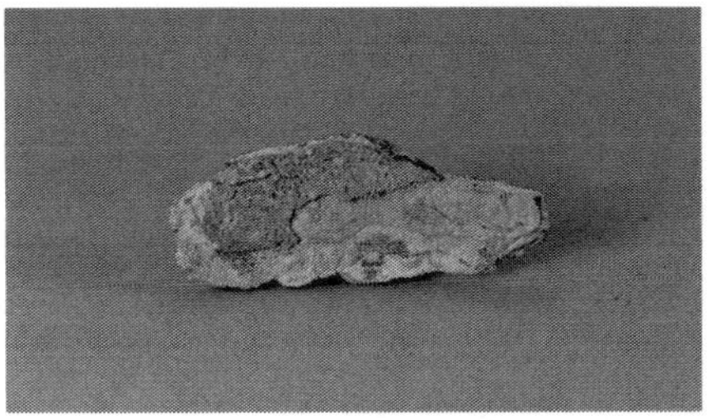</td><td>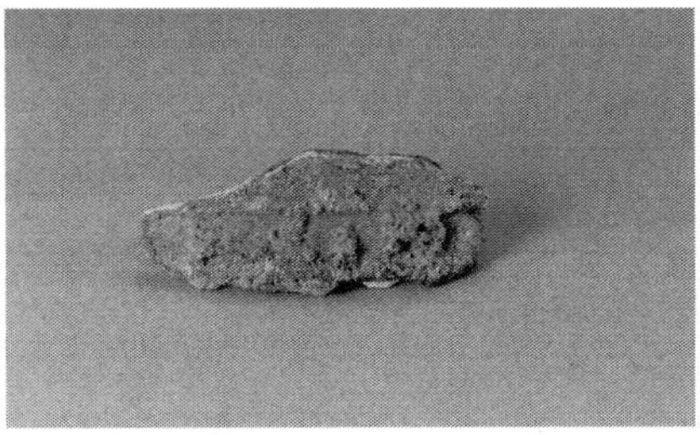</td></tr>
<tr><td colspan="3">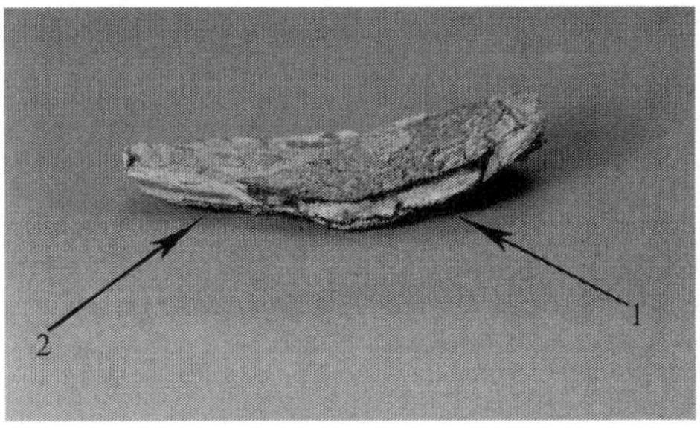
</td></tr>
<tr><td>样品描述</td><td colspan="3">样品整体质地疏松。X 射线照相胶片底片影像模糊不清晰，似多重影像叠加，说明样品分层。最外层为致密的绿色锈蚀层，基体内夹有细腻的浅绿色或灰白色锈蚀。箭头 1 所指处为两层铜基体之间夹灰白色的粉状锈蚀；箭头 2 所指处基体两面均为厚厚的浅绿色粉状锈蚀</td></tr>
<tr><td rowspan="2">细部照片</td><td colspan="2">1</td><td>2</td></tr>
<tr><td colspan="2">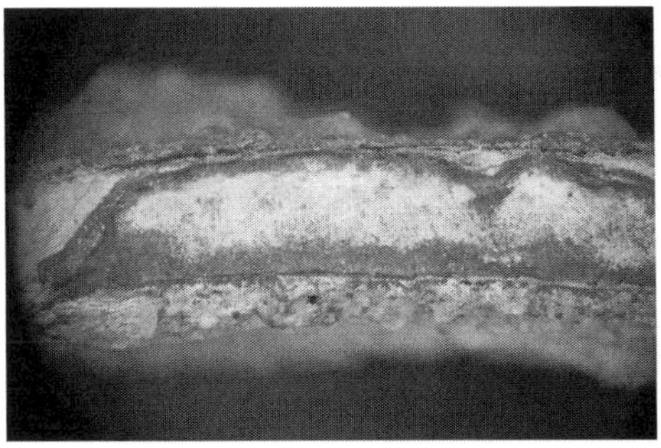</td><td>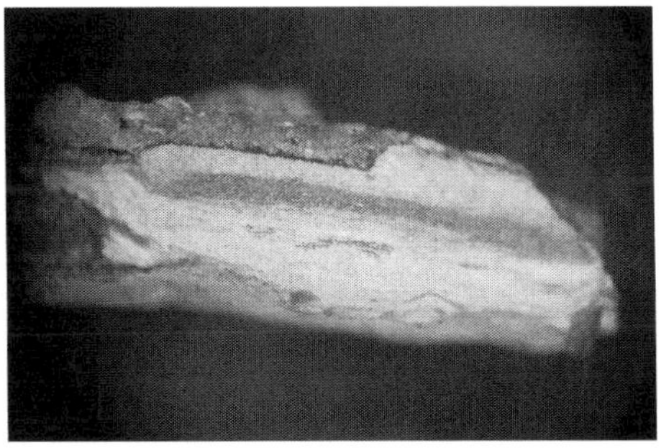</td></tr>
</table>

表 7-8　尊形器（M18∶7）残片 X 射线影像与样品表面描述

<table>
<tr><td>名称</td><td>尊形器（残片）</td><td>编号</td><td>M18∶7</td></tr>
<tr><td>X 射线照片</td><td colspan="3">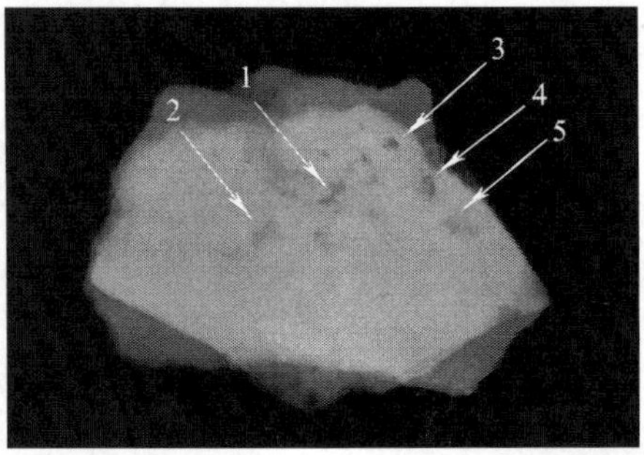
</td></tr>
<tr><td>实物照片</td><td colspan="2"></td><td>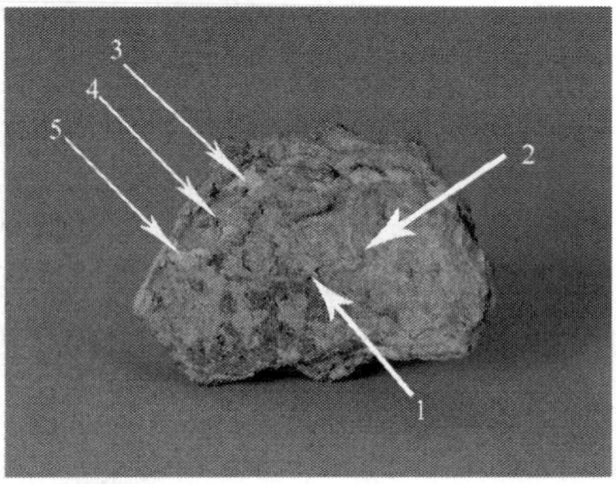
</td></tr>
<tr><td>样品描述</td><td colspan="3">样品整体质地疏松。X 射线照相胶片底片影像模糊不清晰，似多重影像叠加，说明样品分层。外表面为坚硬致密的绿色、蓝色锈蚀，内部铜基体呈夹层状腐蚀，分为多层的铜基体间夹浅绿色细腻锈蚀。X 射线照相胶片底片中箭头所指的黑点处为浅绿色细腻锈蚀形成的锈蚀坑</td></tr>
<tr><td rowspan="4">细部照片</td><td colspan="2">1</td><td>2</td></tr>
<tr><td colspan="2">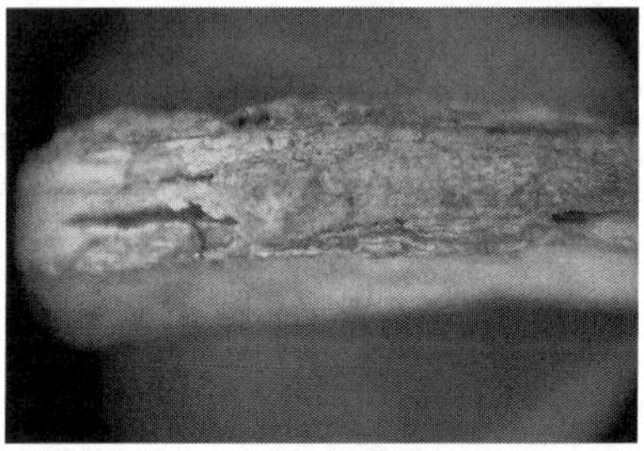</td><td>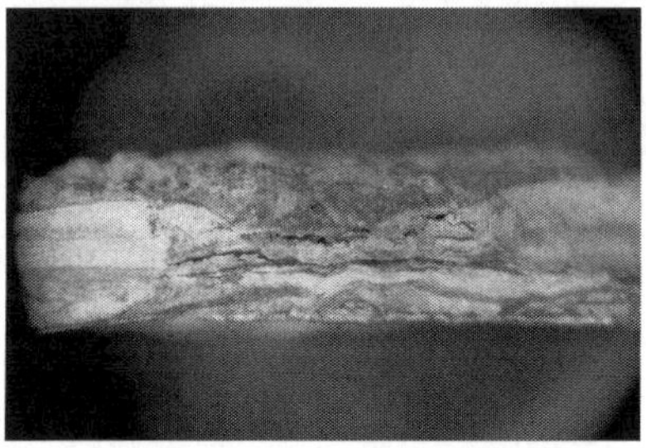</td></tr>
<tr><td colspan="2">锈蚀坑区</td><td>锈蚀坑区及分层</td></tr>
<tr><td colspan="2"></td><td></td></tr>
</table>

表 7-9 甗（M18∶8-1）残片 X 射线影像与样品表面描述

名称	甗（残片）	编号	M18∶8-1
X 射线照片	1 2 3 4		
实物照片	 3	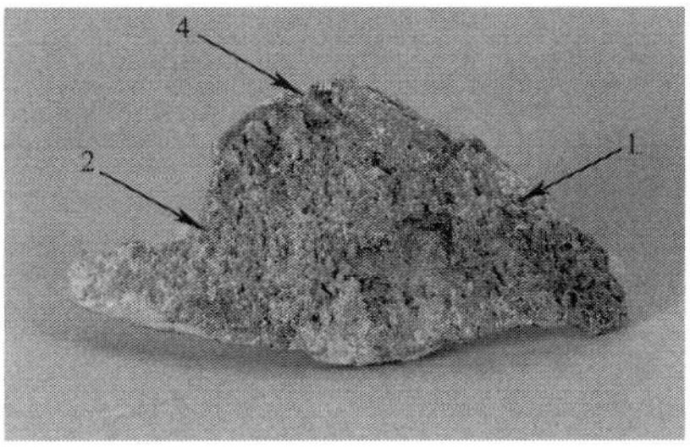 4 2 1	
样品描述	样品整体较密实。X 射线照相胶片底片上箭头 1 与 2 所指的较亮区域为坚硬的绿色、蓝色、黄色锈蚀，锈层较厚；箭头 2 所指处砖红色锈蚀较多；箭头 3 所指较暗处为质地细腻的浅绿色锈蚀；箭头 4 所指的较暗处为棕色锈蚀层脱落的区域		
细部照片	1	2	
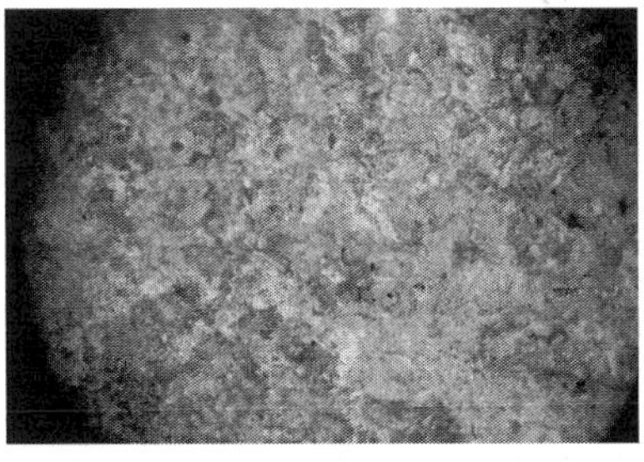	3	4	

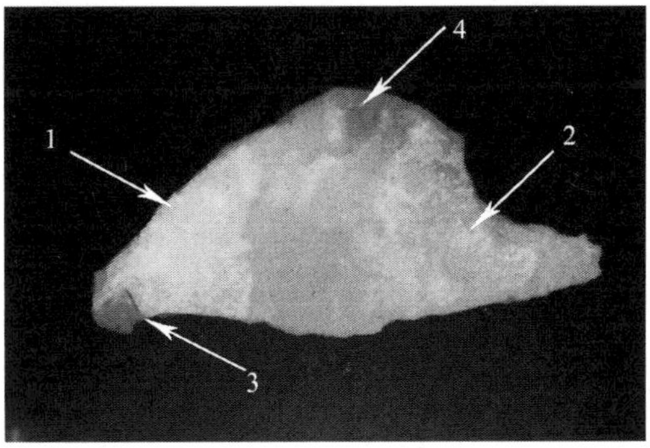

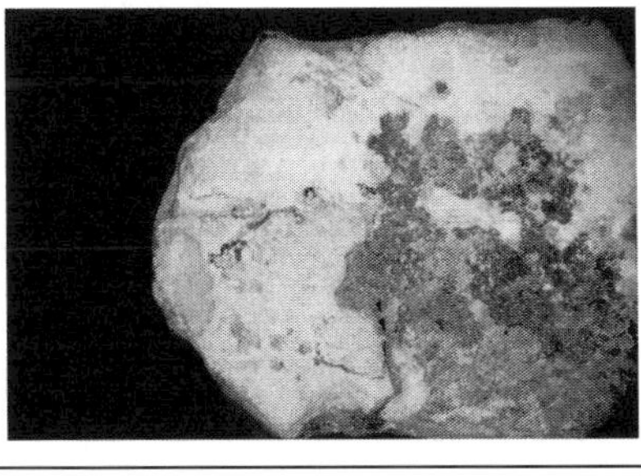

表 7-10　甗（M18∶8-2）残片 X 射线影像与样品表面描述

名称	甗（残片）	编号	M18∶8-2
X 射线照片	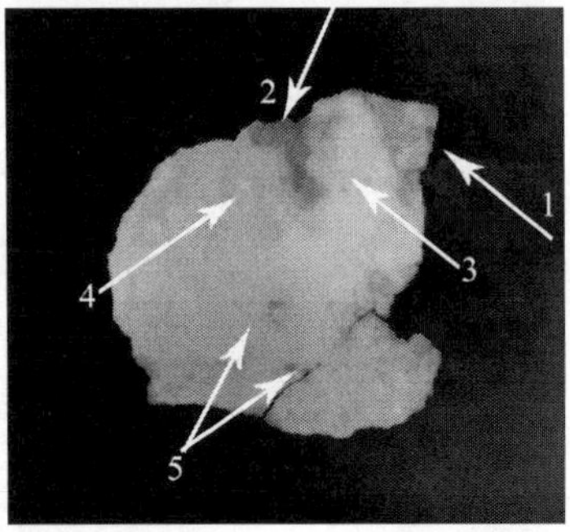		
实物照片			
样品描述	样品整体较密实，表层大部为黄色致密锈层覆盖。在 X 射线照相胶片底片上，箭头 1 所指的暗区是由表层锈蚀层脱落造成；箭头 2 所指的暗区为浅蓝、绿色粉状锈蚀形成的锈蚀坑；箭头 3 所指的亮点为质地坚硬的绿色锈蚀，呈凸起状；箭头 4 所指的小黑点均为浅绿色细腻锈蚀形成的锈蚀坑		
细部照片	2 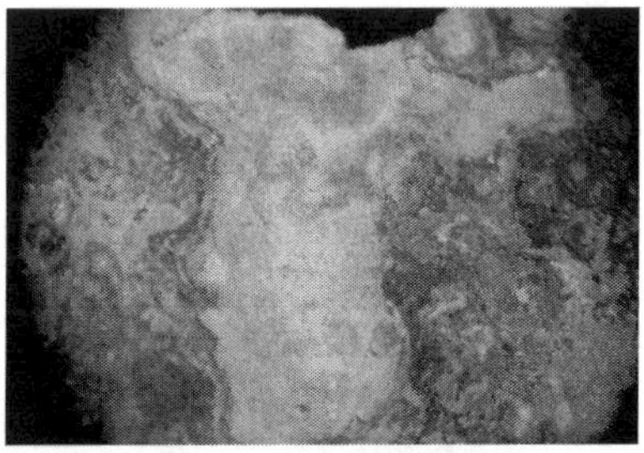	3（锈蚀坑左） 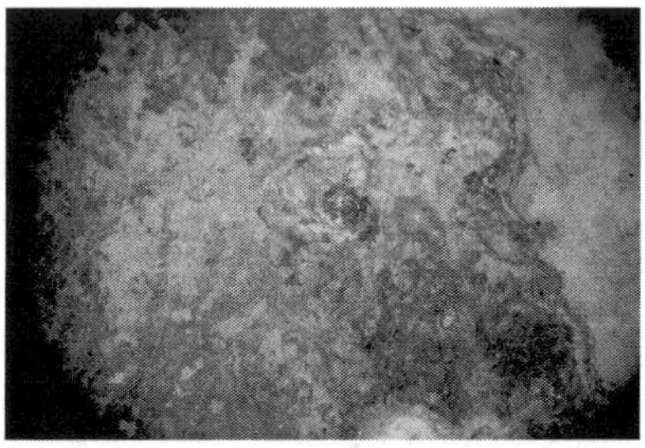	
	3（锈蚀坑右） 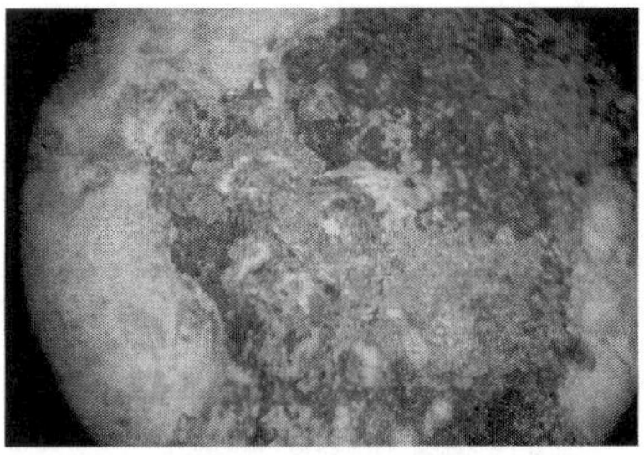	4 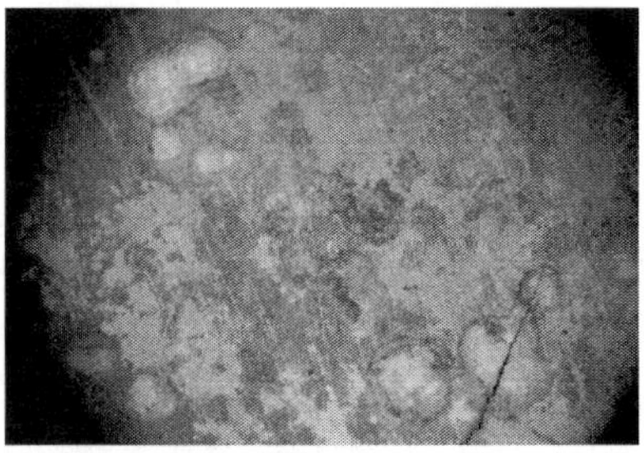	

表 7-11　甗（M18∶8-3）残片 X 射线影像与样品表面描述

名称	甗（残片）	编号	M18∶8-3
X 射线照片	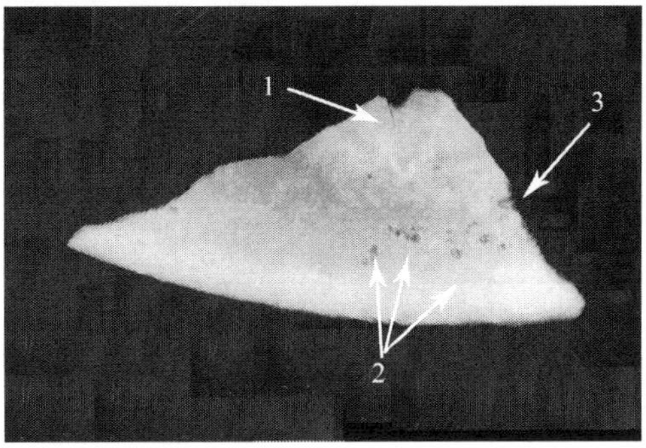 1 3 2		
实物照片		 1	
样品描述	样品整体致密。X 射线照相胶片底片上箭头 1 所指的较亮区为坚硬的绿色、蓝色和棕黄色锈蚀，呈凸起状，锈蚀较厚区域大致形成一个“V”字，另一面亦为黄、绿、蓝色锈蚀，但凸起不明显；箭头 2 所指轮廓清晰的多处黑点，从样品表面未见任何现象；箭头 3 所指的黑点恰好在边缘，可见一空洞内存在棕黑色球状物，质地比较坚硬		
细部照片	1	1 处背面	
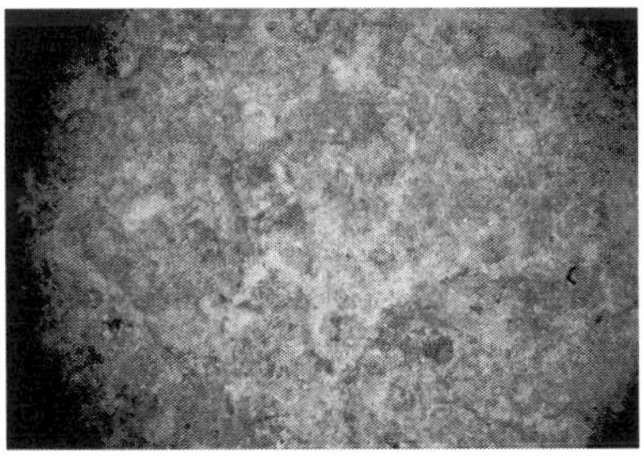	3 处侧视	3 处正视	
	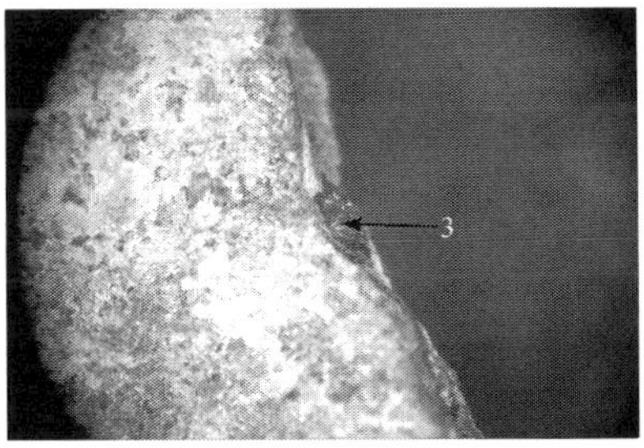 3		

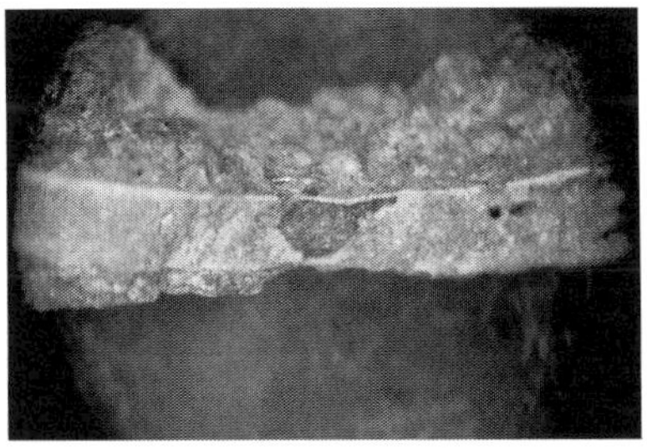

7.1.2 样品 X 射线影像初步观察分析与总结

通过对 X 射线照相胶片底片的观察，引起我们关注的特殊现象主要有以下几个方面：

1. 亮区

此批样品 X 射线照相胶片底片上亮区又包括以下两种形态：
轮廓较清晰的亮点；
轮廓不清晰的絮状亮区。

2. 暗区

此批样品 X 射线照相胶片底片上暗区又包括以下两种形态：
轮廓模糊的暗区或暗点；
轮廓清晰的暗点，较黑，部分夹杂小亮点。

3. 明显的明暗分界

分界线形状不规则，两边是亮度比较均匀的明区或暗区。

4. 影像较虚

整体或局部影像较虚，且略暗。

根据初步观察结果，X 射线照相胶片底片上的各种特殊现象以及所对应的实物区域可总结如表 7-12 所示。

表 7-12 高青县青铜残片 X 射线照相胶片底片现象与实物现象区域对应表

X 射线照相胶片底片上的现象		实物表面现象	器物编号及具体区域
亮区	轮廓较清晰的亮点	表面粗糙坚硬，凸起致密的蓝、绿色锈蚀	鼎（M18:5-1）第 2 处 簋（M18:6-1）第 2 处 甗（M18:8-2）第 3 处
	轮廓不清晰的絮状亮区	表面粗糙坚硬，较厚的蓝、绿、棕、黄、白色锈蚀。絮状区的位置均对应的是黄、白色锈蚀	鼎（M18:5-2）第 8 处 甗（M18:8-1）第 1 处 鼎（M18:5-1）第 3 处 鼎（M18:5-2）第 7 处 簋（M18:6-1）第 3 处 甗（M18:8-1）第 2 处 甗（M18:8-3）第 1 处

续表

X 射线照相胶片底片上的现象		实物表面现象	器物编号及具体区域
暗区	轮廓模糊的暗区或暗点	细腻的浅绿色锈蚀，部分形成锈蚀坑	觥（M18:3-1）第 3 处 尊形器（M18:7）第 1、2、3、4、5 处 甗（M18:8-1）第 3 处
		细腻的灰白色（有些略泛绿）锈蚀形成的锈蚀坑	鼎（M18:5-1）第 4、5、6 处 鼎（M18:5-2）第 2、3、4 处（略泛绿） 甗（M18:8-2）第 2、4 处（略泛绿）
		细腻的浅绿色锈蚀，周围是铜基体，整体厚度与周围相同甚至略高于周围	觥（M18:3-1）第 2、5、6 处 觥（M18:3-2）第 1、2、3、4、5、6 处
	轮廓清晰的暗点，较黑，部分夹杂小亮点	样品表面未见对应现象，只有一例在断面上见一孔洞内有棕褐色的颗粒	甗（M18:8-3）第 2 处 甗（M18:8-3）第 3 处
明暗分界	明显的明暗分界	在器物表面看不出分界线两侧的区别	鼎（M18:5-1） 鼎（M18:5-2）
影像较虚	整体或局部影像较虚，且略暗	多层腐蚀，铜基体夹有细腻的浅绿色或灰白色锈蚀层	卣（M18:4）整体 簋（M18:6-2）整体 尊形器（M18:7）整体

7.1.3　问题与思考

通过对样品的表面观察，对比此批青铜残片 X 射线照相胶片底片的现象，发现在器物本体厚薄比较均匀的情况下，表面一些锈蚀层较厚，但在 X 射线照相胶片底片上的相应位置我们并没有看到对射线吸收增强而产生的亮斑，相反在一些不是很厚的地方却形成了亮斑。这说明 X 射线照相胶片底片上的明暗与锈蚀厚度并不存在绝对的对应关系，初步分析，在排除由于器物自身厚薄产生差异的前提下，X 射线照相胶片底片上产生明暗差别的原因应存在以下几种可能：

· 锈蚀层的薄厚造成的明暗差别，通常理解为越薄对射线吸收越少，影像相对较暗；
· 由于表面形成的锈蚀成分不同，其对射线的吸收不同；
· 内部腐蚀程度不均，造成对射线的吸收能力不同；
· 锈蚀产物密度不同造成的差异；
· 器物内部结构不同，如气孔、缩孔、夹杂等导致对射线吸收的差异。

基于这些思考，我们进行了一些分析比较。

7.2　影像特征区的分析检测

在初步判断了 X 射线照相胶片底片特殊影像与实物表面现象对应关系的基础上，综合使用多种分析检测手段对样品典型现象所在位置进行分析，以探究 X 射线照相胶片底片上特殊影像的成因。所使用的分析检测手段主要包括 X 射线荧光能谱分析、X 射线衍射分析、激光拉曼光谱分析、金相显微镜观察分析等（仪器型号及使用条件请见附录 3）。

7.2.1　X 射线影像亮区

1. 轮廓较清晰、面积较小的亮点

X 射线照相胶片底片上有此现象的样品主要有三件：鼎（M18∶5-1）的第 2 处、簋（M18∶6-1）的第 2 处、甗（M18∶8-2）的第 3 及第 4 处，在实物上均为凸起的蓝、绿或红棕色锈蚀。本次研究选取鼎（M18∶5-1）的第 2 处、簋（M18∶6-1）的第 2 处亮区表面锈蚀做分析。

两个样品的亮斑虽然都具有较清晰的边界，但是从残片表面状况和 X 射线影像上看仍具有较大差别：鼎（M18∶5-1）残片表面没有一层均匀分布的、高于原始表面的砖红色锈蚀层，蓝色锈蚀凸起呈岛屿状分布在锈蚀了的原始表面上，部分蓝色锈蚀凸起下存在较薄的砖红色锈蚀。X 射线影像中，每个亮斑下基体被局部腐蚀呈暗色，表现为亮斑被暗色环绕，亮斑与基体腐蚀稍弱的部分明暗差别并不是很大；簋（M18∶6-1）残片表面被一层高于原始表面的砖红色锈蚀层覆盖，蓝色锈蚀散乱分布于砖红色锈蚀之上，在 X 射线影像中没有局部腐蚀的暗色（表 7-13）。

表 7-13　X 射线影像中的小面积亮斑

鼎（M18∶5-1）第 2 处	簋（M18∶6-1）第 2 处

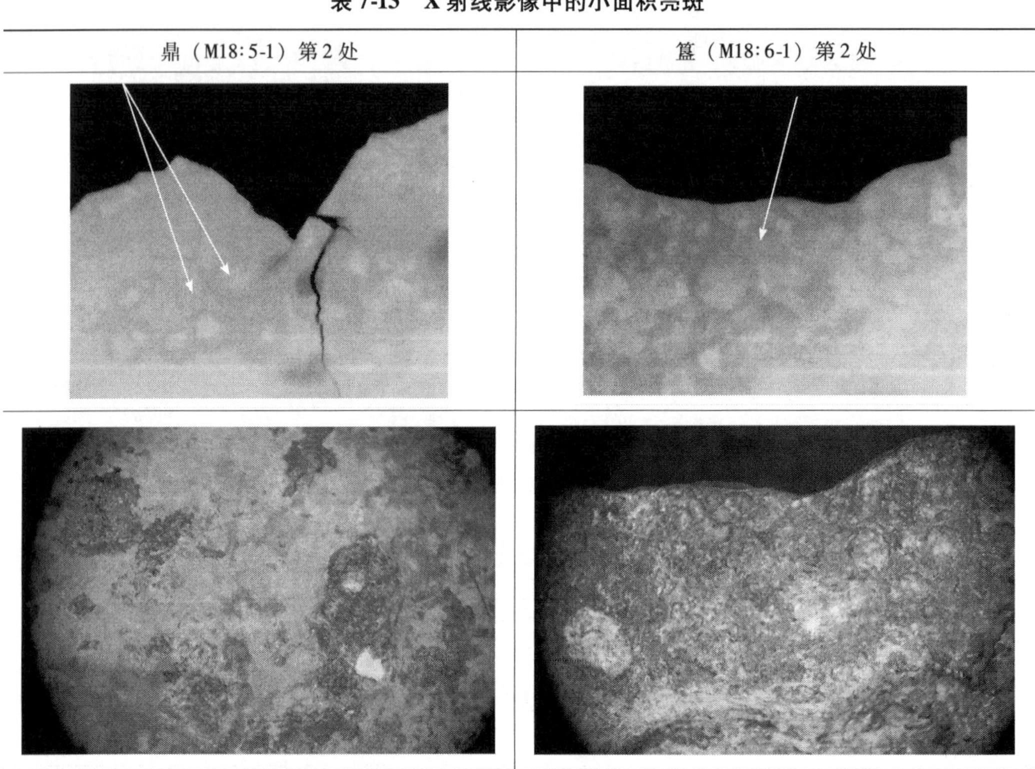

鼎（M18: 5-1）2 亮点处为致密凸起的锈蚀层，取凸起锈层的蓝色锈蚀粉末做激光拉曼光谱检测，测得其主要成分为 $2CuCO_3 \cdot Cu(OH)_2$（蓝铜矿），谱图如图 7-1 所示。

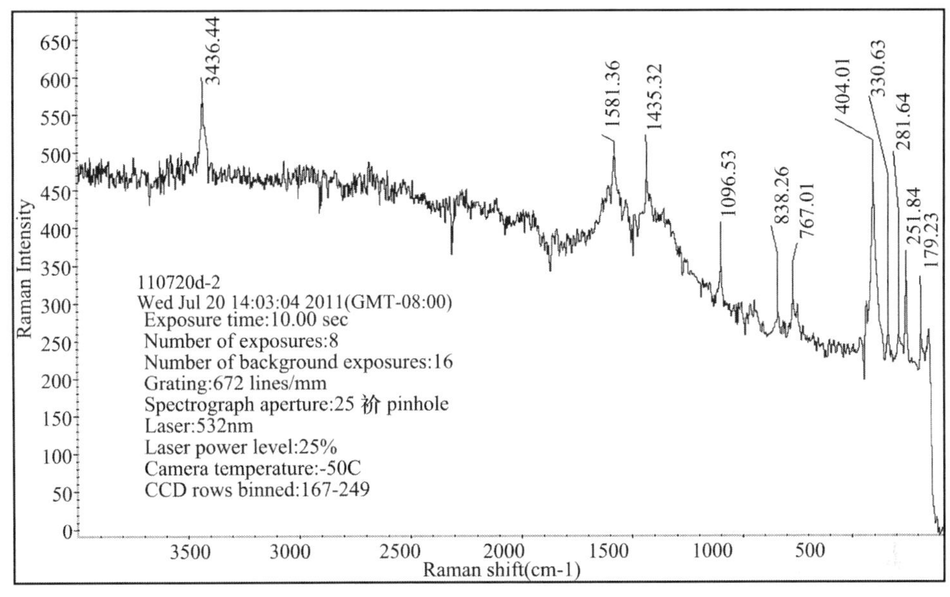

图 7-1　鼎（M18: 5-1）第 2 处蓝色锈蚀拉曼光谱图

簋（M18: 6-1）残片下层均匀覆盖着砖红色锈蚀层，锈蚀致密坚硬，绿色锈蚀附着于砖红色锈蚀层之上，质地同样很致密，于 2 处取绿色锈蚀粉末做激光拉曼光谱检测，测得其主要成分为 $CuCO_3 \cdot Cu(OH)_2$（孔雀石），其间夹杂的白色颗粒为 $PbCO_3$（白铅矿），谱图如图 7-2 及图 7-3 所示。

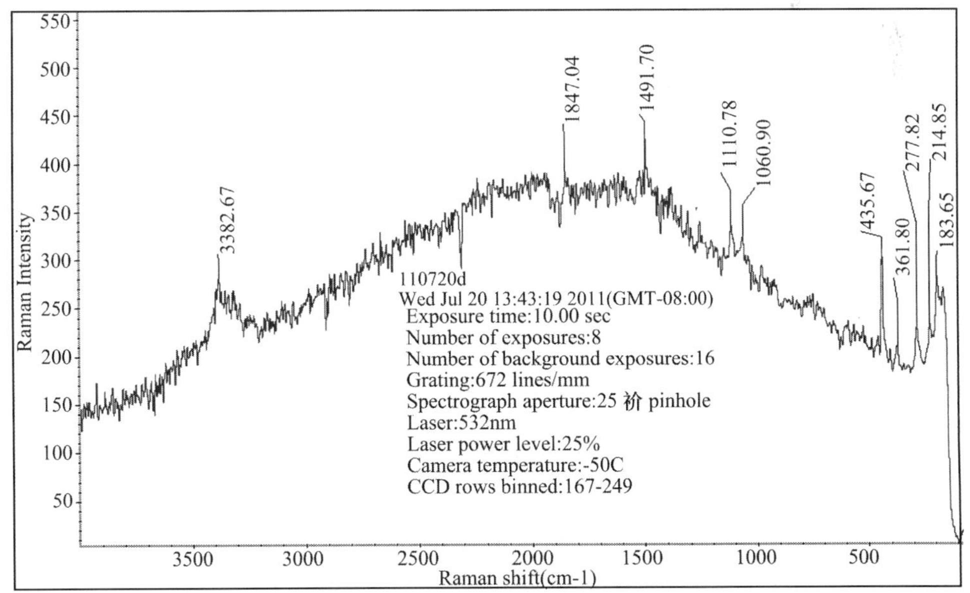

图 7-2　簋（M18: 6-1）第 2 处绿色锈蚀拉曼光谱图

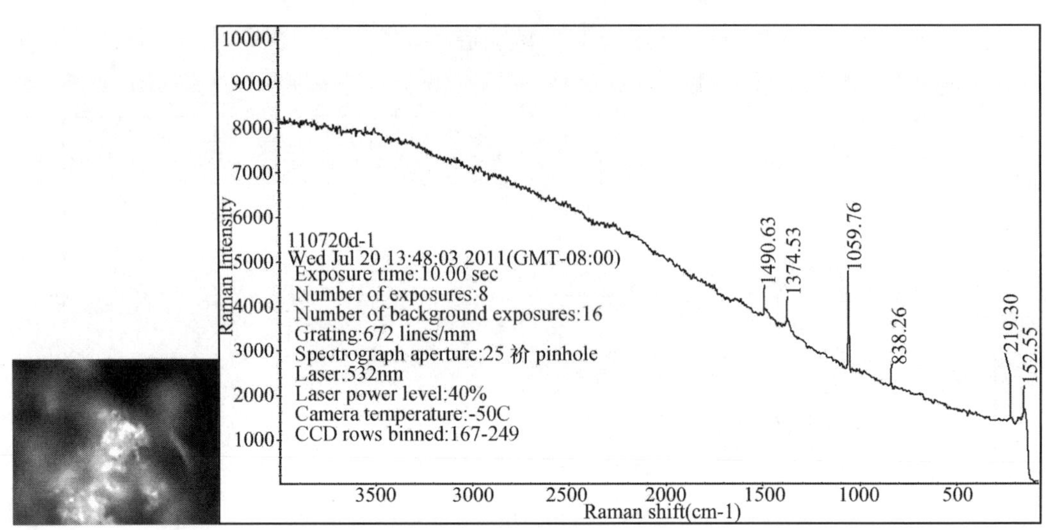

图 7-3　簋（M18: 6-1）第 2 处绿色锈蚀中白点的微观形态及拉曼光谱图

从以上分析中，我们可以得出以下初步的结果：鼎（M18: 5-1）残片 X 射线影像中亮斑所对应凸起的锈蚀中不含对射线吸收能力较强的铅，其在 X 射线影像中显现出的亮斑是由于厚且密实的锈蚀产物及局部腐蚀形成的暗色衬托；与鼎（M18: 5-1）残片的情况不同，簋（M18: 6-1）残片 X 射线影像中的亮斑是由密实且厚的锈蚀凸起及锈蚀中所包含的含铅（$PbCO_3$）锈蚀所引起的。

2. 无清晰轮廓散乱絮状的亮区

X 射线照相胶片上有此现象的样品主要有 7 件残片：鼎（M18: 5-1）第 3 处、鼎（M18: 5-2）第 7 处、鼎（M18: 5-2）第 8 处、簋（M18: 6-1）第 3 处、甗（M18: 8-1）第 1 处、甗（M18: 8-1）第 2 处、甗（M18: 8-3）第 1 处。其在实物上对应的是较厚的致密锈蚀层，质地坚硬，蓝、绿、棕、黄色锈蚀层层交叠，形成致密的锈蚀壳，而其他较薄和疏松的锈蚀层在 X 射线照相胶片的影像中几乎没有表现。

图 7-4 显示了甗（M18: 8-1）残片其中一个表面的锈蚀情况，在其 X 射线影像中所显示的现象几乎都集中在这一面（图 7-5、图 7-6）。另一面是比较均匀且松散的锈蚀层和硬结的土层，而且都很薄，在 X 射线影像中（图 7-5）没有表现出可对应的特殊现象，这恰好便于我们进行相应的分析。

图 7-4　甗（M18: 8-1）残片表面锈蚀情况

该残片 X 射线影像表现出不同的明暗层次，从图 7-4 中可以看到，靠近中间部位显露出部分原始表面，该区域在 X 射线影像中呈现出均匀且较暗的影像，我们近似将其定为本体的基础灰度。残片的其他部位最靠近基体处覆盖一

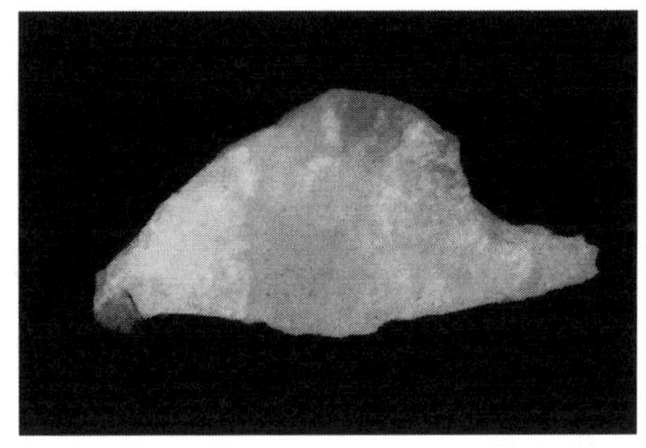

图 7-5　甗（M18:8-1）残片的 X 射线影像

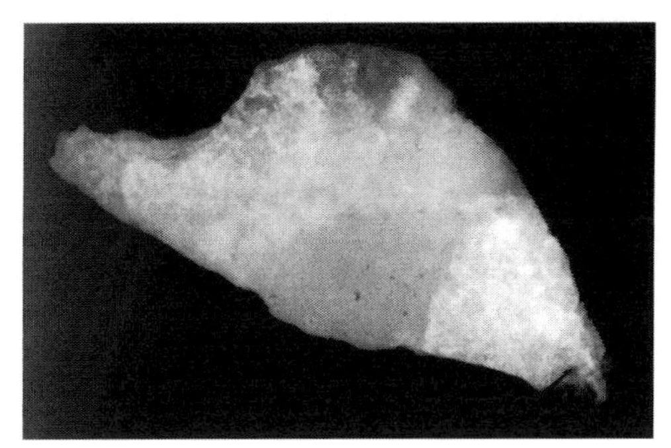

图 7-6　甗（M18:8-1）残片局部除锈后的 X 射线影像

层均匀的砖红色锈蚀层，在 X 射线影像中比本体稍亮，此为第二个层次，尽管此锈蚀层很薄，但是表 7-14 的 X 射线荧光光谱分析（XRF）分析结果显示，该锈蚀层含铅量很高，因此其在 X 射线影像中有所反映；而去除部分这层锈蚀后，X 射线影像的亮度基本上与基体的基本灰度相同，如图 7-6 所示。第三个层次为散乱的絮状亮区，锈层越厚，X 射线影像越亮。

表 7-14　砖红色区域元素成分比例数据

样品名称及编号	Cu	Sn	Pb
鼎（M18:5-1）-3	26.45	0	73.55
鼎（M18:5-2）-7	13.94	0	86.06
簋（M18:6-1）-3	17.05	0	82.95
甗（M18:8-1）-1	17.80	0	82.20
甗（M18:8-3）-1	21.80	0	78.20

对该残片以及其他残片具有典型现象和相同颜色的锈蚀及在 X 射线影像中具有特殊现象的锈蚀进行相应的分析检测，分析检测部位以及 XRF 分析结果见表 7-14 和表 7-15。XRF 结果显示该部位铅元素的含量很高。为了便于比较，对鼎（M18:5-2）第 7 处进行了机械除锈（图 7-7），除锈前后的 X 射线影像见图 7-8 和图 7-9。比较除锈前后的影像，可以看出散乱的絮状亮区消失了，这说明，此种现象是由于该残片表面的锈蚀层所造成的。

图 7-7　鼎（M18:5-2）第 7 处表面锈蚀情况

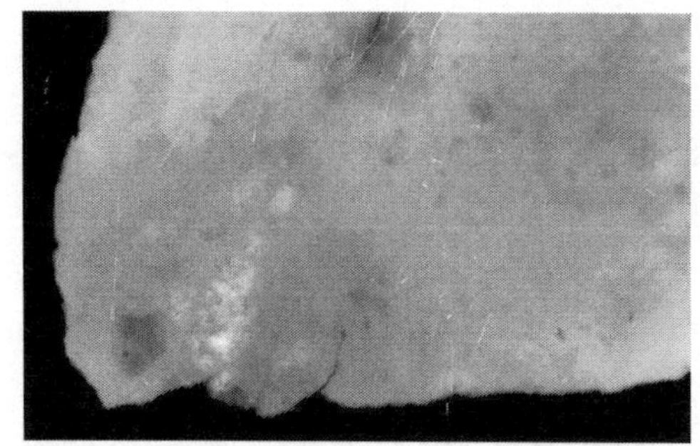

图 7-8　鼎（M18∶5-2）第 7 处除锈前的 X 射线影像

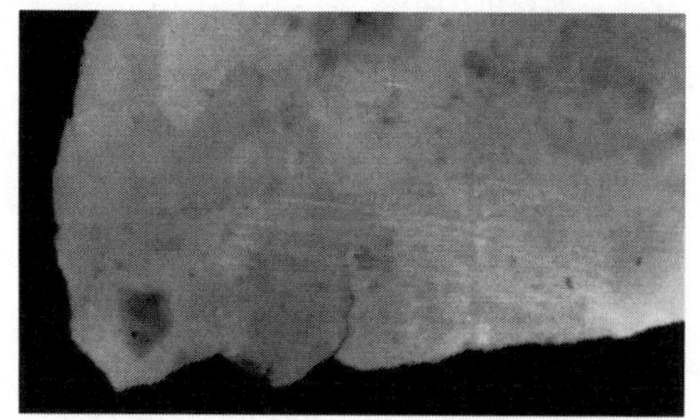

图 7-9　鼎（M18∶5-2）第 7 处除锈后的 X 射线影像

表 7-15　残片分析检测部位

样品编号及位置	X 射线照相胶片底片	实物照片
鼎（M18∶5-1）第 3 处		
鼎（M18∶5-2）第 7 处		
鼎（M18∶5-2）第 8 处		

续表

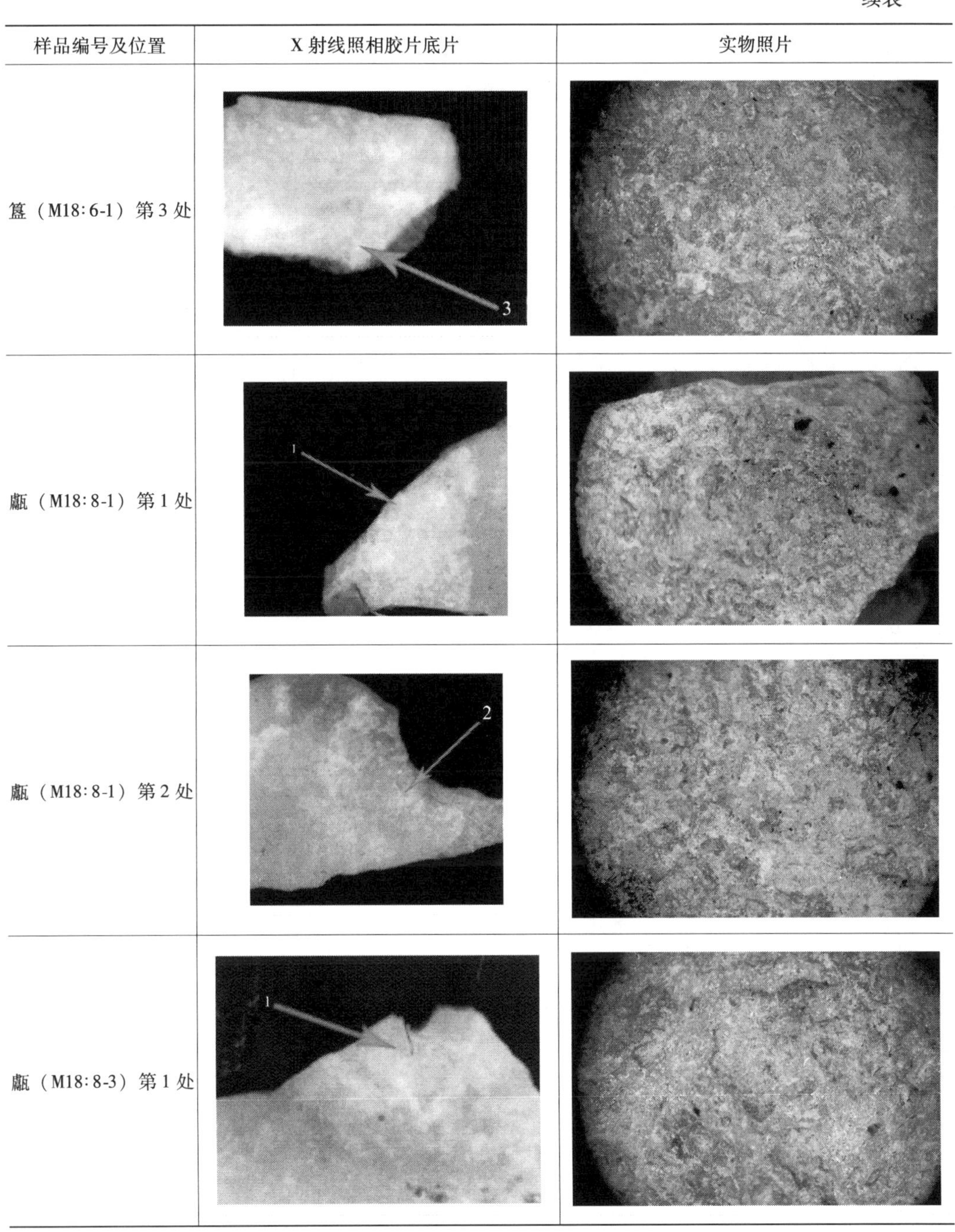

样品编号及位置	X射线照相胶片底片	实物照片
簋（M18:6-1）第3处		
甗（M18:8-1）第1处		
甗（M18:8-1）第2处		
甗（M18:8-3）第1处		

从位置上的对应关系来看，亮区中特别亮的絮状区域对应的实物表面均为砖红色锈蚀。对部分样品亮区的砖红色锈蚀使用XRF检测Cu、Sn、Pb三种元素的比值，由检测结果可知絮状亮区对应的砖红色锈蚀区均为高铅区，如表7-14所示。

上述絮状亮区所对应的砖红色锈蚀与蓝、绿、红等色锈蚀共存，为了更清楚了解各色锈蚀成分，使用拉曼光谱对各色锈蚀进行成分检测。

绿色：取鼎（M18: 5-1）第 3 处绿色锈蚀进行检测，测得其主要成分为$CuCO_3 \cdot Cu(OH)_2$（孔雀石），图谱如图第 7-10 所示。

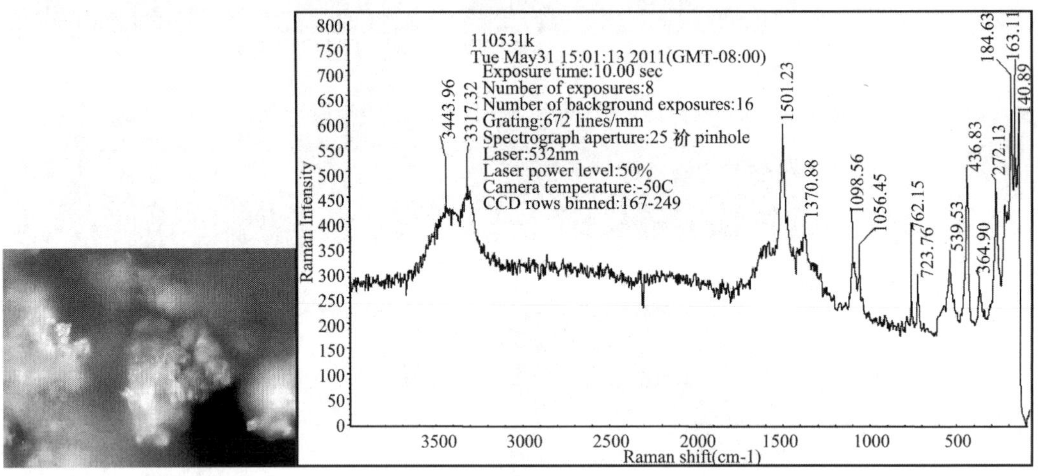

图 7-10　鼎（M18: 5-1）第 3 处绿色锈蚀微观形态及拉曼光谱图

蓝色：取鼎（M18: 5-1）第 3 处蓝色锈蚀进行检测，测得其成分为 $2CuCO_3 \cdot Cu(OH)_2$（蓝铜矿），图谱如图 7-11 所示。

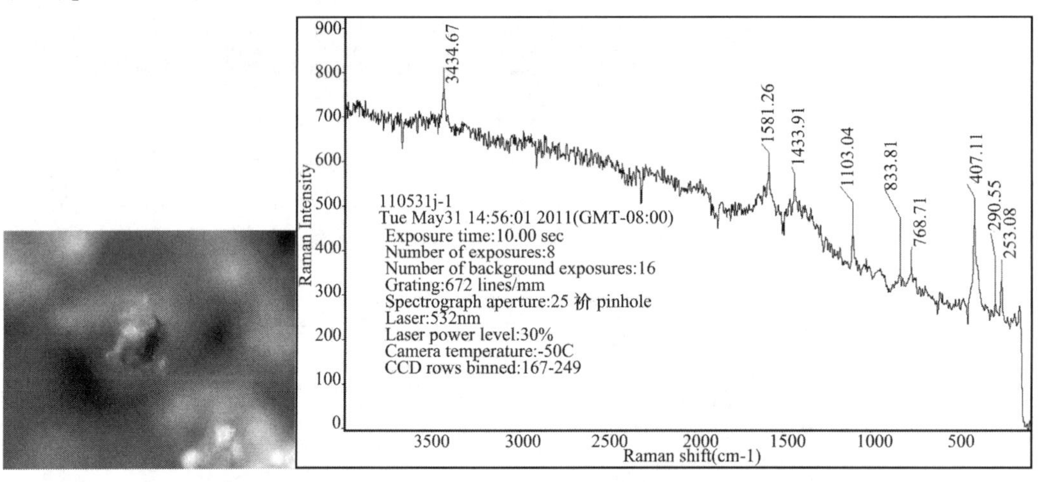

图 7-11　鼎（M18: 5-1）第 3 处蓝色锈蚀微观形态及拉曼光谱图

深蓝（蓝黑）：取鼎（M18: 5-1）第 3 处蓝黑色锈蚀进行检测，测得其成分为 $2CuCO_3 \cdot Cu(OH)_2$（蓝铜矿）和 C（炭黑），其中炭黑图谱如图 7-12 所示。

黄色：取甗（M18: 8-1）第 2 处黄色锈蚀进行检测。通过显微观察可见肉眼观察的黄色锈蚀实际由白色颗粒与黄色颗粒混合组成。测得白色颗粒成分为 $PbCO_3$（白铅矿），黄色颗粒成分为 β-PbO（密陀僧）。具体图谱分别如图 7-13、图 7-14 所示。

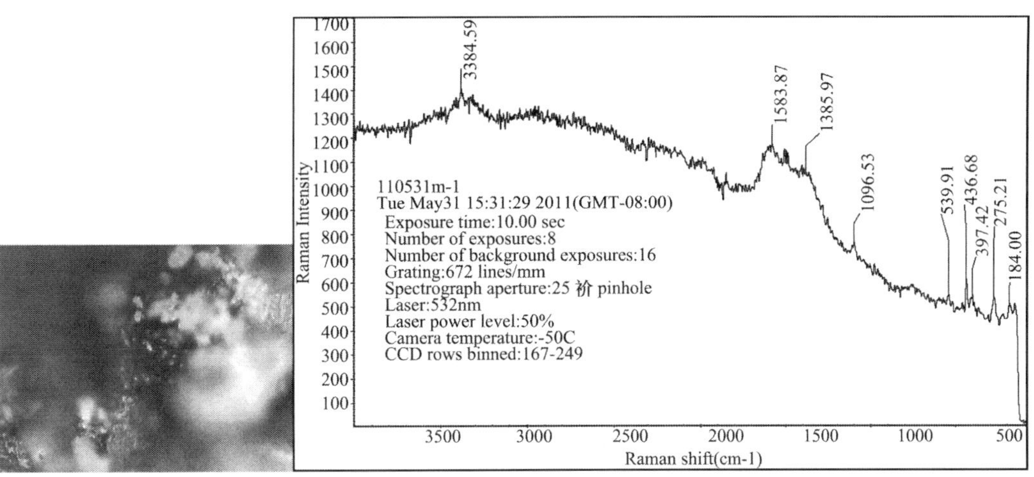

图 7-12　鼎（M18: 5-1）第 3 处蓝黑色锈蚀微观形态及炭黑拉曼光谱图

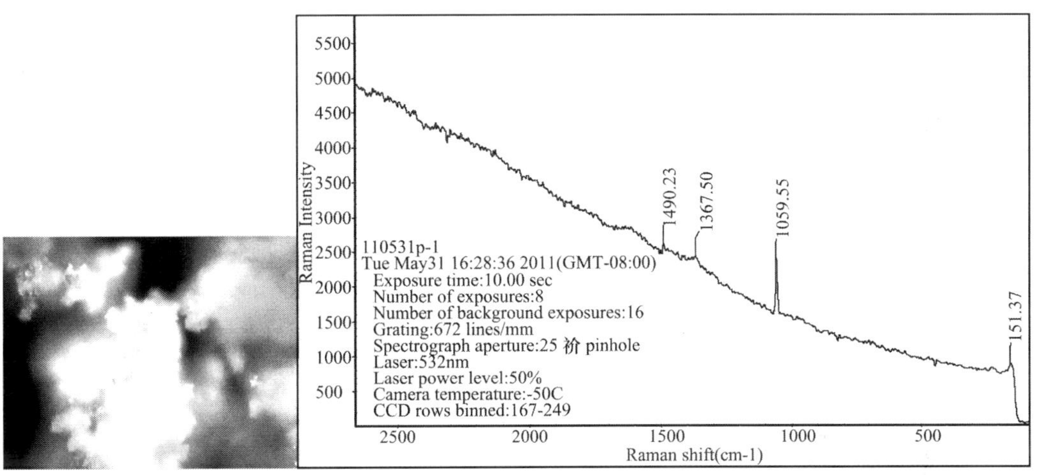

图 7-13　甗（M18: 8-1）第 2 处黄色锈蚀微观形态及白色颗粒拉曼光谱图

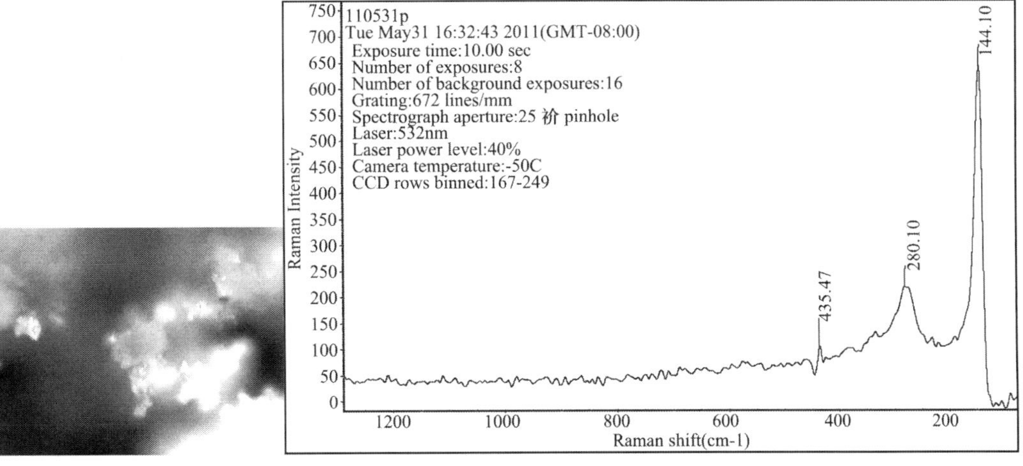

图 7-14　甗（M18: 8-1）第 2 处黄色锈蚀中黄色颗粒微观形态及拉曼光谱图

红棕色：取甗（M18∶8-3）第 1 处红棕色锈蚀进行检测。通过显微观察可见红棕色锈蚀实际由白色颗粒、红色颗粒与黄色颗粒混合组成。测得白色颗粒成分为 $PbCO_3$（白铅矿），红色颗粒成分为 Cu_2O（赤铜矿），黄色颗粒成分为 β-PbO（密陀僧）。白色颗粒与红色颗粒具体图谱分别如图 7-15、图 7-16 所示。

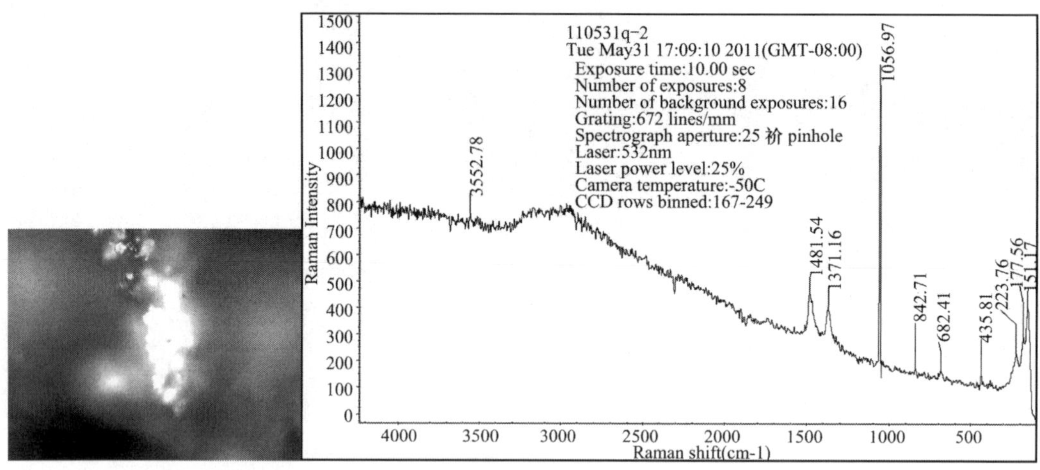

图 7-15　甗（M18∶8-3）第 1 处红棕色锈蚀微观形态及白色颗粒拉曼光谱图

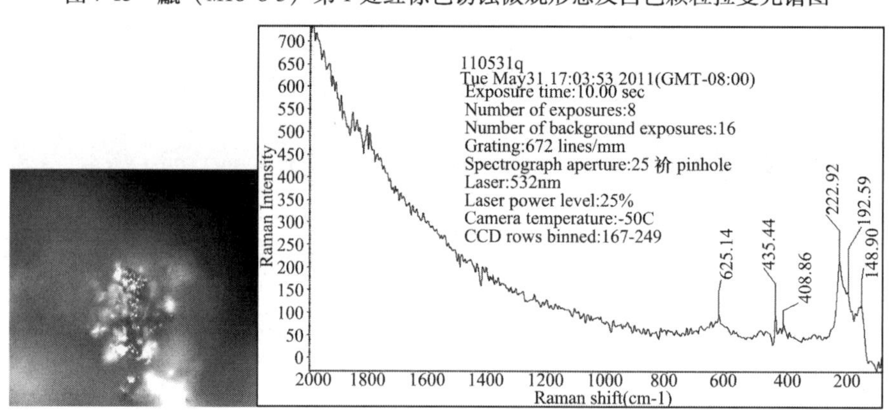

图 7-16　甗（M18∶8-3）第 1 处红棕色锈蚀微观形态及红色颗粒拉曼光谱图

由上述检测可知，X 射线照相胶片底片上亮区所对应的厚且致密的锈层主要由孔雀石、蓝铜矿、赤铜矿、白铅矿、密陀僧等组成，特别亮的絮状区所对应的砖红色锈蚀主要物相为白铅矿。

7.2.2　X 射线影像暗区

7.2.2.1　器物基体因腐蚀质地松软

在 X 射线影像上，呈边界清晰或不清晰的暗区所对应的锈蚀部位腐蚀侵入到基体，而且质地松软。其有三种表现形式：形成凹坑，与原始表面基本平齐，高出原始表面。

1. 细腻的浅绿色锈蚀坑

X 射线照相胶片底片上对应此现象的样品主要有 3 件：觥（M18∶3-1）第 3 处、尊（M18∶7）第 1 ~ 5 处、甗（M18∶8-1）第 3 处，对应的分析检测部位如表 7-16 所示。其在实物上对应的是细腻、松软的浅绿色锈蚀，有的呈锈蚀坑状，有的呈片状。甗（M18∶8-1）第 3 处片状暗区推测为铜质芯撑出现腐蚀后的结果。

表 7-16　残片分析检测部位

觥（M18∶3-1）第 3 处	尊（M18∶7）第 1 ~ 5 处	甗（M18∶8-1）第 3 处
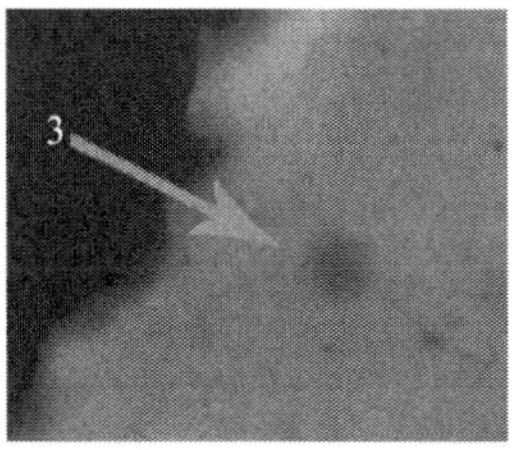 3	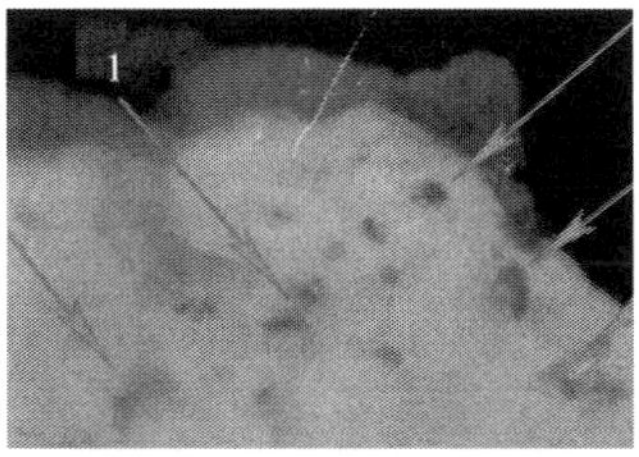 1	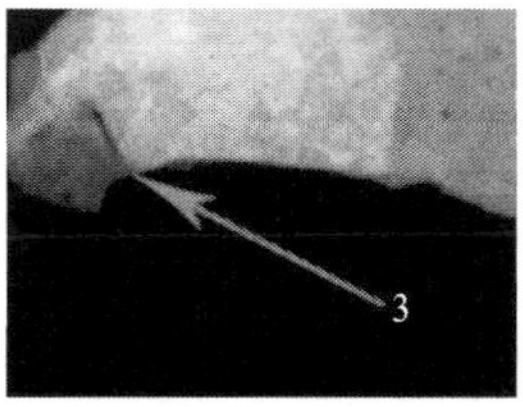 3
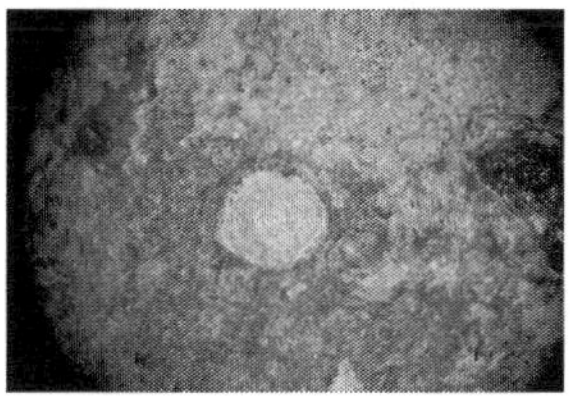	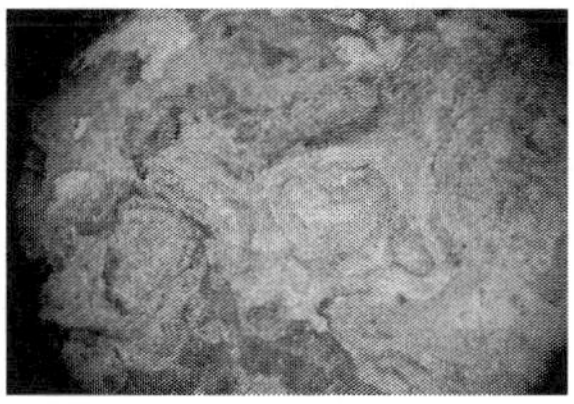	

为确定浅绿色锈蚀的成分，使用激光拉曼光谱对觥（M18∶3-1）第 3 处与甗（M18∶8-1）3 处的浅绿色粉末进行检测。由显微观察可知浅绿色粉末由绿色颗粒与白色颗粒组成，绿色颗粒为 $CuCO_3 \cdot Cu(OH)_2$（孔雀石），白色颗粒为纳米级微晶 SnO_2（锡石），其图谱如图 7-17、图 7-18 所示。

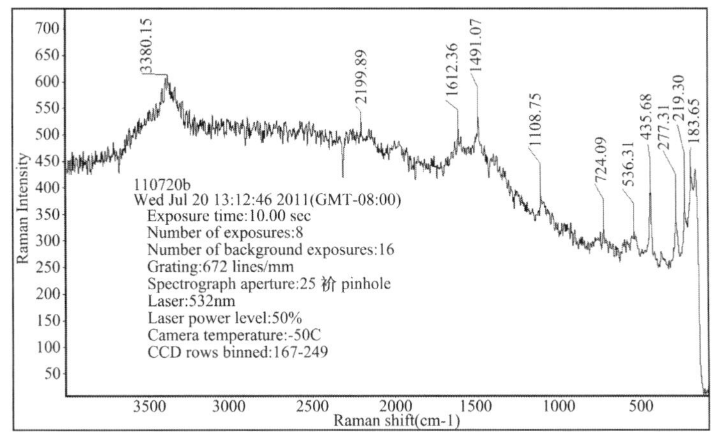

图 7-17　觥（M18∶3-1）第 3 处浅绿色锈蚀粉末中绿色颗粒拉曼光谱图

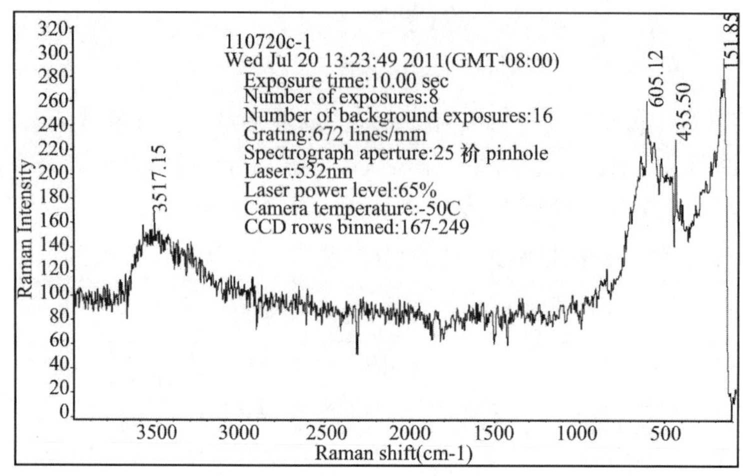

图 7-18　甗（M18∶8-1）第 3 处浅绿色锈蚀粉末中白色颗粒拉曼光谱图

2. 细腻的灰白色或灰白略泛绿色的锈蚀坑

X 射线照相胶片底片上对应此现象的样品主要有 3 件：鼎（M18∶5-1）第 4～6 处（灰白）、鼎（M18∶5-2）第 2～4 处（略泛绿）、甗（M18∶8-2）第 2 及 4 处（略泛绿）。

（1）灰白

样品鼎（M18∶5-1）第 4 及 6 处灰白锈蚀坑上均有绿色和黑褐色小颗粒，第 4 处尤为明显（表 7-17）。

表 7-17　残片分析检测部位

鼎（M18∶5-1）第 4 处	鼎（M18∶5-1）第 6 处

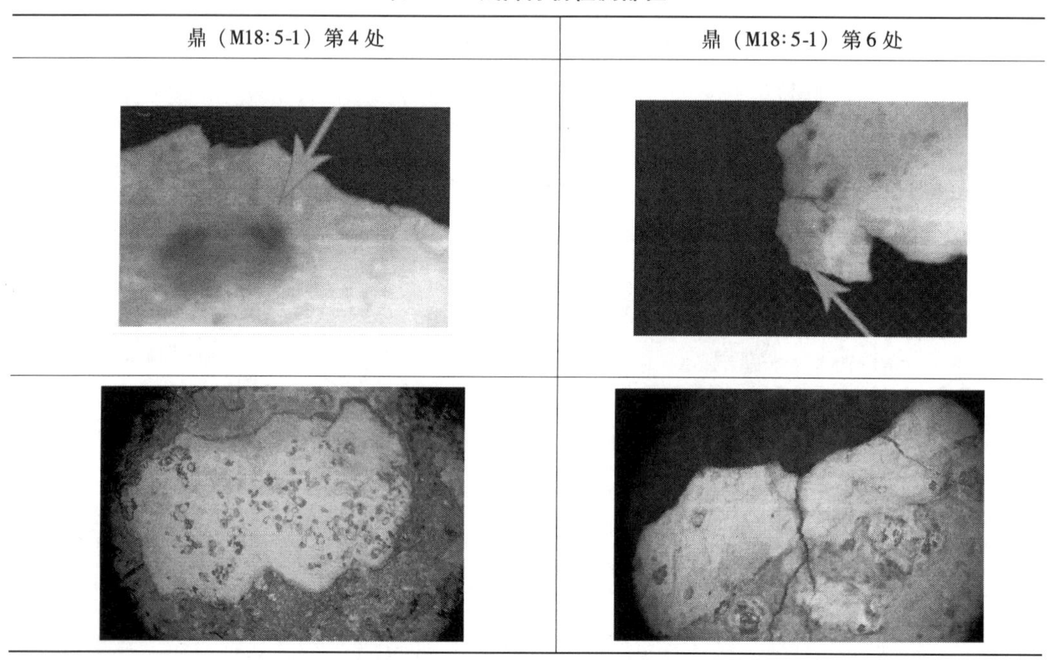

首先使用激光拉曼光谱对第 4、6 处灰白色锈蚀成分进行检测，结果显示均为纳米级微晶 SnO_2（锡石），其谱图如图 7-19、图 7-20 所示。

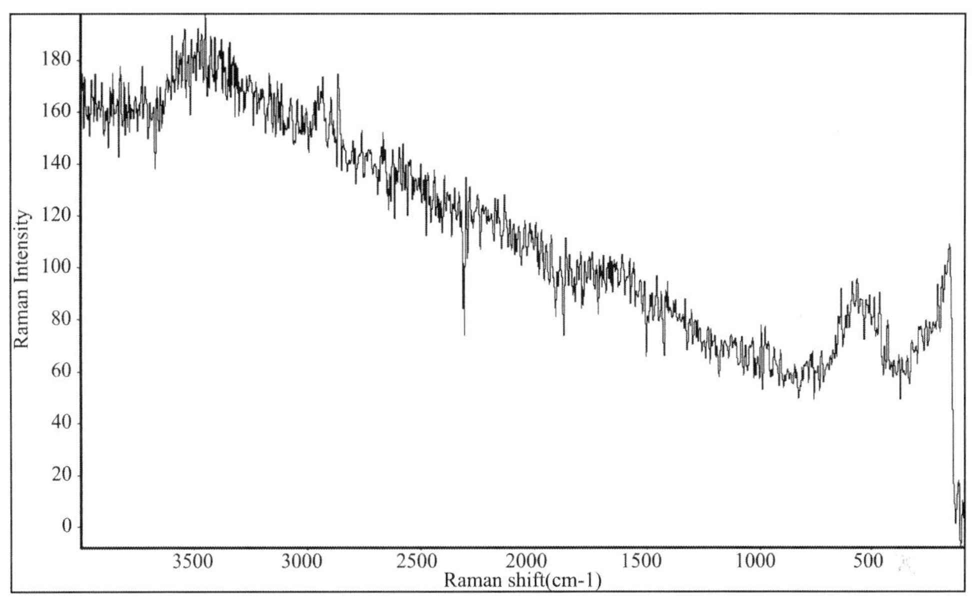

图 7-19　鼎（M18: 5-1）第 4 处灰白锈蚀拉曼光谱图

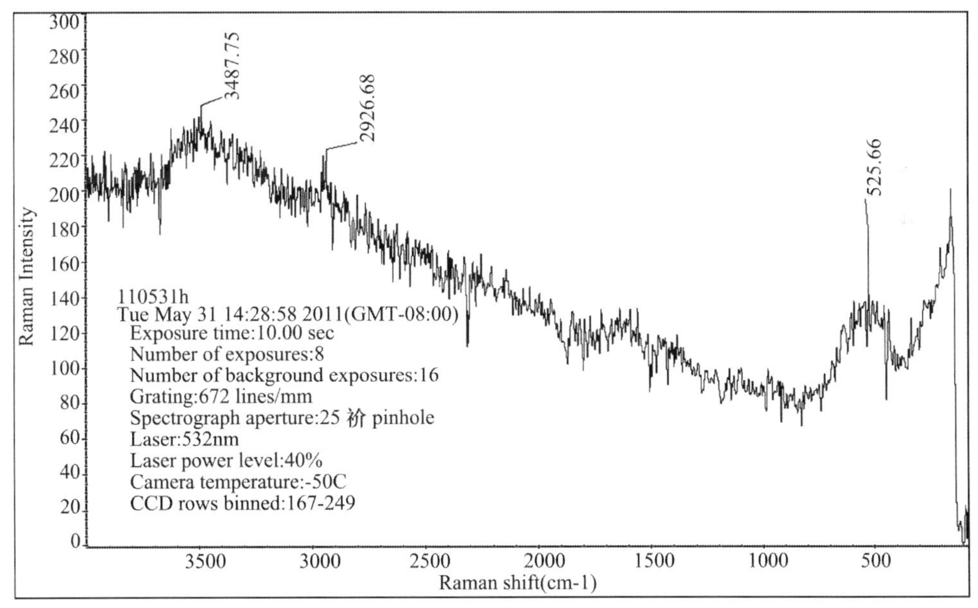

图 7-20　鼎（M18: 5-1）第 6 处灰白锈蚀拉曼光谱图

鼎（M18: 5-1）第 4 处灰白色锈蚀坑中的绿色和黑褐色颗粒，经拉曼光谱检测，成分分别为 $CuCO_3 \cdot Cu(OH)_2$（孔雀石）和 Cu_2O（赤铜矿），其图谱如图 7-21、图 7-22 所示。

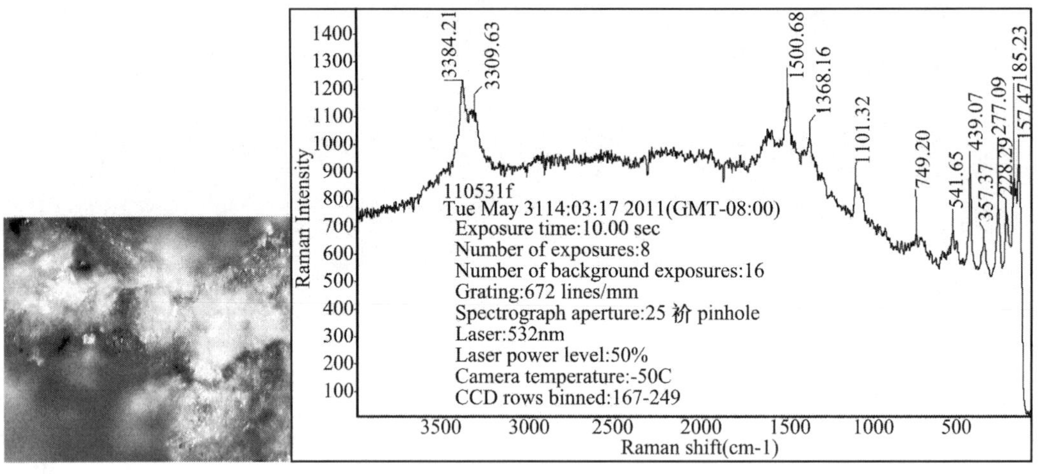

图 7-21　鼎（M18: 5-1）第 4 处灰白色锈蚀坑微观形态及绿色颗粒拉曼光谱图

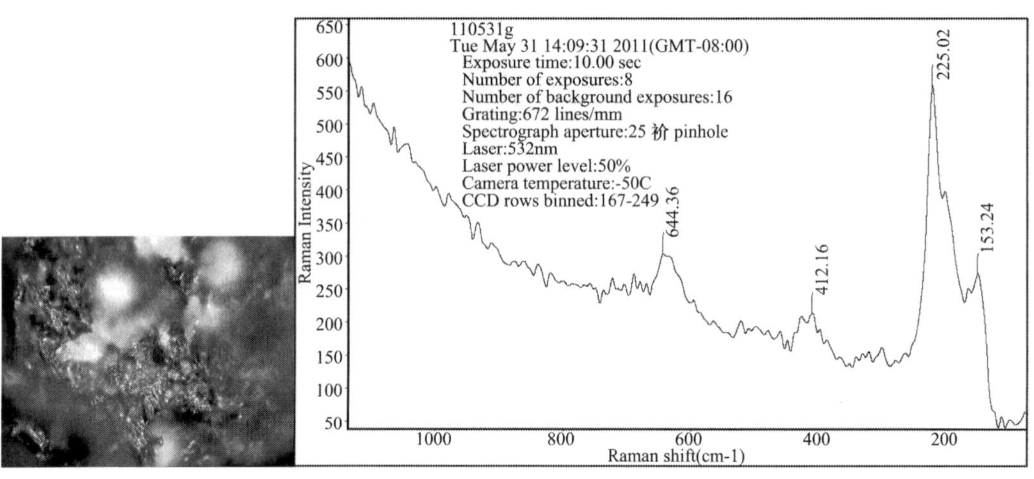

图 7-22　鼎（M18: 5-1）第 4 处灰白色锈蚀坑微观形态及黑褐色颗粒拉曼光谱图

（2）略泛绿的灰白色

鼎（M18: 5-2）第 2 ~ 4 处与甗（M18: 8-2）第 2 及 4 处锈蚀坑中为细腻的略泛绿的锈蚀（表 7-18）。

表 7-18　残片分析检测部位

鼎（M18∶5-2）第 4 处	甗（M18∶8-2）第 2 处
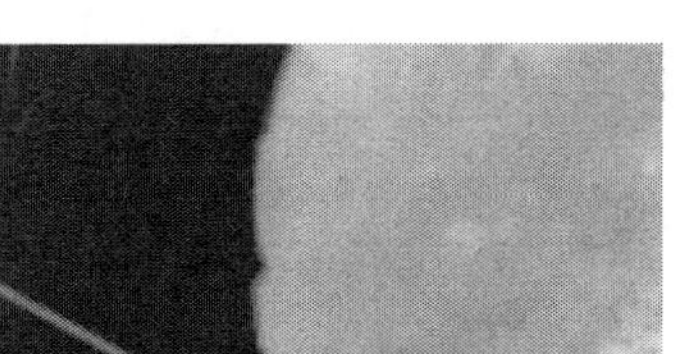	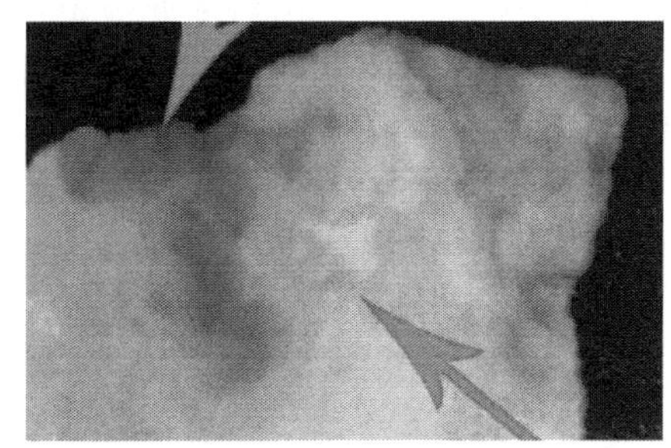
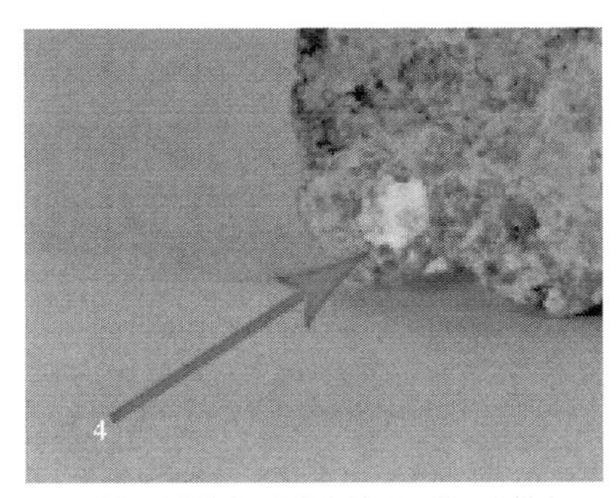	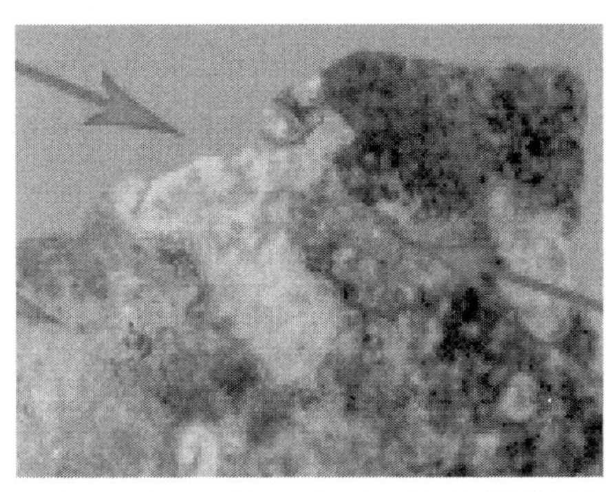

对两个样品的粉末进行激光拉曼光谱检测和 X 射线衍射（XRD）检测。激光拉曼光谱结果显示粉末成分均为 SnO_2（锡石）和 $CuCO_3 \cdot Cu(OH)_2$（孔雀石）；XRD 半定量结果显示，SnO_2（锡石）约占 67%，而 $CuCO_3 \cdot Cu(OH)_2$（孔雀石）占 33%，衍射图谱如图 7-23 所示。

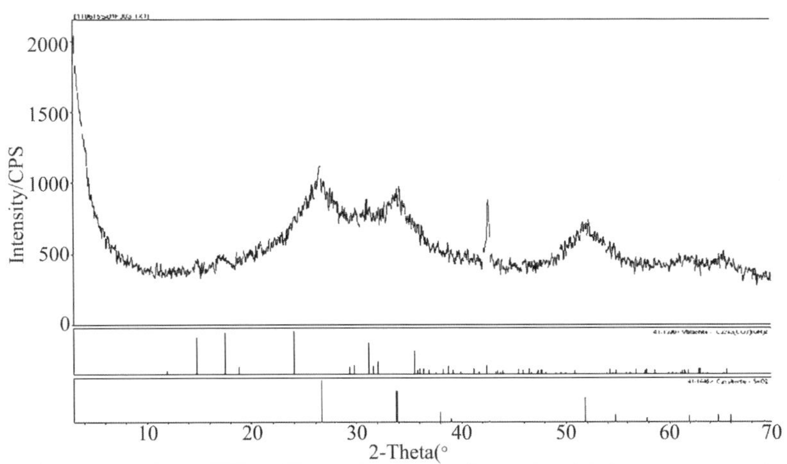

图 7-23　甗（M18∶8-2）第 2 处灰白略泛绿锈蚀混合粉末 XRD 图谱

3. 细腻的浅绿色锈蚀（厚度与周围相同或略高于周围）

X 射线照相胶片底片上对应此现象的样品主要有 2 件：觥（M18∶3-1）第 2、5、6 处与觥（M18∶3-2）第 1～7 处（表 7-19）。

表 7-19　残片分析检测部位

觥（M18∶3-1）第 2 处	觥（M18∶3-2）第 1 处

对样品觥（M18∶3-1）第 2 处浅绿色锈蚀粉末做 XRD 检测，测得其成分为 SnO_2（锡石）和 $CuCO_3 \cdot Cu(OH)_2$（孔雀石），其中 SnO_2（锡石）约占 15%，而 $CuCO_3 \cdot Cu(OH)_2$（孔雀石）约占 85%，衍射图谱如图 7-24 所示。

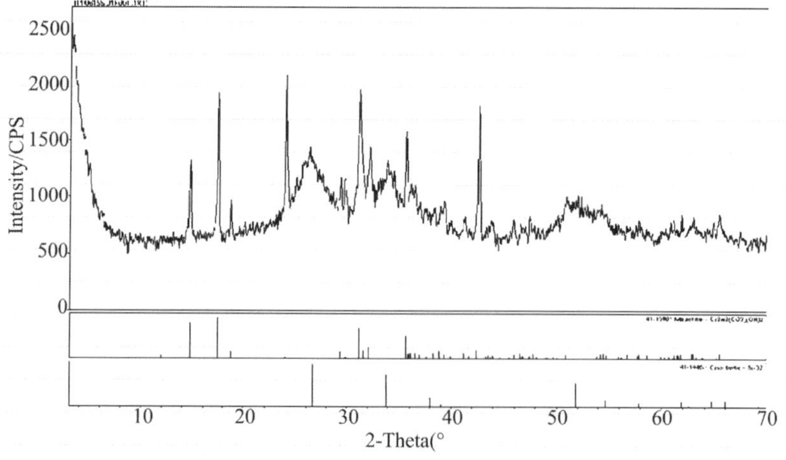

图 7-24　觥（M18∶3-1）第 2 处浅绿色锈蚀粉末 XRD 图谱

4. 小结

青铜腐蚀产物对X射线的吸收强度不仅与元素种类有关，还与产物的质地密切相关。在研究中可见，尽管细腻的锈蚀中含有对射线吸收较强的腐蚀产物，如SnO_2（锡石），但由于质地松散，在X射线影像中仍然表现为暗区，无论凹坑、齐平或者凸起。

7.2.2.2　轮廓清晰的暗点（部分夹杂小亮点）

此类现象的青铜器表面没有对应的现象，与周边没有本质的区别，所以产生这种情况的原因应存在于器物基体内部。X射线照相胶片底片上有此现象的样品有甗（M18∶8-3）第2、3处（图7-25）。

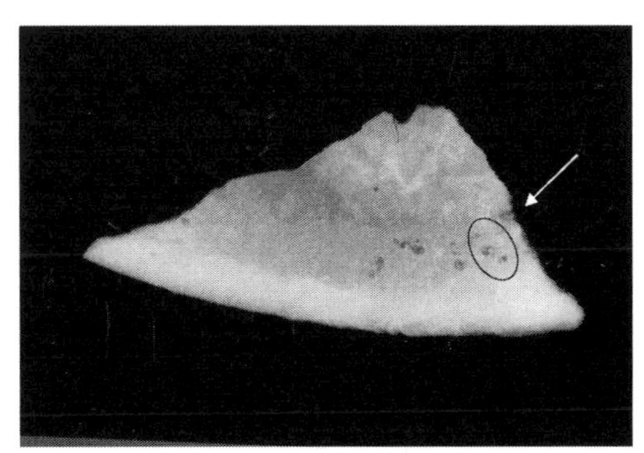

图7-25　甗（M18∶8-3）残片X射线影像

从甗（M18∶8-3）第3处X射线影像可以发现，暗点内部包含有一个长卵形白色亮点，该现象恰好位于该断面，从断面上可见基体上的孔洞，因此孔洞应是铸造中产生的，孔洞包含一个黑褐色颗粒，较圆，露出部分呈半球形（表7-20）。

表7-20　甗（M18∶8-3）第3处局部X射线影像及孔内包含物形态

甗（M18∶8-3）第3处		
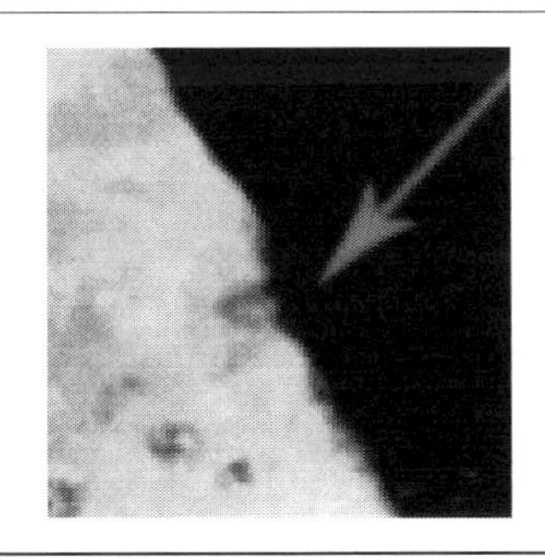		

对3处包含物表面进行XRF和拉曼光谱分析检测，从激光拉曼分析结果中可知黑褐色颗粒中有炭黑，分析图谱如图7-26所示。

XRF结果见表7-21。可知其表面不含有Si、Fe，去除表面黑褐色物质，显露出银白色金属状薄层，银白色薄层之下为不均匀的黑褐色物质。从其成分看，该长卵形物质应该是夹杂物。

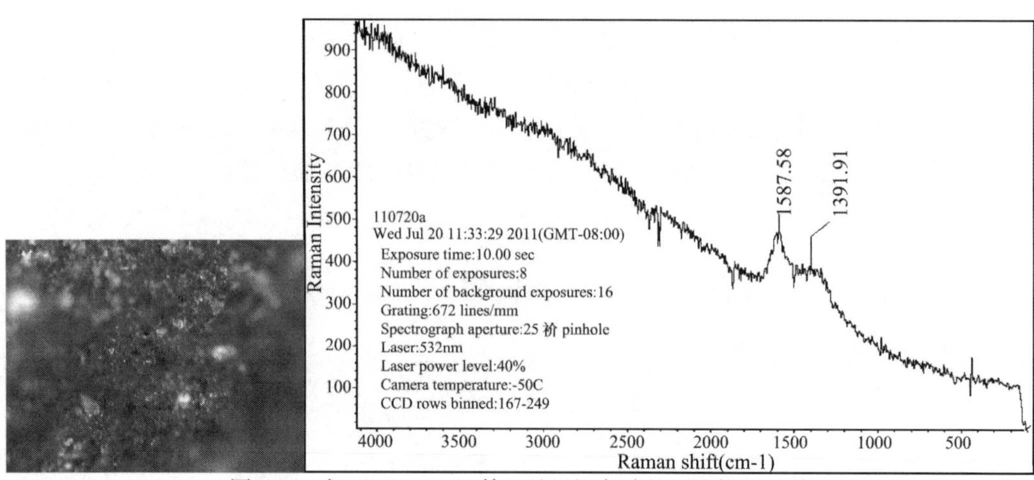

图 7-26　甗（M18∶8-3）第 3 处黑褐色球状颗粒拉曼图谱

表 7-21　气孔中长卵形夹杂物颗粒 XRF 分析结果

元素/质量分数	Si	S	Fe	Cu	Sn	Pb
表面	0	5.92	0	90.25	0.42	3.41
银白色层	3.36	6.81	0.33	70.9	1.76	16.83
内部	9.53	11.89	0.31	74.58	0.4	3.29

同样，甗（M18∶8-3）第 2 处样品表面看不出任何与 X 射线影像相对应的现象，为了研究其内部情况，将该样一处在 X 射线照相胶片底片上有黑色暗点夹白色亮点（图 7-25 中椭圆区）剖开，可见截面上有铸造中形成的孔若干。孔洞内部的情况（如表 7-22 所示）有三种：孔内为空、孔内有黑色晶粒、孔洞内有白色晶粒。

表 7-22　铸造中形成的孔洞

甗（M18∶8-3）第 2 处		
空	含黑色晶粒	含白色晶粒
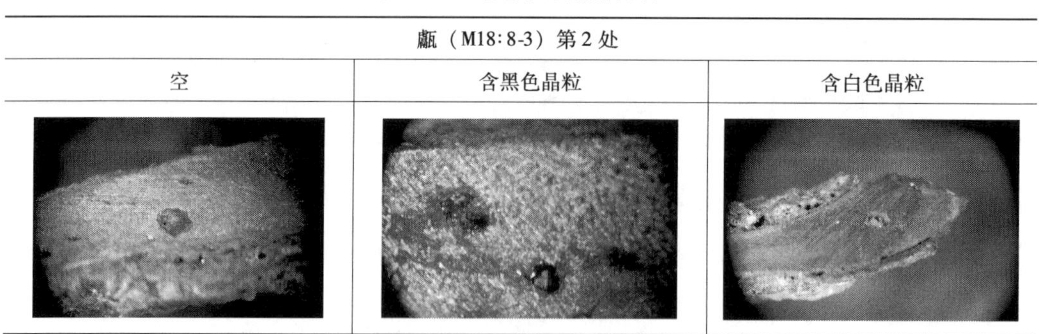		

空的孔洞在 X 射线影像中表现为边界清晰的黑点。

含有黑色晶粒的孔洞共三处，对应 X 射线影像都有表现，如图 7-25 圈中所示，中间一处表现最为明显，为边界清晰的黑色，内部夹杂亮点。黑色晶粒微观形态如图 7-27、

图 7-28-1 所示，从晶粒的形态可以初步判定其为方铅矿（PbS）。为了进一步确定其成分，对两个较大的孔内物质进行 XRF 分析，分析结果见表 7-23。从分析结果看，铅含量较高，但并没有很高的硫，所以推断方铅矿只存在于表面。从扫描电镜背散射电子图来看，坑内的方晶与周围区域亮度并没有明显区别。对图 7-28-2 中方框区所做能谱分析结果显示（图 7-29），该区并没有很高的铅含量，也没有检测出硫。因此孔内的黑色晶粒成分还有待于进一步验证。

图 7-27　甗（M18∶8-3）第 2 处青铜器孔内黑色结晶

1.二次电子像

2.背散射电子像

图 7-28　连体孔内二次电子像及背散射电子像

表 7-23　孔内物质 XRF 分析结果

元素/质量分数	S	Ca	Cu	Ag	Sn	Pb	Bi
连体孔	0.04	0	9.41	0.18	0	90.37	0
中单孔	2	0.4	7.43	0	1.35	88.58	0.24

白色晶粒经检测为 $PbCO_3$（白铅矿），其谱图如图 7-30 所示。因包含有白色晶粒的孔洞处于器壁最厚的地方，所以其在 X 射线影像中没有表现。

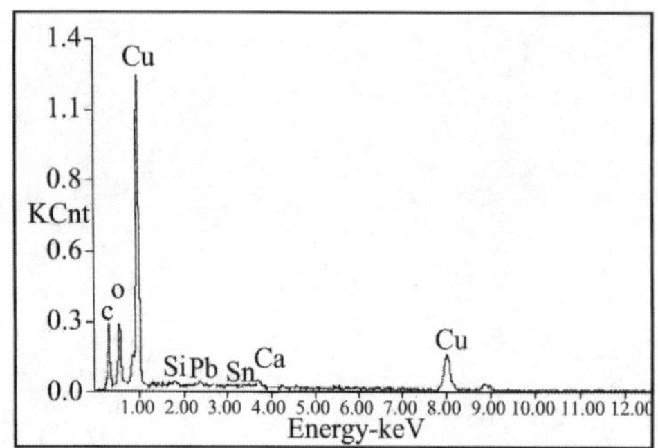

Element	Wt %	At %
C K	27.25	58.87
OK	09.55	15.48
SiK	00.64	00.59
PbM	01.57	00.20
SnL	01.69	00.37
CaK	01.10	00.71
CuK	58.21	23.77

图 7-29　孔内扫描电镜能谱结果

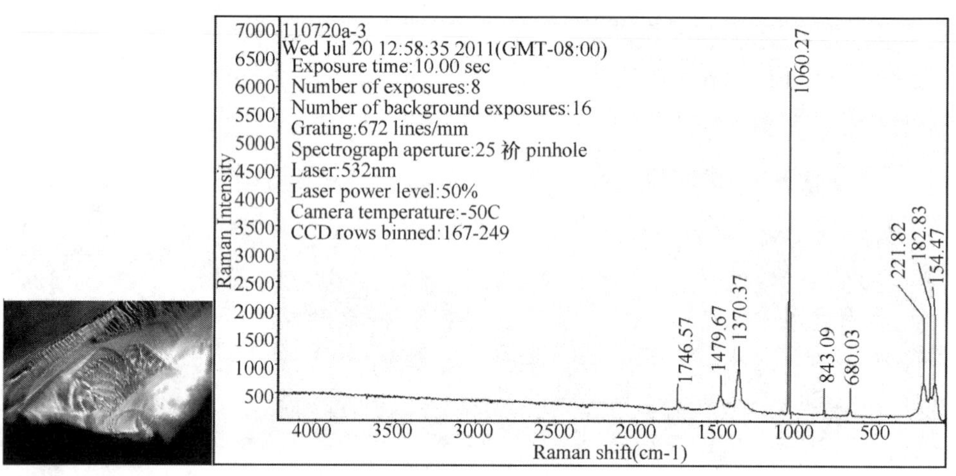

图 7-30　甗（M18∶8-3）第 2 处缩孔内白色晶粒 X 射线影像及拉曼图谱

7.2.3　X 射线影像明暗分界线

X 射线照相胶片底片上有此现象的样品主要见于鼎（M18∶5-1）、鼎（M18∶5-2）残片。残片表面均为细腻的黄绿色锈蚀层，比较平整，局部有细腻的灰白（略泛绿）色锈蚀坑，X 射线影像上的分界在实物表面无相应的体现（表 7-24）。

表 7-24　X 射线影像上的明暗分界现象

鼎（M18∶5-1）残片	鼎（M18∶5-2）残片

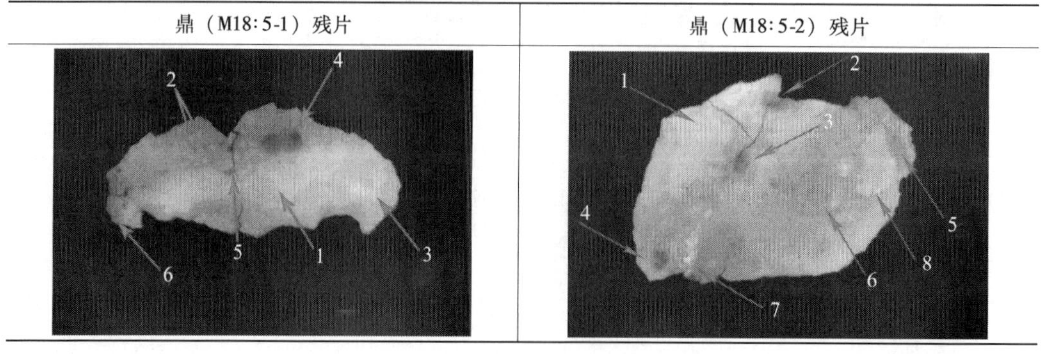

续表

鼎（M18∶5-1）残片	鼎（M18∶5-2）残片

对两个残片的相应部位做截面金相分析及电镜观察，各样品明暗区对比结果如表7-25～表7-27所示。

表7-25　鼎（M18∶5-1）残片样亮区与暗区金相对比

鼎（M18∶5-1）亮区	鼎（M18∶5-1）暗区
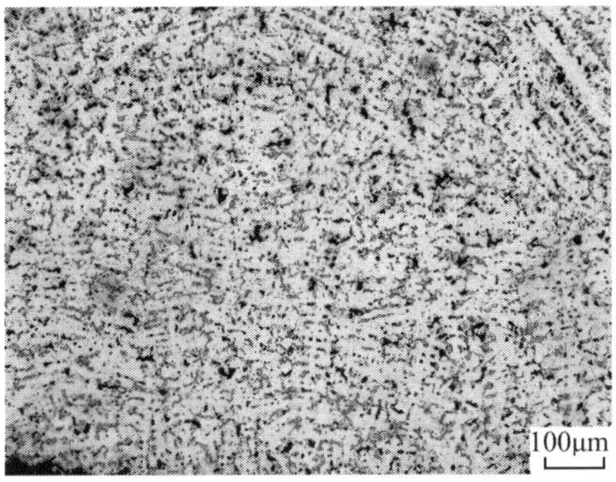 100μm	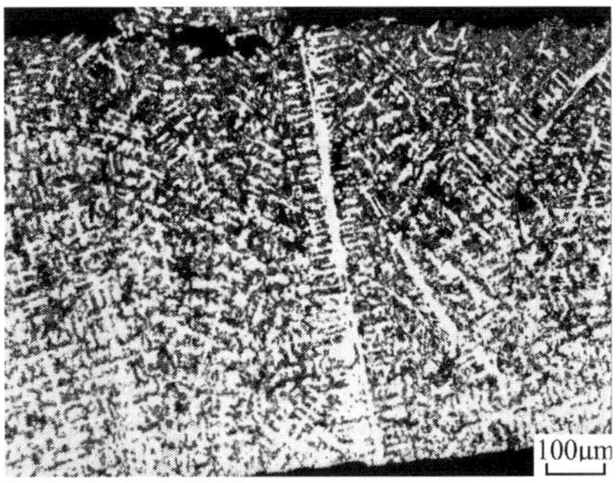 100μm
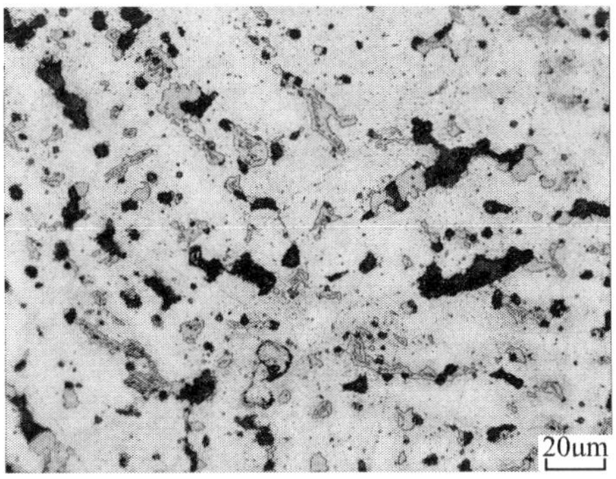 20um	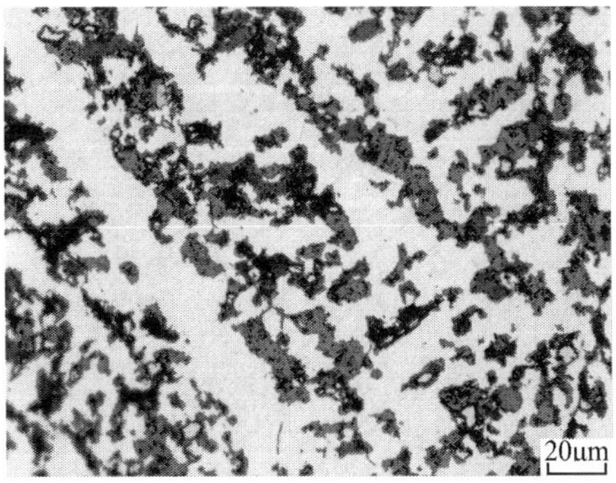 20um
α固溶体树枝晶，（α+δ）共析体岛屿状弥散分布。大量铅颗粒弥散分布。部分区域共析体先蚀，有自由铜沉积。铸造组织	α固溶体树枝晶，（α+δ）共析体严重锈蚀，少量铅颗粒弥散分布。铸造组织

表 7-26　鼎（M18∶5-1）残片样亮区与暗区电镜背散射照片对比

鼎（M18∶5-1）亮区	鼎（M18∶5-1）暗区

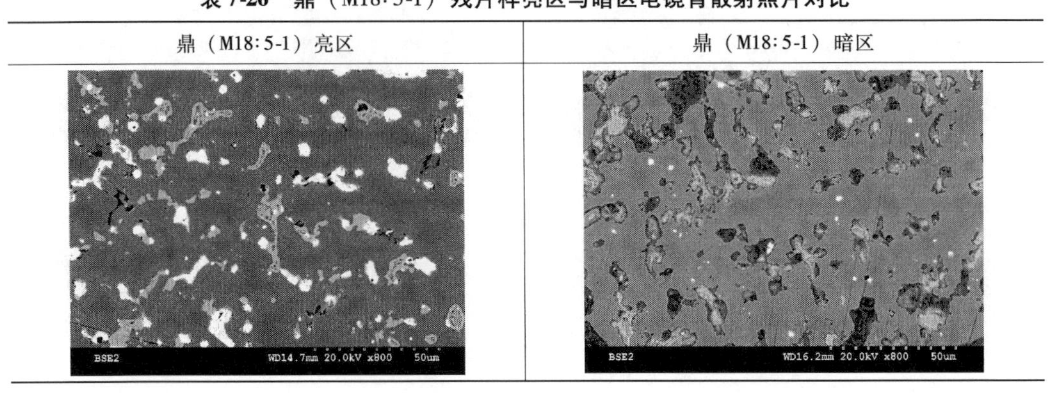

表 7-27　鼎（M18∶5-2）残片样亮区与暗区金相对比

鼎（M18∶5-2）亮区	鼎（M18∶5-2）暗区
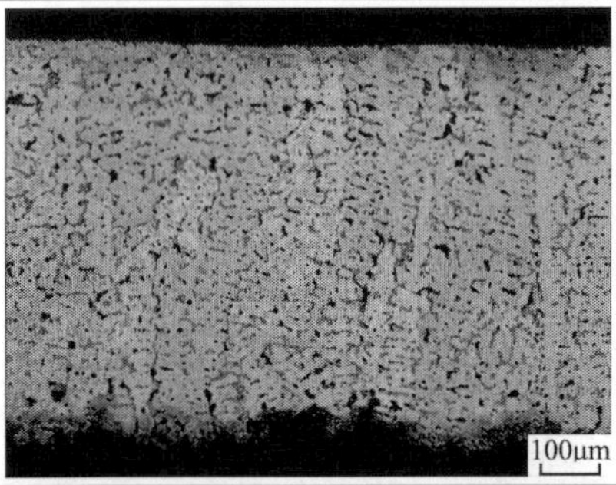 100um	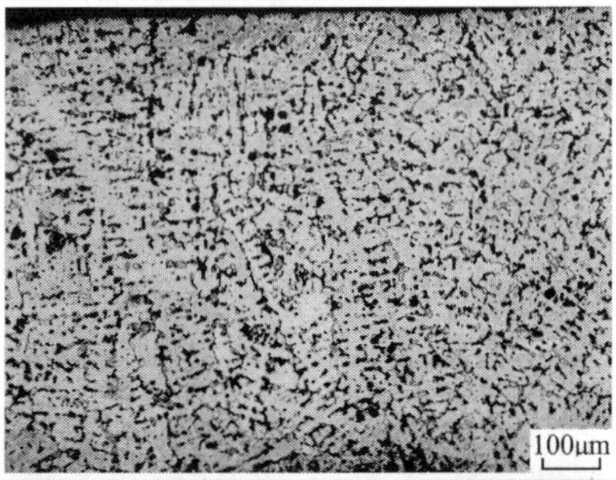 100um
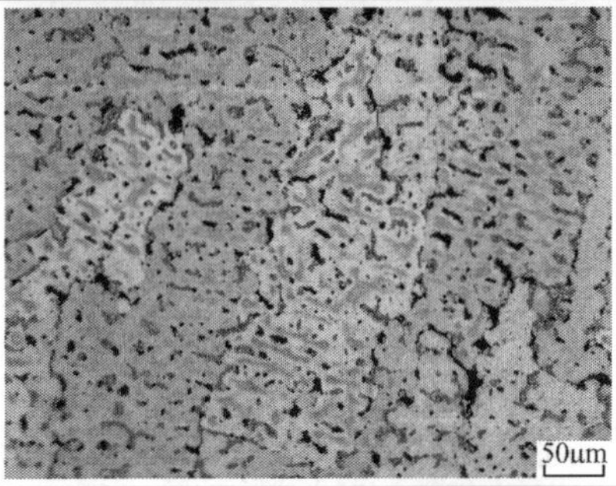 50um	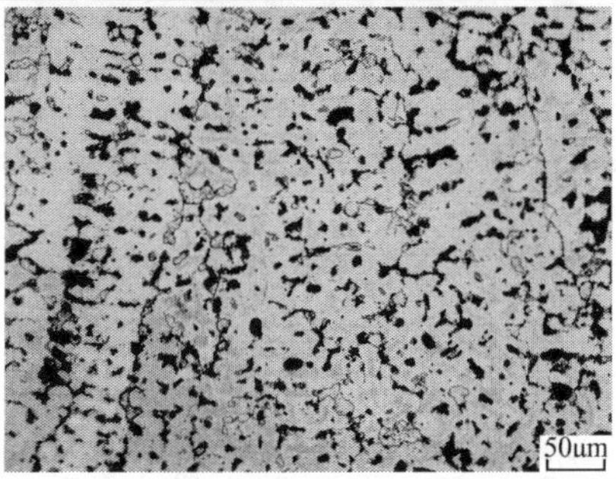 50um
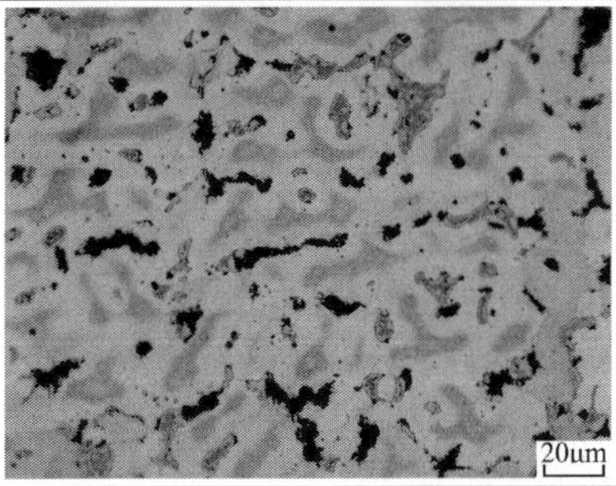 20um	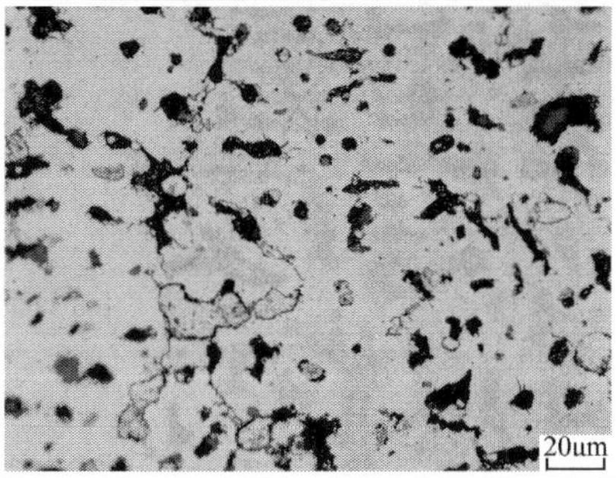 20um
α 固溶体树枝晶，（α + δ）共析体岛屿状弥散分布。大量铅颗粒弥散分布。共析体先蚀。铸造组织	α 固溶体树枝晶，（α + δ）共析体岛屿状弥散分布。共析体完全锈蚀，有自由铜沉积。铸造组织

由以上两组样品对比可见，X 射线照相胶片底片上明暗区别是由腐蚀程度不同造成的。相对较亮的区域腐蚀较轻而相对较暗的区域腐蚀较严重。

7.2.4　X 射线影像模糊区

X 射线照相胶片底片上有此现象的样品主要见于 3 件器物：卣（M18：4）、簋（M18：6-2）、尊形器（M18：7）。三个样品均为多层腐蚀，铜基体夹有细腻的浅绿色或灰白色锈蚀层（表 7-28）。

表 7-28　残片分析检测部位

卣（M18：4）	簋（M18：6-2）	尊形器（M18：7）

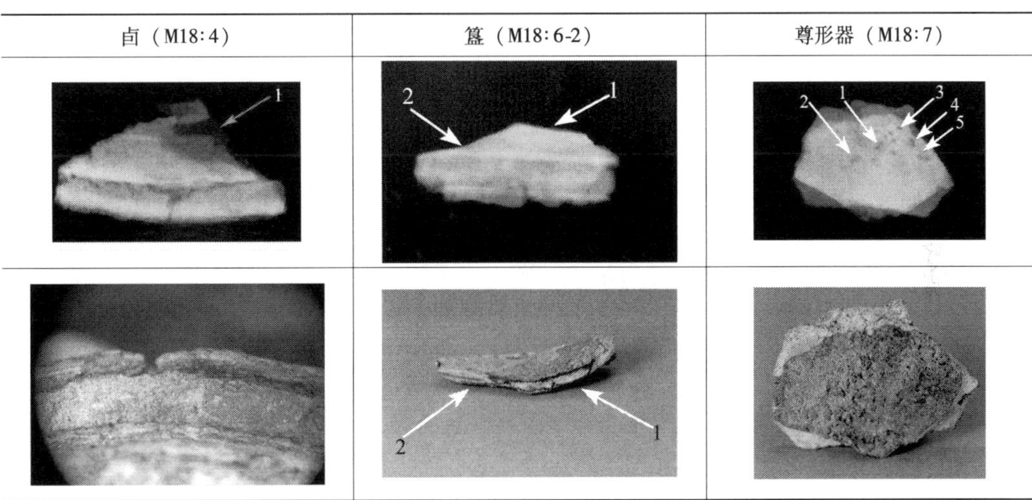

为了确定夹层内锈蚀的成分，对尊形器（M18：7）夹层内的浅绿色锈蚀粉末做 XRD 粉末分析，测得其成分为 $CuCO_3 \cdot Cu(OH)_2$（孔雀石）、SnO_2（锡石）、$PbCO_3$（白铅矿）。半定量分析三者含量分别为 64%、10%、26%。图谱如图 7-31 所示。

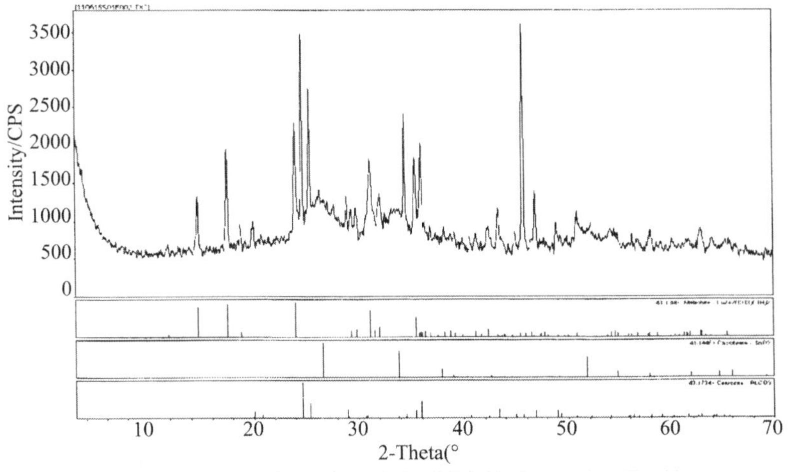

图 7-31　尊形器（M18：7）夹层中浅绿色锈蚀 XRD 图谱

7.3　结　　论

通过检测分析，可以对此批高青县出土青铜残片 X 射线照相胶片底片上不同现象所对应的腐蚀状况有一个比较清晰的认识。具体情况如表 7-29 所示。

表 7-29　X 射线影像与对应腐蚀状况总结

X 射线照相胶片底片上的现象		腐蚀状况
亮区	轮廓较清晰的亮点	表面粗糙坚硬，凸起致密的蓝、绿色锈蚀，其成分为蓝铜矿或孔雀石与白铅矿
	轮廓不清晰的絮状亮区	表面粗糙坚硬、凸起较厚的蓝、绿、棕、黄色锈蚀。主要成分为蓝铜矿、孔雀石、赤铜矿、白铅矿、密陀僧等。特别亮的絮状区的位置对应的棕黄色锈蚀主要成分为白铅矿、密陀僧、赤铜矿
暗区	轮廓模糊的暗区或暗点	细腻的浅绿色锈蚀，部分形成锈蚀坑，锈蚀成分为孔雀石与锡石
		细腻的灰白色锈蚀形成锈蚀坑，锈蚀的主要成分为锡石
		细腻的灰白色略泛绿锈蚀形成锈蚀坑，锈蚀成分为孔雀石与锡石，锡石的含量较高
		细腻的浅绿色锈蚀，周围是铜基体，整体厚度与周围相同甚至略高于周围。锈蚀成分为孔雀石与锡石，锡石的含量较高
	颜色较黑，轮廓清晰的小暗点，部分夹杂小亮点	为铸造时的夹杂或铸造缩孔。夹杂主要含铜、硫和碳以及少量的锡和铅。部分缩孔内有黑色或白色晶粒。暗点中夹杂的小亮点为缩孔内产生的白铅矿晶粒在 X 射线照相胶片上的反映
明暗分界	明显的明暗分界	在器物表面看不出分界线两侧的区别，从金相上可分辨出腐蚀程度的不同，暗区比亮区腐蚀严重
影像较虚	整体或局部影像较虚，且略暗	夹层腐蚀，铜基体夹有细腻的浅绿色或灰白色锈蚀层。浅绿色锈蚀成分为孔雀石、锡石、白铅矿

从锈蚀的角度来说，可得到如下结论：

以蓝铜矿、孔雀石为主要成分质地坚硬的蓝、绿色锈蚀，在 X 射线照相胶片底片上的反映不明显。

以孔雀石和锡石为主要成分的细腻锈蚀无论是否形成锈蚀坑都会在 X 射线照相胶片底片上表现出轮廓不清晰的暗区或暗点。锈蚀的颜色与二者的比例相关，孔雀石含量越高颜色越绿，而锡石含量越高颜色越灰，全部为锡石则为灰白色。

与前者相比，夹层内的浅绿色细腻锈蚀主要成分除了孔雀石、锡石外还有白铅矿，可能因为铜、锡、铅的含量没有发生大的变化，在 X 射线照相胶片底片上并不明显表现为变暗，但夹层的存在使图像变虚。

白铅矿、密陀僧、氧化亚铜通常同时存在，表面有白铅矿的区域 X 射线照相胶片底片上通常会表现出亮色。

第 8 章　其他文物的 X 射线成像

对于青铜以外其他类别文物的 X 射线成像，除了需要了解所使用 X 射线的大致强度范围外，更主要的是了解 X 射线成像能帮助我们获得哪些信息？以及能否满足所需要的分析研究。

8.1　木质文物的 X 射线成像

木质文物主要包括家具、建筑构件、木质雕像、日用器皿，等等。对木质文物进行 X 射线成像分析，主要可以帮助我们了解以下几个内容：木质文物的结构，如榫卯部位的连接和形状；通过与同材质同厚度的木材相比较，了解木质文物的糟朽程度；木质文物内部的裂隙情况；饱水木质文物脱水后不正常收缩引起的收缩孔洞；木质容器内部的包含物；木质造像内部的骨架结构；木质文物中其他附属构件，如钉、销等。

对于木质文物除了非常粗大的木质构件外，通常并不需要很强的 X 射线，所使用的 X 射线照射强度主要集中在软 X 射线范围内。因此，木质文物的拍摄，可以使用普通医用 X 射线透视设备和医用 CT 扫描设备，虽然相比工业 X 射线照相底片，其精细程度要低，但是绝大部分情况下都可以满足我们的需要。

使用 X 射线成像设备时，应尽量使用与被拍摄文物所需 X 射线强度相适应的 X 射线设备，如果所使用的 X 射线机最小强度仍然高于所需要的强度，可以尝试加大 X 射线机与被拍摄物体距离或者增加均质遮挡物（如钢板、铅皮等）来降低强度（并且可以吸收部分散射线），但此种做法并不提倡，如果使用，需要注意操作过程中工作人员的安全。由于拍摄中没有合适的 X 射线成像设备，本部分所列举的实例均采用的是以增加距离降低射线强度的方法。

8.1.1　木质文物的结构及基本状况

木质文物的结构是我们研究文物时比较关注的问题之一，这一方面是无损地研究文物制造工艺的需要，另一方面其在文物修复过程中也是重要的参考依据。其中，榫卯是木质文物中常用的连接方法。但是，榫卯结构种类很多，要探知所使用的榫卯及其结构的稳定性，X 射线成像无损观察就表现出较强的优势。在了解结构的同时，我们也

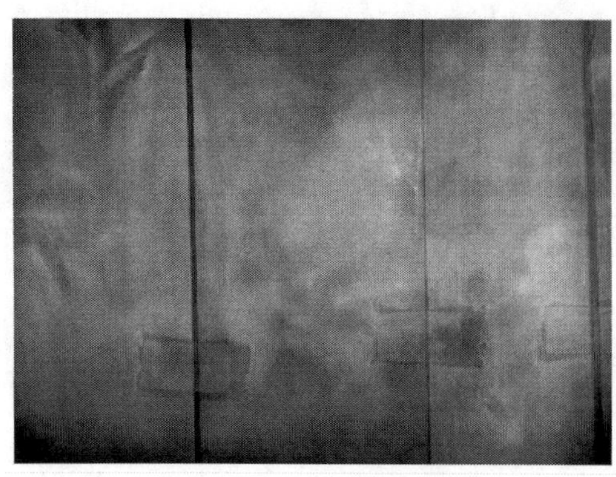

图 8-1　木质文物的榫

可以对木质文物的基本保存状况有一个大致了解。图 8-1 所示为出土的元代木质棺床，木材质地为柏木。通过 X 射线成像可以得出以下信息：

第一，该木质文物的榫卯结构及其状况、两边榫槽的深度、榫舌的位置以及连接情况可以清楚地反映在 X 射线照相底片中；

第二，此部分木材降解相对较为均匀，仅仅局部因降解严重而出现阴影，左右两侧木板还能看到木材的纹理；

第三，此 X 射线照相底片部分区域显示出因一些特殊的 X 射线吸收而产生的亮斑、亮点，这是由于木质文物表面有使用矿物颜料绘制的彩画，说明彩绘颜料中有某些原子序数较高的元素。如果需要了解具体颜料成分，还需使用 X 射线荧光能谱分析或 X 射线衍射分析等手段进行进一步的分析检测；

第四，由于所拍摄的原物不是很厚，且胶片是贴紧文物放置，所以胶片尺寸基本上可认为与原物等大，因此通过量取胶片上的尺寸即可获得文物内部各部分构件的尺寸。

在拍摄木质文物的榫卯结构时，尤其需要注意拍摄角度的选取。合适的拍摄角度可以清楚地反映内部结构情况，如果角度不合适，就不会取得理想的效果。通常情况下，我们应选择垂直于榫卯的方向拍摄，以正投影获得榫卯部位影像。

8.1.2　木质文物的金属连接

木质文物中，使用钉子、铁锔连接是木质文物中常见的连接方式，X 射线成像可以帮助我们观察到钉子、锔子的位置、连接情况，以及金属连接件的保存状况等。

钉子在出土木质文物中比较常见。结合修复记录、形态、腐蚀状况以及必要的分析检测，可以判断出钉子的新旧状况。特别是古代的钉子杆呈方形，整体由粗到尖缓慢过渡，一般不特别制作平帽。而现代的钉子一般为圆杆，杆平直，只是到尖部突然收小，呈钻石状尖头，带有平帽。图 8-2 中，可以很容易判别出这两种钉子。

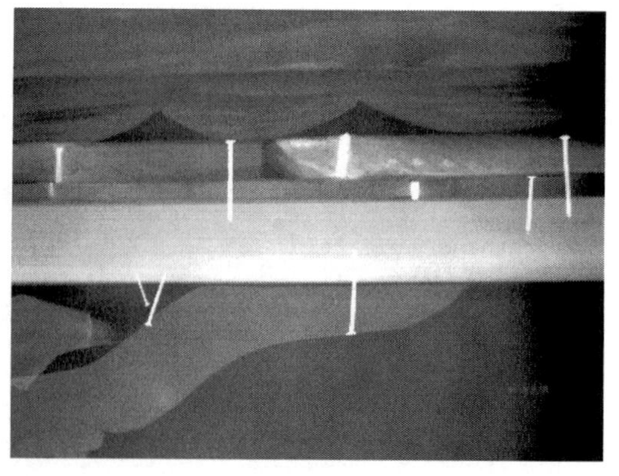

图 8-2　木质文物中的钉子

从这张 X 射线照相底片中可以看出：

首先，该局部使用了多种钉子，并且

不同钉子的保存状况不同；

其次，旧的钉子比较粗，已经开始产生锈蚀，锈蚀在周边发生扩散，因而在影像中表现出模糊的轮廓，并且发生了断裂和错位；

最后，新钉子细长，其中一枚出现了不严重的弯曲，新钉子整体保存状况良好，其与周边木材边界清晰，说明没有出现严重的锈蚀。

8.1.3　木质文物的腐朽与新补木材

木材腐朽后在 X 射线成像中会表现出以下几种形式：

补配木材和原有木材因材料质地不同而产生的影像差异。图 8-2 的 X 射线照相底片中，木质文物原有的木材是柏木，新的木材是松木。虽然木材厚度相同，但是由于新补的木材致密，对射线的吸收能力明显强于旧木材而显得鲜亮，并且年轮纹理清晰；而旧的木材对射线的吸收能力明显较弱，在 X 射线照相底片中颜色较暗。

同一种木材中，因为糟朽疏松，造成对 X 射线吸收能力的下降，形成影像差异。与新木材相比，旧木材部分地方纹理虽依然可见，但由于降解而显得模糊，一些地方则完全看不清。

木材由于降解已出现不均匀收缩，并产生裂隙、龟裂和缺失（图 8-3、图 8-4）。

在图 8-3、图 8-4 中还可以看出，由于古代钉子出现锈蚀，铁锈沿木材纤维方向向木

图 8-3　木质文物的糟朽和钉子锈蚀

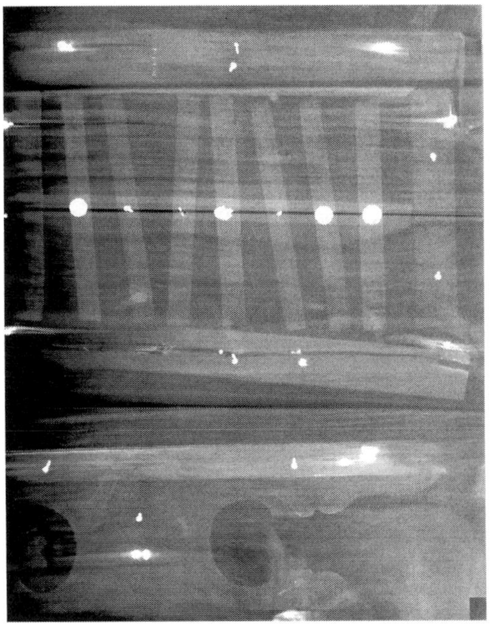

图 8-4　木材糟朽和钉子锈蚀

材扩散，导致木材局部对射线吸收能力增强，由此可以判断出锈蚀对木材产生影响的大致范围。因为铁锈不利于木材的保存，在判别出其影响范围后，可以有针对性地采取一些保护性修复措施①。

8.2 漆器的 X 射线成像

漆器的 X 射线成像分析主要内容与木质文物相近，所不同的是漆器还有嵌螺钿、金银平脱等工艺的器物。漆器除了木胎漆器，还有脱胎、竹胎、陶胎、金属胎漆器。X 射线成像可以帮助了解漆器的内部结构及制作工艺等。对于饱水漆器，脱水前后对其进行 X 射线成像研究，有助于了解漆器内部胎体的保存情况，为漆器脱水保护提供依据。对比脱水及保护修复前后的 X 射线成像，可以对脱水保护和修复的效果进行评估。

木胎、脱胎及竹胎漆器的 X 射线拍摄条件与木质文物基本相近，但很多漆器有朱砂（HgS）调成的红漆层，由于汞对射线吸收能力较强，拍摄时所使用的射线强度要比同等情况下拍摄木材的要高。而对于陶胎、金属胎漆器，X 射线强度则需要根据胎体进行拍摄。

图 8-5 漆器的 X 射线成像

图 8-5 所示是一件饱水漆耳杯的 X 射线照相底片，从 X 射线照相底片中可以发现：耳杯内部木质结构完整，胎体比较均匀，双耳与杯身连接紧密，朱砂彩绘的图案清晰可见。朱砂（HgS）中由于汞的存在，导致其对射线的吸收能力较强，根据描绘图案线条的堆积厚度，在 X 射线成像中会显现出明暗之分，这可以帮助我们了解描绘工艺，如起笔和接笔等。

8.3 陶器的 X 射线成像

拍摄陶器的 X 射线照相底片，首先应注意的一点就是 X 射线可以改变陶器的热释光数据，所以如果陶器需要进行热释光断代，应当先提取样品再进行 X 射线的拍摄。同时，对 X 射线拍摄的强度、剂量、次数应当记录在案，以免影响今后的相关研究。

---

① 龚德才：《文物保存中木材使用可能出现的问题》，http：//www. china001. com/show_ hdr. php? xname = PPDDMV0&dname = K12CC51&xpos = 11.

对陶器进行X射线成像分析，可以了解陶器的制造工艺、保存状况、修复历史，包括内部的成型、结构、断裂、龟裂和破碎后的粘接、修补等。图8-6和图8-7显示的是陶马修复后的外观和X射线照相底片。

一般说来，拍摄陶器所使用的X射线强度高于木漆器，低于瓷器。具体使用的强度与拍摄对象的厚薄、材质、釉料、密度以及分析目的相关。

图8-6　修复后的陶马

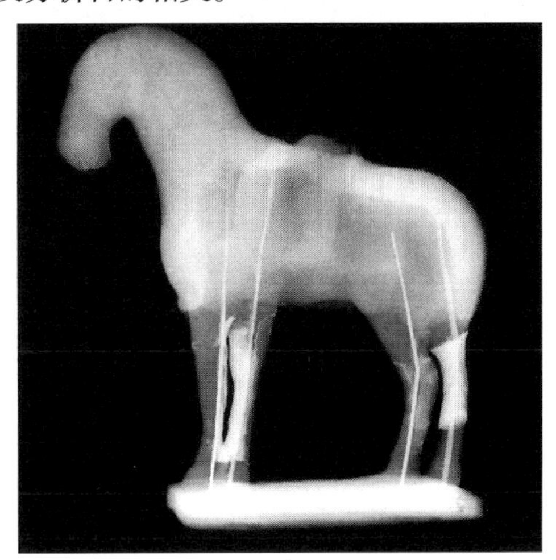

图8-7　修复后陶马的X射线照相底片

从陶马的X射线照相底片中我们可以得到以下信息：陶马的头部及颈部已经出现了龟裂、疏松；支撑腿部原有的四支铁条中的三支已经出现锈蚀，质地疏松，边界模糊，而右后腿中的铁条保存状态较好，质地均匀，边界清晰；陶马四条腿中的三条包含有部分原有马腿（浅亮部分），颜色较暗的部分为后来树脂修复；马身没有明显的修复痕迹。马腹部位明暗变化明显，结合实物观察，应为在成型过程中，捏制时的按压造成胎体厚薄不均所形成的。

8.4　瓷器的X射线成像

给瓷器拍摄X射线照片，射线强度应略大于陶器，除了由于瓷器密度大以外，一些重金属低温釉和彩也会对成像效果产生影响。总体来说，拍摄瓷器的X射线强度多数应仍在软X射线范围。

使用X射线拍摄瓷器，存在类似于陶器同样的问题，X射线会对热释光数据产生影响，但是，影响具体有多大，目前还缺少定量研究的相关资料。

对于瓷器的研究，可以获得以下信息：瓷器内部的暗裂隙、修复的痕迹（包括遮盖的裂隙和补配），还可以对彩色瓷器表面色彩的成分进行初步的判定。

图 8-8 所示为瓷器的裂隙及修补情况，由照相底片可知该瓷器修补后的部位对射线吸收低于原有瓷器。而图 8-9 中所显示的瓷器修补情况，说明呈白色的修补材料对射线的吸收大于瓷器本体。同时，由于该瓷器表面的色彩使用的是不同的金属呈色，其对射线的吸收有差异，所以从 X 射线照相底片上也能看到瓷器表面的图案。

图 8-8 修复好的瓷器 X 射线照相底片

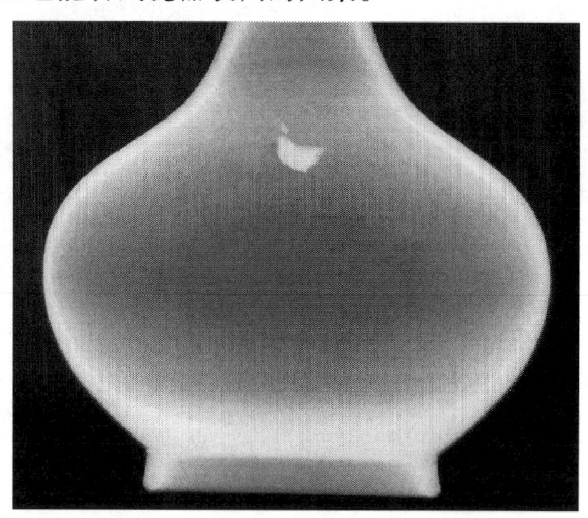

图 8-9 瓷器的修补及表面纹饰

瓷器修补时，树脂通常会加添填充材料，填充材料的多寡，以及填充材料种类的不同，均会对射线的吸收产生影响。

图 8-10 为美国前总统尼克松赠送的瓷质白天鹅，在保护工作开始前，为了解其内部连接方式，对其进行了 X 射线拍摄。从 X 射线照相底片图 8-11 中可以看到，天鹅翅膀是通过金属螺栓与天鹅身体连接的。

图 8-10 瓷天鹅

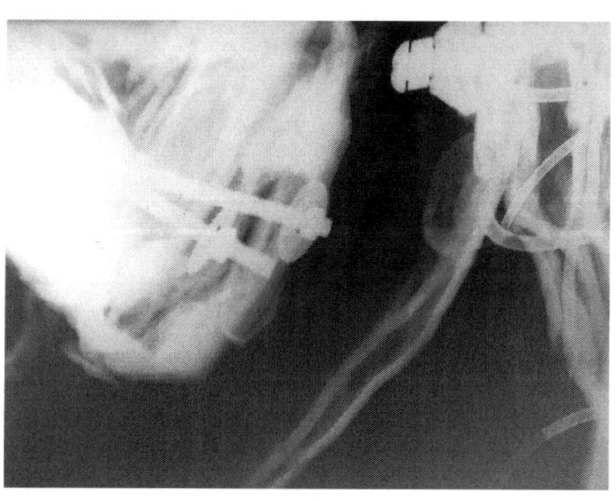

图 8-11 天鹅翅膀的连接

8.5　景泰蓝的 X 射线成像

景泰蓝，又名“铜胎掐丝珐琅”，它是一种瓷铜结合的独特工艺品。景泰蓝以紫铜作坯，制成各种造型，再用铜丝掐成各种图案，中填充珐琅釉，经烧制、磨光等工序制成。制造历史可追溯到元朝，明代景泰年间（1450～1456）最为盛行，又因当时多用蓝色，故名景泰蓝（图 8-12）。

图 8-12　景泰蓝盘

景泰蓝器物的 X 射线照相底片影像中，可以观察到明暗交替的变化，通常同样黑度的区域往往能够与花纹相对应。这是由于不同颜色的珐琅所使用的显色金属不同，造成对射线的吸收的差异，在 X 射线照相底片上，差异较大的可以显现出来。X 射线照相底片上，还可以观察到在铜胎上打孔加工的痕迹，这是在铜胎上挂彩色釉而进行的一种处理。此外，还能观察到釉面中的小气孔等，如图 8-13 和图 8-14 所示。

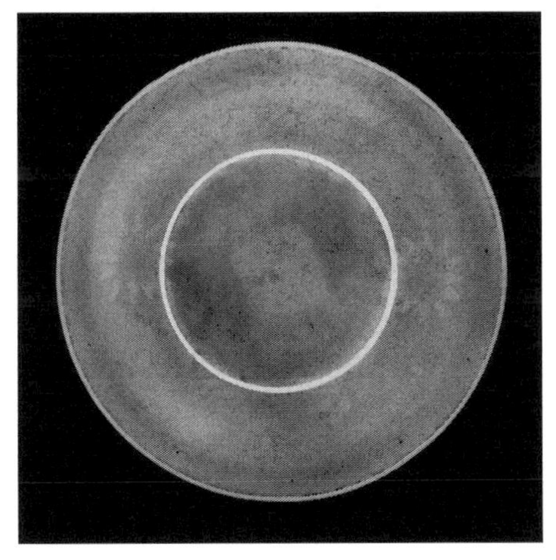

图 8-13　景泰蓝盘铜胎上对称的孔

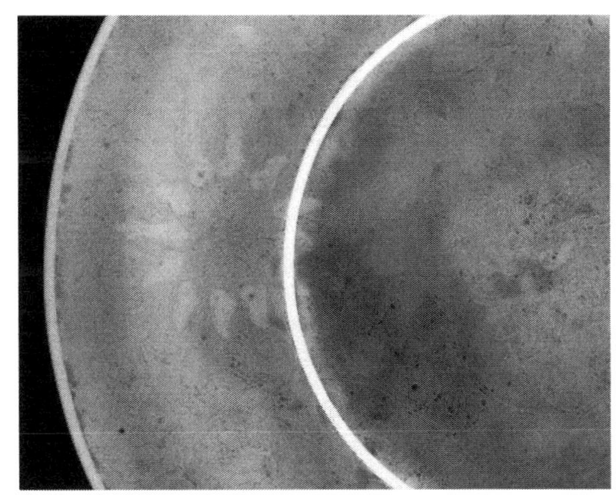

图 8-14　景泰蓝盘上纹饰及铜丝围成的图案

8.6　油画的 X 射线成像

油画是最早使用 X 射线成像研究的文物之一。X 射线成像用于油画的研究主要包括两个方面：研究油画的结构，包括框架；另一方面则是用于保护研究。

由于早期油画大多使用矿物颜料调和某种黏结剂绘制，矿物颜料中的显色金属为 X 射线成像研究油画提供了基本条件。也正是由于这个原因，才可能通过 X 射线成像，初步判断颜料的性质，在一定情况下揭示出油画背后的秘密（即揭示所谓复层油画）。如凡·高的油画，就曾通过 X 射线成像发现在现有油画的表面下还有一层绘画。当然，拍摄出的影像应该是重叠的，通过技术手段去除表面画层的影像，才能清楚地显示出下层的画面。此外通过 X 射线还可以研究画框的结构等。

在油画保存状况研究中，X 射线成像主要可以用来判断画框、画布的保存状况，以及油画底子保存的状况，如皲裂等。

油画的底子通常具有一定的厚度，而油画的皲裂一般始于底子，修复后的油画可以从表面掩盖皲裂，但是，通过 X 射线成像，通常仍可以发现皲裂的存在。由此，X 射线成像还可以作为油画的档案资料，作为原画的判断依据，另一方面可以作为日后油画病害发展状况的判断依据。

拍摄油画，所使用的 X 射线强度在软 X 射线范围，管电压一般不超过 40kV。具体强度范围的确定，除了画层对射线的吸收之外，还要考虑油画的底子。制作油画底子的材料种类很多，对射线吸收差异也比较大，常用做油画底子的材料主要有：碳酸钙、碳酸镁、铅白（碳酸铅）、石膏（硫酸钙）、锌白（氧化锌）、钛白（二氧化钛）、立德粉（硫化锌与硫酸钡）等。所以拍摄时，要根据具体情况加以调节。

在欧洲国家，油画的修复与建筑、壁画等文物的修复理念有所不同，比较有特点，通常会将油画修复得看不出残存的痕迹，这一点很像我国青铜器的传统修复。之所以采用这种以假乱真的修复方法，主要是缘于对绘画的欣赏习惯以及修复传统。

最精细的油画修复，是通过分析研究，确定原有画作所使用的矿物颜料和绘画技法，然后使用同种矿物颜料调和黏结剂，使用原有技法进行修复。从理论上讲，采用这种方法修复后的油画若要使用 X 射线成像技术来分辨就具有一定的困难。还有一类修复较为常见，即使用现有的油画颜料进行修复，在工艺上要求也不高，达到感官效果的一致即可。目前的油画修复也较为提倡这种方法，但在颜料的选择上有可逆性的要求。这样的修复方法为 X 射线成像分辨修复部位和修复状况提供了可能。

图 8-16 所示为一幅修复后油画及其框架（图 8-15）的 X 射线成像底片，从中可以看到油画木框的榫卯结构、钉画钉、绘画的笔触、纵向的画布开裂所引起的底子开裂、油画底子的横向皲裂等情况。

图 8-15　修复后的油画局部

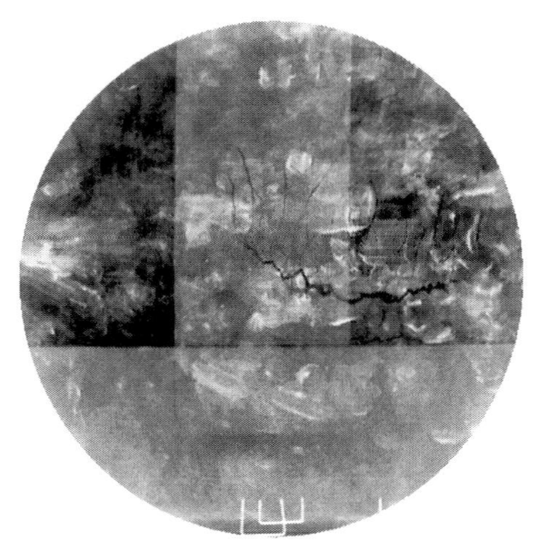

图 8-16　修复后油画局部的 X 射线成像

图 8-17 所示为一幅修复后的 20 世纪初绘制的油画局部，图 8-18 显示的则是其 X 射线照相底片。从 X 射线照相底片中我们可以得到以下信息：

图 8-17　修复后油画的局部

图 8-18　修复后油画局部的 X 射线照相底片

不同颜料对于 X 射线的吸收不同，特别是白色颜料，对于射线吸收能力较强，在 X 射线照相底片中呈亮色的线条；而棕色的颜料，对射线几乎没有影响，在 X 射线照相底片中没有显现。

中间纵向浅色部分为油画框架的中心支撑，但是靠近中心部位，有三块方形射线吸收区域，在修复前后的照片中都未发现异常，只是在右上最明显的那个区域，画面有明显的高出，呈方形，怀疑是曾经补过底子，但是缺少确凿的证据，无法确定其产生的确切原因。

油画多处曾出现底子连同画层粉化脱落的现象，虽然经过修复，但通过 X 射线仍能明显地区别出来，说明修复中没有使用同类材料制作底子，使用的颜料也与原有的

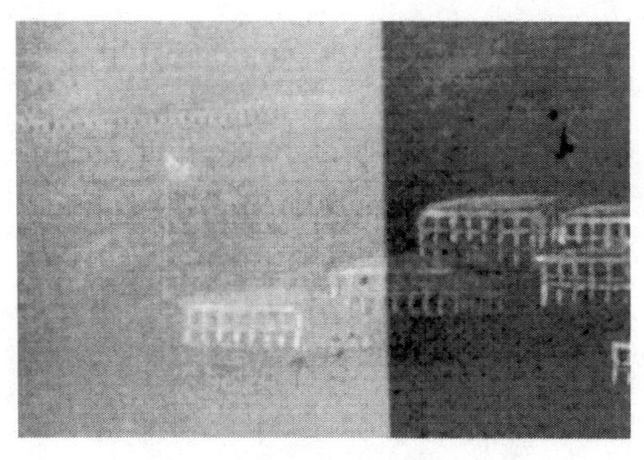

图 8-19　X 射线照相底片反映的油画局部画布情况

颜料有所区别，这使得我们能够通过 X 射线成像辨别修复的部位和修复的情况。

通过局部观察，可以观察到画布的保存及修复情况。需要注意的是，如图 8-19 所示，在底子存在的情况下，X 射线照相底片所反映的画布情况并不完全是“真实的”，其纹理是由制作底子的材料填充画布纤维缝隙以及不平的凹陷形成的。

8.7　彩绘泥塑的 X 射线成像

彩绘泥塑是我国传统的一种造像方法。甘肃敦煌莫高窟现尚存十六国至元代的洞窟 492 个，除了 4.5 万多平方米的壁画外，还有 2415 尊彩绘泥塑。天津蓟县独乐寺有一尊 16 米十一面观音立像，是现存辽代彩绘泥塑中的精品，也是国内现存最大的泥塑之一。山西太原晋祠有 43 尊宋代彩绘泥塑。山西五台山的 17 尊唐代彩绘泥塑与敦煌唐代彩绘泥塑如出一辙，是唐代彩绘泥塑中的佳作。此外还有被梁启超誉为“海内第一名塑”的山东长清县灵岩寺的北宋彩绘泥塑罗汉像，甘肃麦积山、大同华严寺的彩绘泥塑等，这些都是彩绘泥塑中的精品，其价值毋庸赘述。

我国古代彩绘泥塑多为木胎泥塑。胎骨分空箱体和立柱体两种，最常见的是立柱体。空箱体泥塑主要见于山东长清灵岩寺的宋代彩绘泥塑。

X 成像可以帮助我们了解泥塑的内部结构、保存状况及修复情况。大多数彩绘泥塑都由多层不同粗细的泥层组成，身体和肩臂部位的厚度一般较厚，所以除了小型泥塑外，使用的射线强度多在硬 X 射线范围。

此次列举的实例，是山西某寺庙中的“宋代”和“明代”泥塑。躯干部分宋塑和明塑各选一尊；手臂部分宋塑选择一尊，明塑选择两尊。

1. 主体支撑骨架结构①

所谓主体支撑骨架，是指躯干、头部和上肢部分的主要支撑骨架，目前为止我国发现的彩绘泥塑的骨架均为木质。

① 在拍摄彩绘泥塑的躯干和头部时，所使用的便携式 X 射线探伤机穿透能力未能完全满足器物所需，因此导致 X 射线片曝光不足，所需信息未能完全获取。

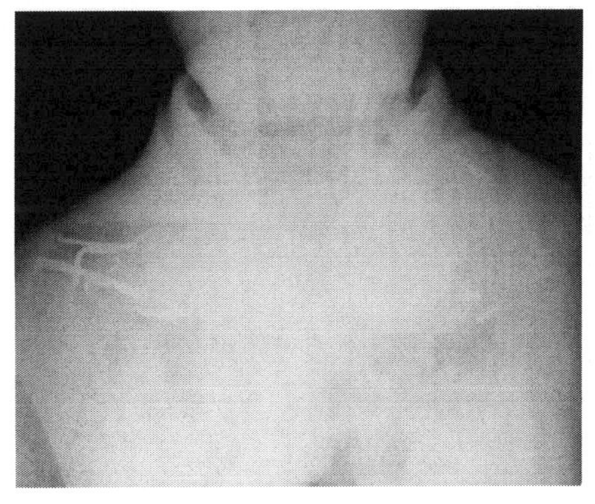
图 8-20　宋代彩绘泥塑主体支撑 X 射线照相底片

X 射线影像显示，该寺宋代和明代彩绘泥塑主体骨架的支撑方式大致相似。图 8-20 所示为宋代彩绘泥塑的躯干部分。从该 X 射线照相底片中可以看到一纵向木骨贯穿躯干和头部，靠近肩部一横木骨通过两个铁钉与中柱连接；横向木骨的两端，通过铁钉连接两个木骨呈“八”字形向外用于支撑上臂，铁钉横向钉入横向木骨；另两个木骨反向“八”字向内构成身体，而连接这两个木骨的铁钉垂直于横向木骨。躯干部位除了上述连接木骨的铁钉之外，没有发现其他铁钉。此外，躯干中心部位有一孔，如图 8-21 所示。

寺中明代彩塑的主体支撑骨架与宋代泥塑相似，如图 8-22 所示。

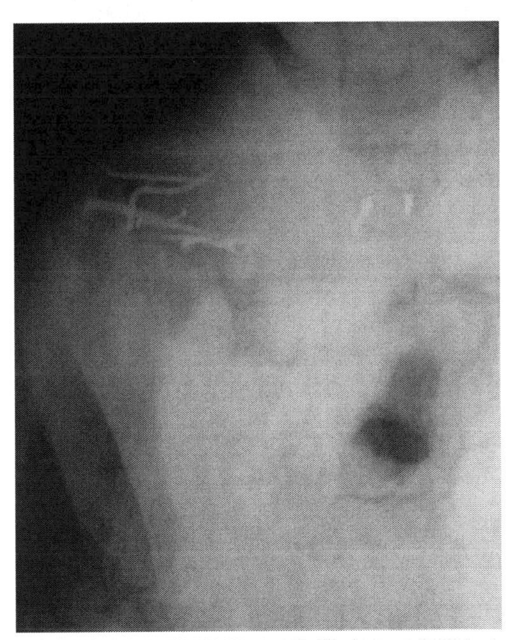
图 8-21　宋代彩绘泥塑的右半部躯干和上臂①X 射线照相底片

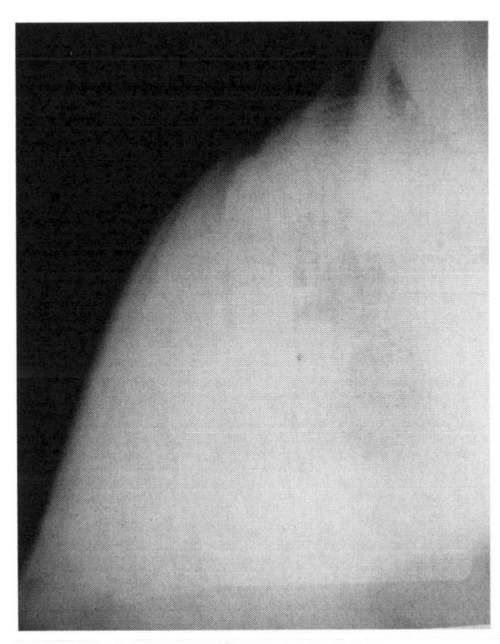
图 8-22　明代彩绘泥塑右半部躯干及上臂 X 射线照相底片

2. 小臂的支撑结构

宋代彩绘泥塑小臂的结构如图 8-23 所示。小臂中间为木骨，在木骨的端头钉入四

① 左右以塑像本身为准。

枚铁钉，构成掌部和四个手指的支撑，中指原没有支撑，现代的修复中使用了较细的铁丝作为支撑；无名指的铁钉并没有像其他手指那样弯曲以使铁钉的中部高出掌心，这样做的目的是连接手掌中的法器，但现在法器部位已经缺损。从小臂处的衣褶可以看到表面有一层浅亮的薄层，即细泥层，由于细泥层比较致密，对射线的吸收能力相对高于粗泥层，因此其在 X 射线照相底片中表现得更亮一些。

明代彩绘泥塑小臂部位 X 射线照相底片如图 8-24 和图 8-25 所示。与宋代彩绘泥塑不同，断的小臂木骨只使用了少量较短的铁钉支撑在手掌部位，手掌中的细铁丝均是现代修复中加入的。图 8-25 中的细铁丝一部分弯曲形成环形，并以更细的金属丝连接固定；另一部分延伸到手指部位，用于加强手指的强度。

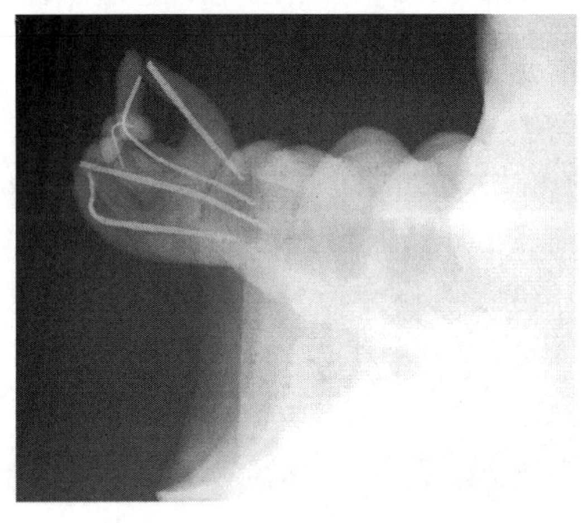

图 8-23 宋代泥塑小臂部位结构

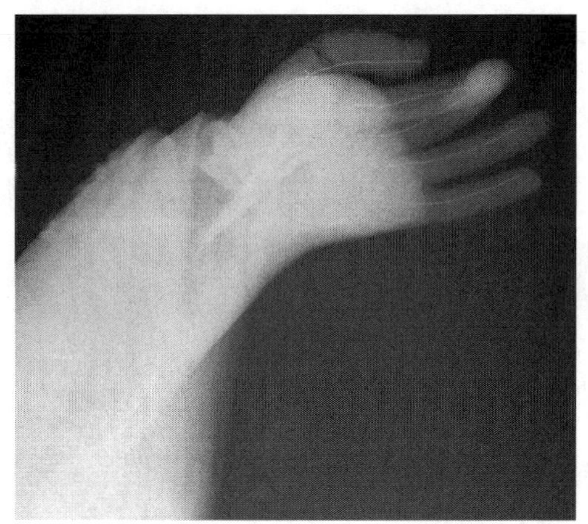

图 8-24 明代彩绘泥塑的小臂结构

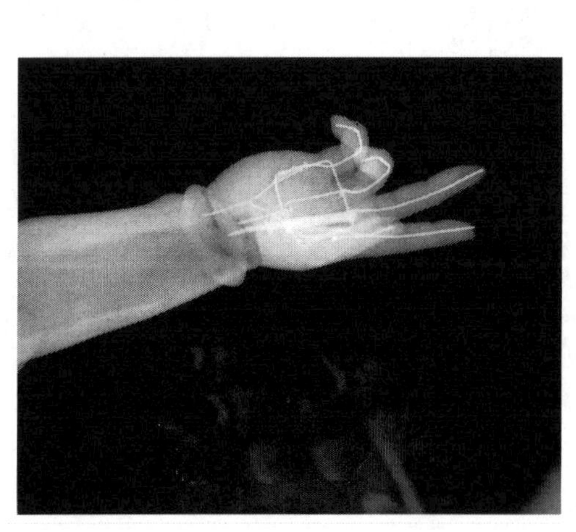

图 8-25 明代彩绘泥塑的小臂结构

在图 8-25 中，掌部只有一枚原铁钉，另一枚平头铁钉为修复中加入的现代铁钉。原始铁钉由粗端至尖端均匀过渡，没有特意制作平头；现代铁钉钉杆平直，有制作的平头。新的塑泥与原塑泥有些区别，在 X 射线照相底片中新塑泥有一些亮点，说明含有对射线吸收较强的颗粒。

图 8-24 所示的手指部位对射线的吸收能力突然明显减弱，产生这种情况最大的可能性是所使用的彩绘颜料不同，但还需要进一步证实。在衣袖部位可以看到细泥层和颜料层，细泥层与粗泥层之间有暗色的条纹，说明粗细泥层之间出现了分离空鼓现象。

3. 保存状况

彩绘泥塑的 X 射线透射成像能够表现出的病害主要有：裂隙、空鼓和金属的锈蚀等。

裂隙在此次拍摄的彩塑中普遍存在，主要分布在彩塑的颈部、手腕和手指等部位。

空鼓主要发生在粗泥层与细泥层之间，有些破裂肉眼直接可见，如图 8-26 所示。X 射线成像可以帮助发现一些未破裂的空鼓，如图 8-22、图 8-24 和图 8-27 所示，细泥层与粗泥层之间失去了紧密连接而形成空隙，使射线更容易穿过，在 X 射线照相底片上形成暗色的条痕。

在图 8-23 中，铁钉由于锈蚀导致边界模糊不清，无名指中的铁钉在靠近指尖部位由于锈蚀导致矿化，对射线吸收能力减弱而出现阴影，小指中的铁钉靠近指尖部位出现了断裂和阴影。

图 8-26　彩绘泥塑的空鼓与脱落

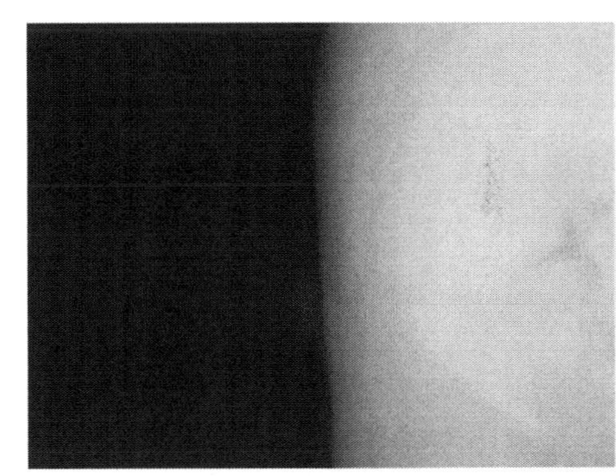

图 8-27　彩塑头部空鼓

8.8　铁质文物的 X 射线成像

我国大约于公元前 6 ~ 前 5 世纪初进入铁器时代，伴随着技术进步，生铁和生铁炼钢技术的发明与使用大大推动了社会的发展。我国在 17 世纪前，至少有十项钢铁技术居世界领先地位。

铁质文物是我国出土文物中的一个重要的部分。但是，含有一定杂质的铁是很容易被腐蚀的，出土的铁器中，除了少数由于埋藏环境的特殊性而保存完好之外，多数出土时都出现了严重的腐蚀。当然，出土之后如保存不当，也会很快出现锈蚀或使锈蚀继续蔓延。出现锈蚀的铁器表面往往被腐蚀产物及泥土沉积物所覆盖，一方面影响了我们对器物的价值评估；另一方面导致器物原始边界难以分辨，为保护处理带来麻烦。

X 射线成像主要在以下几个方面为我们在铁质文物的保护与研究上给予帮助：揭示文物的价值，研究铸造工艺，分析腐蚀状况，判断锈蚀铁器的原始边界。

许多珍贵的铁质文物在出现锈蚀的同时，其精美的图案也被掩盖在厚厚的锈蚀下面。图 8-28 所示三把汉代铁刀，局部已经残损，表面被锈蚀层所覆盖，无法了解锈蚀下铁质本体的保存状况。但从图 8-29 的 X 射线照相底片中我们可以清楚地发现在铁刀锈蚀面下，隐藏着精美的花纹，经过局部清理和初步检测，确定为错金纹饰。在进行保护修复的过程中，可以通过对比 X 射线照相底片进行处理，小心地去除锈蚀层，这样可以最大限度地减少对错金纹饰的影响。同时，通过 X 射线照相底片我们还可以发现铁刀刀柄处环的制作方法——刀环是将尾部捶打细后弯曲形成的。

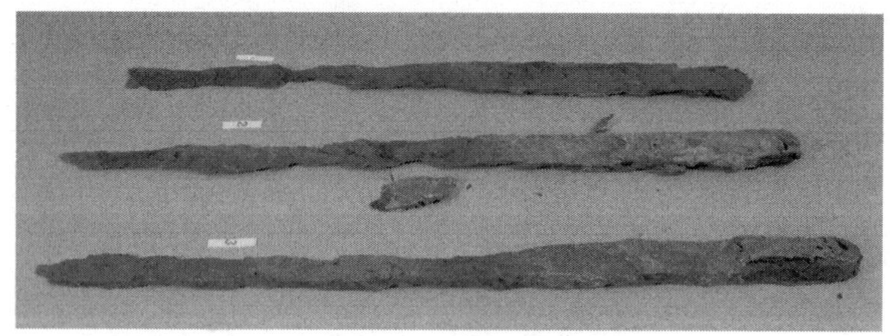

图 8-28　锈蚀的汉代铁刀

同时，通过 X 射线照相底片，可以发现，因铁刀局部腐蚀比较严重，在 X 射线照相底片上产生了不均匀阴影，部分错金纹饰缺失，局部较亮的区域仍保留有未矿化的金属铁。在进一步的分析研究中，证实了 X 射线分析的结论①。

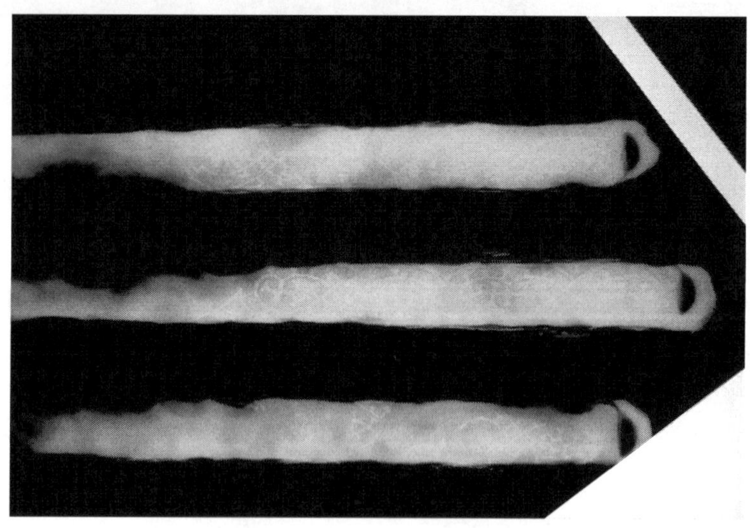

图 8-29　汉代铁刀的 X 射线照相底片

① 胡东波、王寅娟、胡钢等：《随州博物馆藏西汉铁刀的缓蚀保护研究》，《中国国家博物馆馆刊》2011 年第 2 期。

图 8-30 所示为错银铁节约的 X 射线照相底片，该器物保护除锈前完全被铁锈所覆盖，X 射线照相底片帮助我们揭示了其价值。同时，X 射线照相底片上清晰地显示出原始边界，为下一步的保护除锈工作提供了信息。

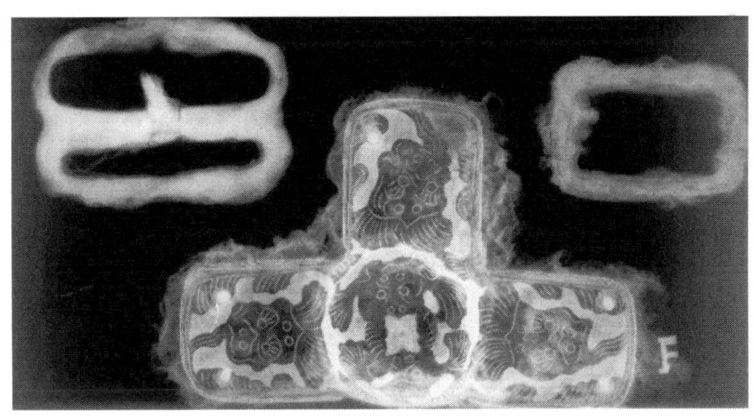

图 8-30　锈蚀错银铁节约的原始边界（姚青芳摄）

对于沧州铁狮子这种大型铁质文物，研究内容主要集中在铸造工艺、铸造缺陷、裂隙、锈蚀状况等方面。从铁狮子 4 号和 3 号 X 射线照相底片看，铁狮子部分范缝处存在冷隔现象，而且沿着范缝存在多处铸造缩孔或夹杂问题，围绕着这些铸造缺陷在其周边出现了一定程度的腐蚀矿化。其他部位的 X 射线照相底片还显示出表面可见和不可见的裂隙以及裂隙的走向（图 8-31、图 8-32）。所有这些信息都可以作为铁狮子保护档案，在未来若干年后用来观察腐蚀与裂隙的发展情况。

图 8-31　沧州铁狮子 X 射线拍摄部位

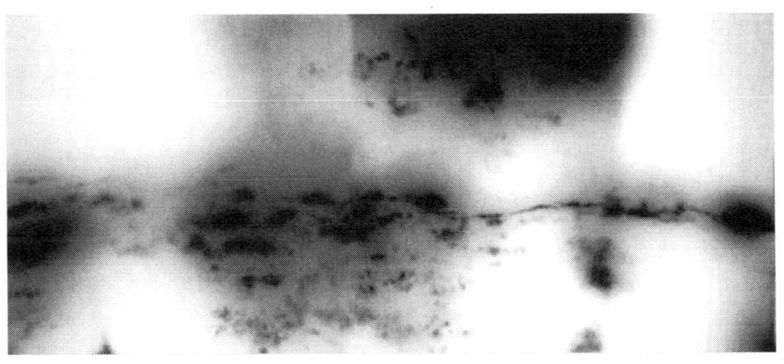

图 8-32　沧州铁狮子 4 号和 3 号 X 射线照相底片

8.9　壁画的 X 射线成像

并不是所有的壁画都可以使用 X 射线透射成像来观察其内部的结构和保存状况，这主要取决于壁画的支撑体。对于支撑体是砖墙、崖壁或者较厚的土坯墙，X 射线的透射方式成像通常是不能胜任的，而对于已经揭取的壁画和支撑体为竹编和木材的壁画，X 透射成像则可以用来进行相应的分析研究。

对于不可移动的壁画，X 射线成像的主要作用是研究壁画的支撑体结构、支撑体保存状况及地仗裂隙等。对于已经揭取的壁画，主要用于研究地仗裂隙、孔洞及支撑情况等。

前面说过，X 射线成像是透射成像，支撑体是砖墙、岩壁或较厚土坯墙的壁画，通常情况下便携式 X 射线机所具有的能量无法穿过。即使能够穿过，由于衬度很差，成像只能显示出墙壁中的裂隙、砖缝，岩石（岩石较薄）中的裂隙等，壁画本身的各种现象会淹没在砖石形成的灰雾当中，很难反映出来。

已经揭取的壁画，如果背面没有或者衬较薄的石膏加固，壁画的保存状况是完全可以反映出来的；如果衬有较厚的石膏，壁画所反映的情况就会大大下降，X 射线影像如同有一层雾。

南方有一些壁画，其支撑体为木板和竹编，内层制作地仗并绘制壁画，外层涂抹泥土作为外墙。以便携式 X 射线机进行成像可以反映出壁画内部木框架支撑和竹编的基本情况，部分可以反映出壁画中的裂隙。但由于是透射成像，一些裂隙很难判定是属于壁画地仗中的还是外墙灰泥中的。

图 8-33　龙居寺壁画中心木质框架和竹编

图 8-33 所显示的是四川省广汉市龙居寺明代 02 号壁画的情况，拍摄位置为壁画的中下部。发现在壁画中部偏下有宽约 15cm 的竖向木板，即靠近中部暗色部分，起到支撑的骨架作用；横向有一相对较窄，并且有较薄的木板或者竹板构成竹编缠绕的骨架，宽度较窄，约为 3.5cm。竹编围绕横向骨架构成墙体，竹条的宽度约为 1.7cm，见图 8-34。从所拍摄的数张 X 射线照相底片及拍摄的部位看，竖向的骨架可能仅画面中部一道，横向窄一些的框架可能为 5 ~ 6 道。按照拍摄的结果，02 号壁画中下部框架的基本情况如图 8-35 所示。

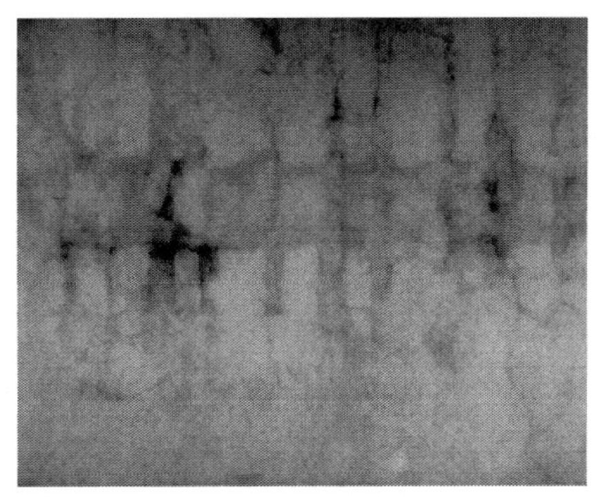

图 8-34　龙居寺壁画支撑体横向框架和纵向竹编

图 8-35　龙居寺 02 号壁画框架示意图

除了壁画的基本结构外，从 X 射线照相底片中我们可以发现沿着纵向竹编的边缘都存在裂隙，此外，还有很多交织的裂隙存在。根据 X 射线照相底片中裂隙的位置，对照实物，一方面可以确定裂隙的位置（靠近壁画的一侧、外墙侧、壁画内部）；一方面能够判断出裂隙的规模，进而对其保存状况有大致了解。

8.10　石质文物的 X 射线成像

在石质文物保护工作中，X 射线成像主要应用于小型可移动石质文物，或者不可移动石质文物中较薄的部位，用来判断石质文物结构、节理及腐蚀风化、裂隙等病害。特别是对于表面有彩绘、贴金、沉积物的石质文物，由于表面的遮挡，对于文物内部状况难以判断，因此 X 射线成像具有非常重要的意义。

图 8-36 所示为表面贴金的石质造像的手部 X 射线照相底片。从中我们可以看到石材的自然节理，特别是拇指部分的节理。靠近拇指部分石材风化不是很严重，保存状况良好；而所有手指尖部分风化较为严重，石材疏松，局部出现裂隙。中指指尖部分呈壳状，可能是曾经进行过修复或是壳状风化的结果，从整体风化类型看，前者的可能性大。从拇指的侧面可以看到金箔对射线的吸收，金箔与石材之间的暗色条纹为金胶漆。

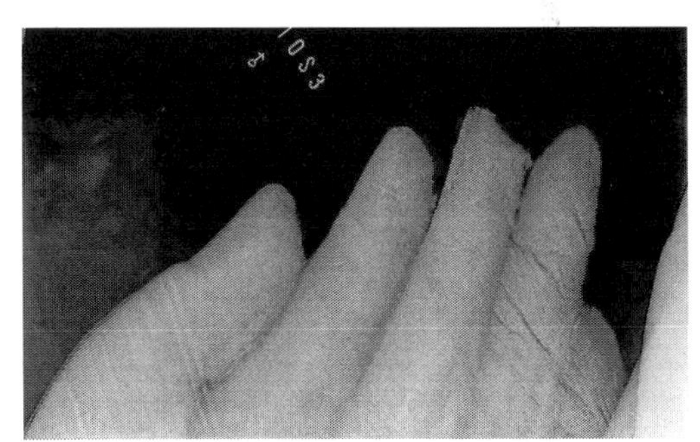

图 8-36　表面贴金石造像手部的 X 射线照相底片（杨淼摄）

第9章　X射线照相技术在青铜器考古研究中的应用

X射线照相技术除了应用于单件青铜器物之外，还可应用于青铜器群的考古研究。自20世纪90年代末起，北京大学考古文博学院文物保护实验室开始尝试对青铜器群、器组做系统研究。先后对宝鸡㢜国墓地出土青铜器群、山西曲沃晋侯墓地出土青铜器群、新干大洋洲商代大墓出土青铜器群等进行了尝试性的分析，取得了一定研究成果，为考古学研究提供了一些可供参考的信息。

使用X射线照相技术可提取出肉眼不可见或者可见但是无法确定的重要信息，便于对青铜器铭文以及分范、芯撑、分铸、补铸等铸造工艺信息做更加清晰准确的辨认。在综合分析这些信息的基础上，找出可供考古学研究利用的、不同时期或地域青铜器铸造工艺上的特点或变化规律。本章主要是以江西新干大洋洲商墓出土部分青铜容器为例，以X射线照相技术探知铜质芯撑为主线，探讨考古学所关注的文化面貌及分期问题。

新干大洋洲商代大墓是迄今为止在长江流域发现的最大的商代墓葬，也是整个商代最重要的墓葬之一。共出土器物1374件，其中青铜器475件。从陶器的形制、纹饰情况看，多数与吴城文化二期陶器相近同（即中原商代早、中期），而部分已接近三期（即相当于中原商代晚期至西周初），说明此墓遗存亦应属于吴城文化，其年代即在吴城二期与三期之际，相当于中原商代中、晚期之际。新干大墓的发现对认识中国早期青铜文化的分布格局、对研究商文明都有着重要的意义。其中青铜器作为商代长江流域的一个重要器物群，为商代青铜器研究提供了新鲜而又重要的学术研究新资料，引发了许多值得思考的问题。近20多年来，学术界对新干青铜器的研究取得了众多重要成果，涉及历史研究、美术研究、铸造工艺研究等多个领域。

新干大墓出土的475件青铜器可分为礼器、乐器、兵器、工具和杂器五类①，其中礼器共计48件。本次研究拍摄X射线影像的器物以礼器为主，共计38件，器物分类及拍摄比例如表9-1所示。

---

① 江西省文物考古研究所等：《新干商代大墓》，文物出版社，1997年，第8页。

表9-1　新干大洋洲商墓出土青铜礼器X射线拍摄情况表

<table>
<tr><th>大类</th><th colspan="2">子类</th><th colspan="2">拍摄比例（已拍数/总数）</th></tr>
<tr><td rowspan="18">礼器（38/48）</td><td rowspan="11">食器（31/39）</td><td rowspan="6">鼎（24/30）</td><td rowspan="3">圆鼎（16/21）</td><td>柱足圆鼎（3/4）</td></tr>
<tr><td>锥足圆鼎（2/2）</td></tr>
<tr><td>扁足圆鼎（11/14）</td></tr>
<tr><td>方鼎（6/6）</td><td></td></tr>
<tr><td>鬲形鼎（1/1）</td><td></td></tr>
<tr><td>瓿形鼎（1/2）</td><td></td></tr>
<tr><td rowspan="2">鬲（5/5）</td><td colspan="2">无肩鬲（圆肩鬲）（4/4）</td></tr>
<tr><td colspan="2">折肩鬲（1/1）</td></tr>
<tr><td rowspan="2">甗（1/3）</td><td colspan="2">四足甗（1/1）</td></tr>
<tr><td colspan="2">三足甗（0/2）</td></tr>
<tr><td colspan="3">豆（1/1）</td></tr>
<tr><td rowspan="6">酒器（6/8）</td><td colspan="3">罍（1/1）</td></tr>
<tr><td colspan="3">瓿（0/1）</td></tr>
<tr><td colspan="3">壶（1/2）</td></tr>
<tr><td rowspan="2">卣（3/3）</td><td colspan="2">方卣（1/1）</td></tr>
<tr><td colspan="2">三足圆卣（2/2）</td></tr>
<tr><td colspan="3">斗（瓒）（1/1）</td></tr>
<tr><td>水器（1）</td><td colspan="3">盘*（1/1）</td></tr>
</table>

*考古报告称其为“盘”，又有研究者认为其是“假腹簋”，本文采用考古报告的命名。

拍摄中使用的设备为XXQ-2005型携带式变频充气X射线探伤机，X射线胶片为柯达医用X射线胶片，增感屏为医用中速钨酸钙增感屏。所拍摄的各器物编号（现有编号和考古编号）及名称见附录4，研究中器物号将使用现有编号。

通过X射线影像信息的整理发现，新干青铜礼器中有诸多值得关注的铸造工艺信息，如分范方式、芯撑、加强筋（耳部）、分铸、加足改铸、泥芯内金属丝等，本文主要以芯撑为主线来展开研究。

9.1　新干青铜器芯撑特征的研究

新干青铜器铜质芯撑的使用较普遍，按形状可将其分为两大类：一是形状不规则的三角形或四边形的普通芯撑，二是形状规则的圆形“芯撑”。

9.1.1　普通芯撑

形状不规则的芯撑制作较随意，大小不一，边缘常参差不齐，但这样却可以使芯撑与浇铸而成的周围部分结合得更加牢固，不易脱落。绝大部分商周青铜器使用的都是这种芯撑。此类芯撑中有一种比较特殊的样式，即有纹饰的芯撑，在此批青铜器中有两例，从图中可以清晰见到阴线花纹，此类芯撑可较为肯定地认为是由废青铜器碎片制成的。各种芯撑的形态如表 9-2 所示。

表 9-2 普通芯撑的 X 射线影像

无纹饰铜质芯撑	
兽面纹柱足鼎（13875）底	分裆圆肩鬲（13903）底
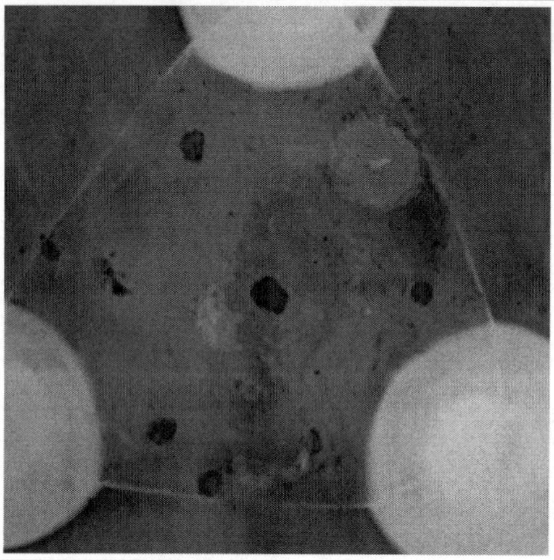	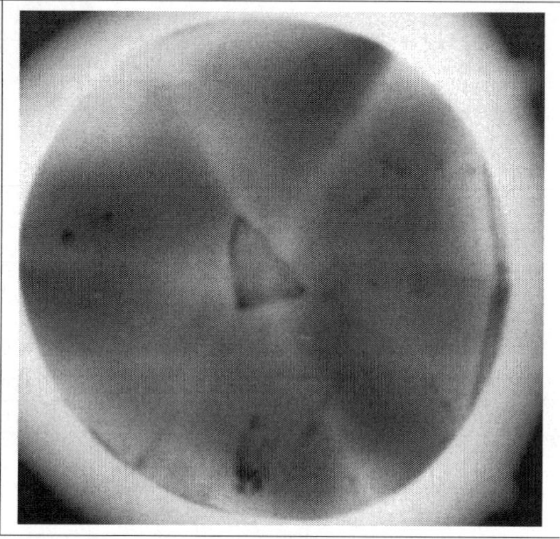
有纹饰铜质芯撑	
兽面纹虎耳方鼎（13896）底局部	兽面纹虎耳方鼎（13897）底局部
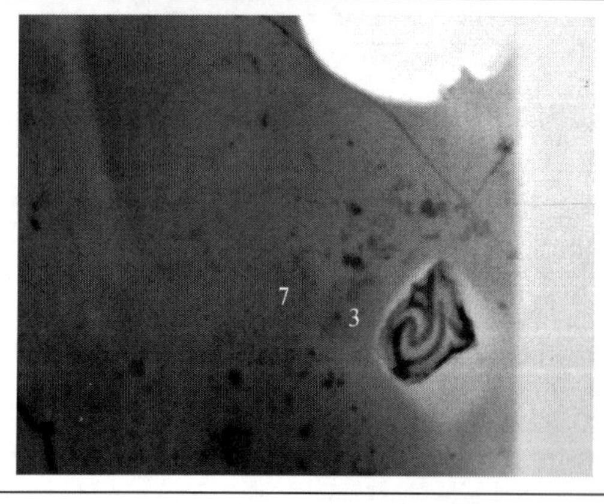	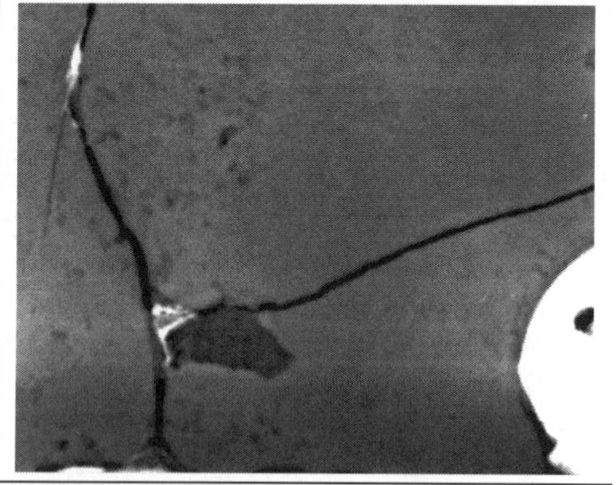

9.1.2 形状规则的圆形大“芯撑”

芯撑在商周乃至春秋、战国和汉代的青铜器铸造中广泛使用，但是十分规则的圆形芯撑是目前为止我们所拍摄的商周青铜器中所独有的，如表 9-3 所示。其具体特征是规则圆形，但是厚薄和 X 射线影像明暗有所区别。

按厚度可分为两类：与周围器壁厚度相当，我们暂称之为“平圆芯撑”；单面或两边凸起，厚于周围器壁，如同围棋子，我们暂称之为“凸圆芯撑”。

表 9-3　圆形“芯撑”的形态

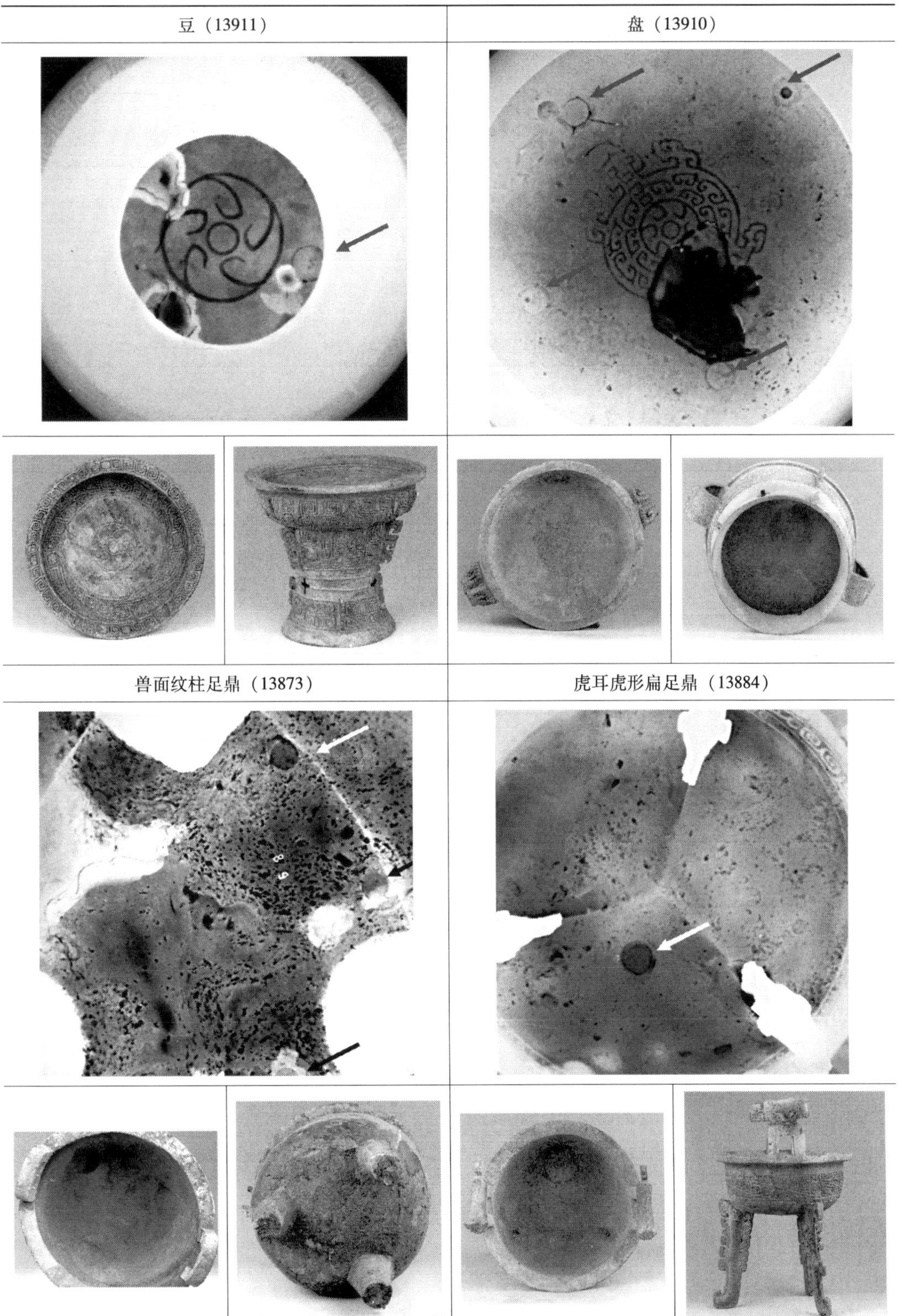

按成像的明暗分，可分为三类：明亮程度亮于、等同于或暗于周围器壁。厚于器壁的凸圆形芯撑在 X 射线影像中亮度高于器壁，而厚度等同于周边器壁的扁圆形芯撑则三种情况都可能存在。

这些圆形的“芯撑”在定性、功用等方面还有许多问题值得探讨。

1. 平圆形“芯撑”

首先，这些所谓圆形的“芯撑”，到底是不是芯撑？

如果不是芯撑，则可能是支撑内芯与外范的泥质芯撑所遗留下的孔洞。泥芯撑去掉后，再以补铸的方式进行填补。这种看法最主要的根据是有许多圆形芯撑有补铸造处理的特征，如表 9-3 中所示的兽面纹柱足鼎（13873），而部分未观察到补铸特征的可能是后期加工时进行了打磨处理。

如果是芯撑，应该基本保持原始状态，并能与补铸区分开来。将其认定为平圆芯撑的主要根据之一是铜豆（13911）。该器物底部有 3 个较大的补块，苏荣誉等通过表面观察判断为铜芯撑佚失后形成的孔①，后来补铸形成的。X 射线影像部分证实了判断的准确性，如表 9-3 中所示。从 X 射线影像上看，原来可能存在 3 枚芯撑，而目前至少有 1 枚存在，可以确定三处补铸中的一处是由于芯撑佚失后进行了补铸，另一处较大的由于缺损较大，失去原始形状，难以判断，但从位置上看应是圆形芯撑佚失后的补铸。第三处，芯撑没有佚失，而是芯撑旁边出现了孔洞，对孔洞进行了补铸。铜豆上所保存的唯一圆形片状物，成为其是芯撑的主要证据，因为从该豆的大小和形状看，如果不是预先设置好的芯撑，而是移除泥质芯撑后以补铸的方法填补的，很难做到器物壁等同厚度。虽然该器物从正面可以打磨修整，但从背面修整在那个时代是比较困难的，并且没有必要，特别是其芯撑佚失后的补铸就没有进行打磨修整。在兽面纹柱足鼎上，至少有一枚圆形芯撑佚失，补铸后也未进行打磨修整，而没有脱落保持原状态的圆铜片，如果经过打磨处理，而紧靠芯撑的纤细范线却没有任何被打磨的迹象，这是难以想象的，因此可以确定，该圆铜片保持了原始的状态，其本身就是“芯撑”。

此次拍摄的具有平圆形铜质芯撑特征的器物共有 4 件，如表 9-3 中所示的器物。其中 3 件扁圆形芯撑从摆放的位置和数量上看，与其他普通芯撑的摆放没有区别，所区别的仅仅是形状而已，在所拍摄的器物底部 X 射线影像范围中，只存在平圆形芯撑，没有见到其他形状的芯撑。但是，编号为 13884 的虎耳虎形扁足鼎，只存在 1 枚平圆形芯撑，这枚较大的扁圆形芯撑在器物外就可以见到②，其摆放位置比较特殊，其他相应位置均无有此类圆“芯撑”的迹象，而且从 X 射线片上可见每足两旁已经各有 1 枚形状不规则的小芯撑，共计 6 枚，因此这个独立的圆点作为芯撑，其存在的意义就值得怀

① 江西省文物考古研究所等：《新干商代大墓》，文物出版社，1997 年，第 267 页。

② 江西省文物考古研究所等：《新干商代大墓》，文物出版社，1997 年，第 264 页。

疑，或许其原本是设置在 3 腹范交汇处的中央，作为主芯撑，而其他的 6 枚芯撑，作为辅助芯撑。浇铸过程中，扁圆形芯撑偏离了原有位置，这在青铜器的铸造中是比较常见的现象。由于它的偏离，导致 3 块腹范与腹芯的距离不同，也造成该器物器底薄厚不均。

2. 凸圆形“芯撑”

凸圆形“芯撑”主要置于器物底部中心位置，为 3 腹范合范处，与一般的补铸不同，许多凸圆“芯撑”与器壁没有补铸的搭接痕迹。具有这一特征的器物主要集中在扁足鼎，最典型的是 13880、13881 和 13882 号虎耳虎形扁足鼎，如表 9-4 所示。

表 9-4　新干扁足鼎中典型凸圆芯撑

虎耳虎形扁足鼎（13881）	虎耳虎形扁足鼎（13882）	虎耳虎形扁足圆鼎（13880）
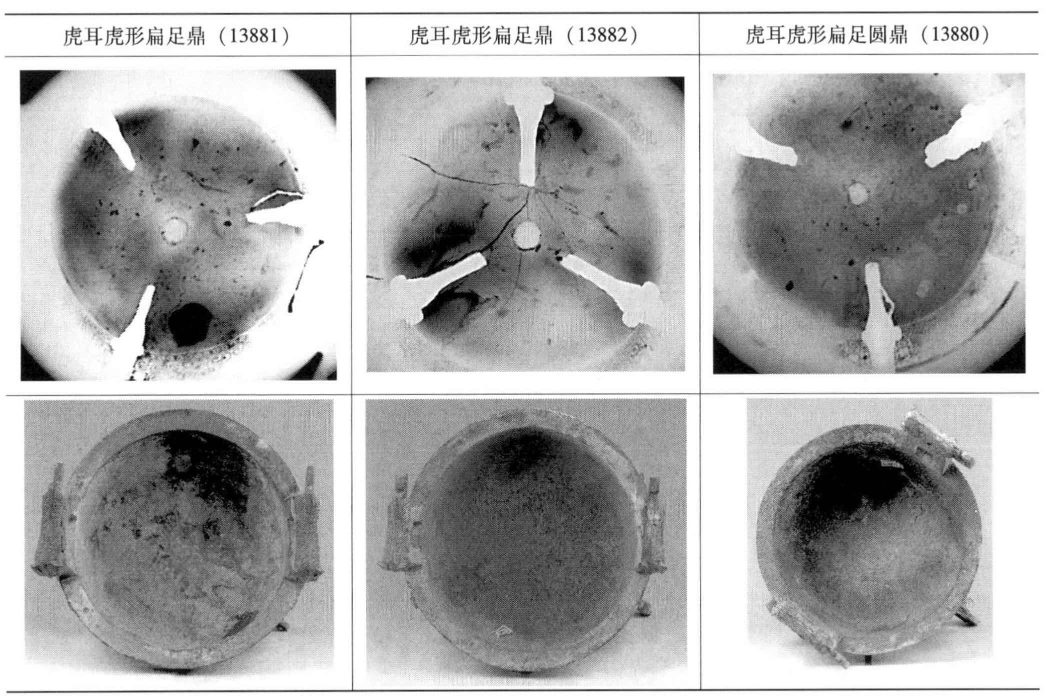		

另有 1 件虎耳虎形扁足鼎（13885）中央似为同样的凸圆形芯撑，但周围有补铸痕迹，如图 9-1 所示。

由于此类现象集中在扁足鼎上，为了进一步深入研究，将扁足鼎集中起来讨论。新干商墓出土扁足鼎共 14 件，拍摄 X 射线片的共 11 件，通过 X 射线影像观察到的扁足鼎芯撑情况如表 9-5 所示。

图 9-1　虎耳虎形扁足鼎（13885）中央圆形补铸

表 9-5　新干扁足鼎芯撑情况及其他典型特征

器物名称及编号	芯撑形状及位置	底部范线	其他特征
虎耳虎形扁足鼎（13880）	1 凸圆芯撑（底中央），无其他芯撑	无	耳上卧虎
虎耳虎形扁足鼎（13881）	1 凸圆芯撑（底中央），无其他芯撑	无	耳上卧虎
虎耳虎形扁足鼎（13882）	1 凸圆芯撑（底中央），无其他芯撑	无	耳上卧虎
虎耳虎形扁足鼎（13885）	1 凸圆补铸（底中央），无其他芯撑	无	耳上卧虎
虎耳虎形扁足鼎（13884）	1 平圆芯撑（非中央），6 枚其他芯撑	有	耳上卧虎
虎耳虎形扁足鼎（13879）	中心残损，疑似 1 枚其他芯撑	无	耳上卧虎
立耳虎形扁足鼎（13886）	未见芯撑	有	立耳
立耳夔形扁足鼎（13888）	3 枚其他芯撑	无	立耳
立耳鳍形扁足鼎（13891）	底部缺损，疑似 1 枚其他芯撑	无	立耳
立耳鳍形扁足鼎（13892）	底部缺损	无	立耳
鸟耳夔形扁足鼎（13889）	中心有普通大芯撑 1 枚	有	耳上立鸟

在拍摄的 11 件扁足鼎中，带虎耳的鼎有 6 件，除 1 件底部残损无法辨别以外，其他 5 件均带有圆形芯撑，1 件带有平圆芯撑但偏离原有位置，4 件为凸圆形芯撑。凸圆芯撑全部居中放置，器底没有见到范线。残损的 1 件有疑似普通芯撑 1 枚（图 9-2），但不能确定，很有可能是因破裂造成的假象。

立耳扁足鼎 4 件，其中 1 件无芯撑（图 9-3），1 件有 3 枚普通芯撑（图 9-4），2 件因残损无法确定芯撑情况。另有 1 件鸟耳夔形扁足鼎（13889），中心放置 1 枚普通芯撑（图 9-5）。

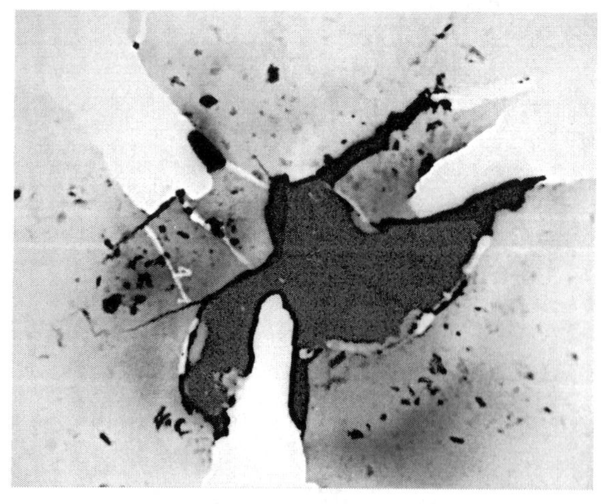

图 9-2　虎耳虎形扁足鼎（13879）底部 X 射线影像

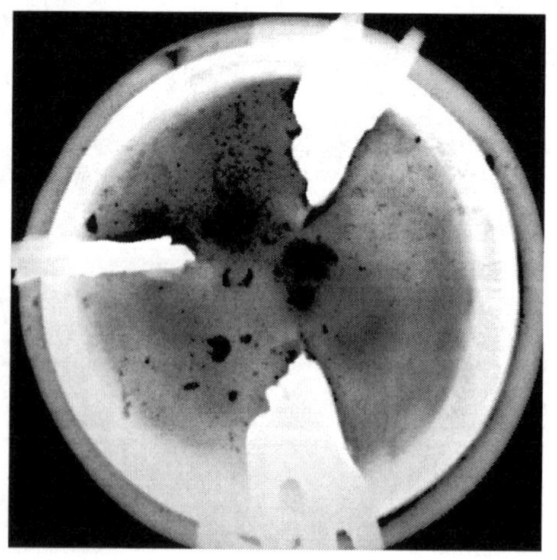

图 9-3　立耳虎形扁足鼎（13886）

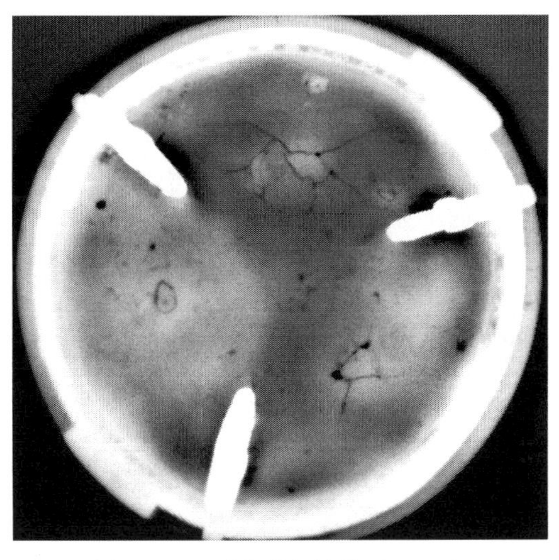

图 9-4　立耳夔形扁足鼎（13888）

图 9-5　鸟耳夔纹扁足鼎（13889）

从上述统计分析中可知。凸圆形芯撑主要居中放置，如果其真是芯撑，就会起到支撑 3 腹范和 1 腹芯的作用，而且在底部不再附加其他的芯撑，因此，此枚芯撑非常重要，一旦出现错位，就会影响到鼎的整体铸造。基于这个缘故，可以推测，为了防止这枚芯撑的错位，将其制作成凸起的圆形，嵌入腹范和腹芯之中，以达到稳定芯撑的作用。同时，中间凸起，两边较薄，有利于与器壁的咬合，防止芯撑脱落。

由上述分析推测，诸如虎耳虎形扁足鼎（13882）等器底中心规则圆形部位应为芯撑，这主要是因为：其一，位置重要，有此“芯撑”的器物底部未见其他芯撑；其二，形状规则，参考其他补铸位置 X 射线影像发现，补铸是不会刻意将缺失部位修整成规则的圆形。

对于中央有补铸的圆形区（见图 9-1），一种可能是上述圆形芯撑脱落后的补铸，另一种可能就是泥质芯撑去除后的补铸。因为在器底中心部位设立泥芯撑，同样起到支撑 3 腹范和 1 腹芯的作用，泥芯撑去除后补铸，就出现了中央有补铸痕迹的形态。这样的例子不仅见于扁足鼎，在弦纹锥足鼎、鬲中也有类似的情况，具体形态如表 9-6 所示。

此外，在新干其他器物的底部中央相同位置也发现了类似的非圆形芯撑（或补铸），如表 9-6 所示，由此再次证明上述中央圆形处极有可能是铜芯撑脱落或泥芯撑去除后的补铸。

表 9-6　底部中央有芯撑或补铸的其他器物

弦纹锥足鼎（13878）	分裆圆肩鬲（13902）
	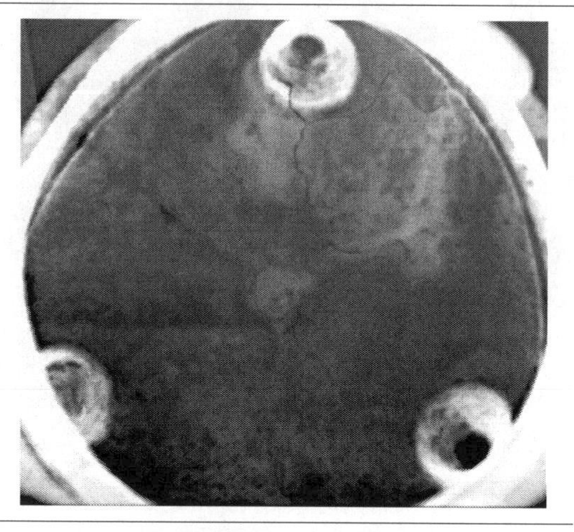
分裆圆肩鬲（13903）	分裆圆肩鬲（13904）
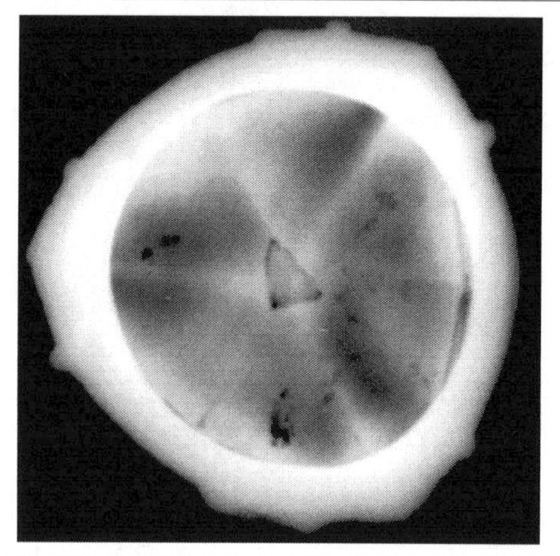	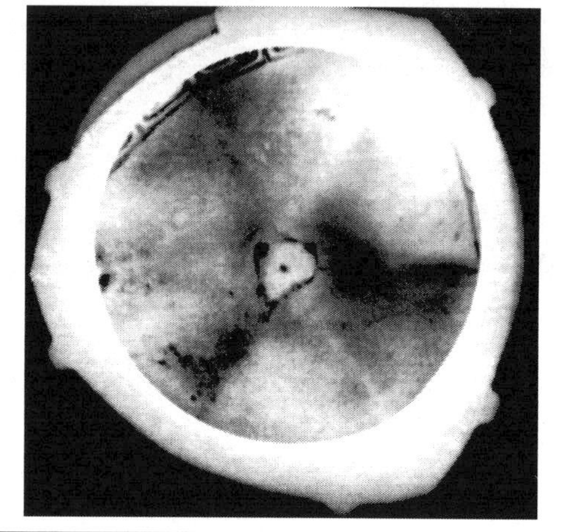

3. 小结与讨论

综上所述，新干青铜器芯撑值得关注之处主要有三点：一是带纹饰的芯撑，二是平圆形芯撑，三是器底中央的凸圆形铜芯撑（或泥芯撑）。

青铜器使用淘汰器物的碎片作为芯撑，虽然不多，但并不罕见，安阳工作站收藏的器物中就多次出现这种情况。而对比已经拍摄过的商代青铜器（如安阳工作站收藏的殷墟青铜器、盘龙城商代青铜器等），新干这种很规则的圆形芯撑在商代青铜器中极为罕见，或者说绝无仅有。

从功能上来看，使用规则的扁圆形芯撑未必是一个明智的选择，其不但使制作工艺变得复杂，提高了成本，而且从铸造上讲，过于规矩的形状不利于芯撑与器壁的连接。虽然此次发现具有真正意义的扁圆形芯撑的器物只有 3 件，但至少 2 件出现了圆形芯撑的脱落，这个比例不可谓不高。这一点也反映了这种规则圆芯撑的弊端，这可能是此类芯撑没有广泛使用的原因。

而位于器底中央的凸圆形芯撑则在功能上很有意义。从前文的统计来看，使用厚度大于周围器壁的凸圆芯撑的器物均为扁足鼎，且均位于鼎底部正中心，这个位置可以起到同时支撑 3 个腹范的作用。然而芯撑的厚度大于器壁且呈规则的圆形是一个难以解释的问题，因为是芯撑的厚度决定了器壁的厚度，芯撑只可能等于或略小于器壁厚度，而不可能大于器壁厚度，因此在使用这种凸圆芯撑时，必须将芯撑部分嵌入外范和内芯当中。结合器物的表面形貌来看，这种芯撑形圆而略凸起于底部外侧，基于此，我们可提出一种合理的推测：这种凸圆芯撑是一种特殊的芯撑，它们经过仔细打磨，略厚于设想的器物厚度，在铸造时一部分嵌入底部的外范，因此不易在浇铸时发生移位，而且与三块底范均有接触，可以保证三块底范到腹芯的距离一致。这样的芯撑设置确保了器壁厚度的均匀，通过多件扁足鼎的对比分析可以证明这样芯撑设置的器物壁厚是均匀的。

但是到此又会有另一个问题：对于器物底部中央芯撑，厚度合适的任何形状芯撑都可以，为何如此多的扁足鼎要做成规则的圆形？结合在功能上无意义的扁圆形芯撑，我们推测，圆形芯撑极有可能是特殊地域或特殊时期特殊手艺的一种标志，具有符号性意义。虽然其中的原因与意图需进一步深入研究，但这类圆形芯撑可看做是新干青铜器的重要特征，下面将以此为一类重要的工艺特征，结合其他铸造特征来探讨考古学所关注的文化面貌和分期问题。具有新干特征芯撑的器物编号如表 9-7 所示。

表 9-7　具有特征芯撑的新干器物列表

器物名称及编号	芯撑形状及位置
兽面纹柱足鼎（13873）	圆，非中央
虎耳虎形扁足鼎（13884）	圆，非中央
豆（13911）	圆，非中央
假腹簋（13910）	圆，非中央
虎耳虎形扁足鼎（13880）	圆，底中央
虎耳虎形扁足鼎（13881）	圆，底中央
虎耳虎形扁足鼎（13882）	圆，底中央
虎耳虎形扁足鼎（13885）	近圆（补铸过），底中央
分裆圆肩鬲（13902）	近圆（补铸过），底中央
弦纹锥足鼎（13878）	近圆（补铸过），底中央
分裆圆肩鬲（13903）	三角，底中央
分裆圆肩鬲（13904）	近三角（补铸过），底中央
鸟耳夔纹扁足鼎（13889）	四边，底中央

9.2　新干青铜器文化面貌及分期研究

考古学对新干大洋洲青铜器的研究通常是从类型学中的器形与纹饰两方面入手，一方面是通过总结器形和纹饰特征以确定文化面貌，划分出新干本土风格与中原风格，进而展开文化传播领域的研究；另一方面是把各器物与其他地域出土的青铜器作比对，以此来进行分期研究。这里则将以 X 射线成像技术所观察到的芯撑等铸造特征为主要依据，对新干青铜器的上述问题进行一次尝试性探讨。

9.2.1　文化面貌研究——本土风格与中原风格

考古学研究已经提出新干青铜器中有本土、中原以及中间（过渡）风格之分，并且以器形和纹饰为依据进行了区分。下文的研究将试图从特征芯撑、扉棱、加强筋以及分铸等铸造工艺出发，辅以纹饰及器形特征进行初步的探讨。

1. 以扉棱特征为标准的初步考察

新干青铜器中许多器物都具有较长的镂空扉棱，这种扉棱不仅是一种外观形态特征，还与分铸工艺密切相关。从铸造工艺上讲，若器身扉棱与足部的扉棱在一条直线上，说明扉棱与器身有可能是一次铸成；若器身扉棱与足部的扉棱相互错开，或扉棱与分范线不在一条直线上，则更可能为扉棱分铸。苏荣誉等人的研究就认为许多有镂空扉棱的器物都是扉棱先铸再与器身铸接而成的①。

从扉棱特征看，新干青铜器可以分为以下三种类型：

颈、腹、腰与足部均无扉棱；

器身无扉棱，足部有扉棱（扁足在此也算作扉棱）；

器身有扉棱，足部亦有扉棱。这一类里又可分为三种情况：① 器身扉棱与足部扉棱在一条线（多为分范处）上；② 器身扉棱与足部的扉棱相互错开，器身扉棱在每两个足的中间线上；对于圈足器来说即器身上的扉棱位于两个圈足的“十”字镂空（多为分范处）的中间线上；③ 即①与②两种情况同时存在。

各种类型的扉棱形态如表 9-8 所示。

按上述分类标准分类，各类器物编号如表 9-9 所示。

---

① 江西省文物考古研究所等：《新干商代大墓》，文物出版社，1997 年，第 258 ~ 271 页。

表 9-8　各类型的扉棱形态

同线型	错位型	同线 + 错位型
		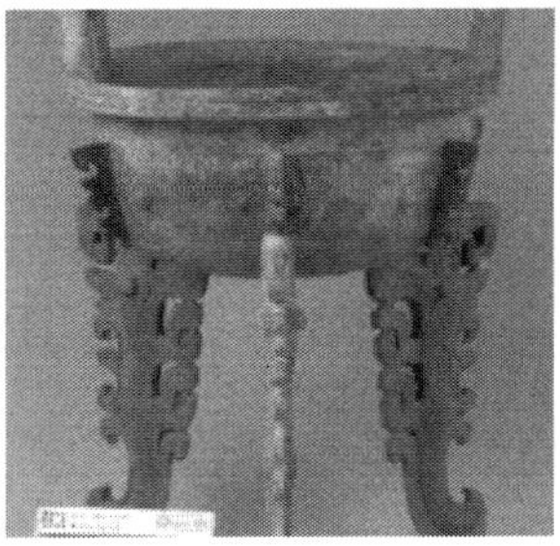

表 9-9　按扉棱特征分类的器物

类型	器物及编号
第一类：身足均无扉棱	圆涡纹柱足圆鼎（13875）
	兽面纹锥足圆鼎（13876）
	弦纹锥足圆鼎（13878）
	乳钉纹虎耳方鼎（13893）
	兽面纹双层底方鼎（13898）
	甗形鼎（13899）
	分裆圆肩鬲（13902）
	分裆圆肩鬲（13903）
	分裆圆肩鬲（13904）
	联裆圆肩鬲（13905）
	折肩鬲（13906）
	方卣（13914）
	三足提梁卣（13915）
	三足提梁卣（13916）
	瓒（13919）
第二类：身无扉棱，足有扉棱	兽面纹柱足圆鼎（13872）
	虎耳虎形扁足圆鼎（13884）
	虎耳虎形扁足圆鼎（13885）
	立耳虎形扁足圆鼎（13886）
	立耳夔形扁足圆鼎（13888）
	鸟耳夔形扁足圆鼎（13889）
	立耳鳍（鱼）形扁足圆鼎（13891）
	立耳鳍（鱼）形扁足圆鼎（13892）
	兽面纹立耳方鼎（13894）

续表

类型	器物及编号	
第三类：身足俱有扉棱	（1）同线	兽面纹柱足圆鼎（13873）
		鬲形鼎（13901）
	（2）错开	虎耳虎形扁足圆鼎（13879）
		兽面纹虎耳方鼎（13896）
		兽面纹虎耳方鼎（13897）
		兽面纹立耳方鼎（13895）
		盘（13910）
		壶（13913）
	（3）同线 + 错开	虎耳虎形扁足圆鼎（13880）
		虎耳虎形扁足圆鼎（13881）
		虎耳虎形扁足圆鼎（13882）
		四足甗（13907）
		豆（13911）
		罍（13917）

从上表可见，镂空大扉棱可算作是新干青铜器的主要特色之一，而错开型扉棱则更是新干青铜器的特色，它可能包含了复杂的分铸工艺，因此可将错开型扉棱作为新干青铜器的典型铸造特征之一。

2. 以芯撑等特征为标准的进一步探讨

除扉棱外，新干青铜器还有其他铸造和外形上的典型现象，如圆形芯撑、底部中央的大芯撑、凹槽的加强筋、泥芯内加强筋、加足改装、特殊器形、燕尾纹等。按扉棱所分各类器物的其他铸造特征如表 9-10 ~ 表 9-12 所示。

表 9-10　第一类（身足均无扉棱）器物铸造特征

器物/15 件	圆形芯撑	动物装饰	耳上加强筋	其他
圆涡纹柱足圆鼎（13875）	无	无	无	无
兽面纹锥足圆鼎（13876）	无	无	无	足补铸
弦纹锥足圆鼎（13878）	有（补铸过）	无	无	无
乳钉纹虎耳方鼎（13893）	无	有	有	分铸
兽面纹双层底方鼎（13898）	无	无	无	特殊设计
瓿形鼎（13899）	无	无	无	加足改装
分裆圆肩鬲（13902）	有（补铸过）	无	无	无
分裆圆肩鬲（13903）	三角形（中央）	无	无	无

续表

器物/15 件	圆形芯撑	动物装饰	耳上加强筋	其他
分裆圆肩鬲（13904）	三角形（中央）	无	无	无
联裆圆肩鬲（13905）	无	无	无	无
折肩鬲（13906）	无	无	无	无
方卣（13914）	无	有	无	无
三足提梁卣（13915）	无	无	无	加足改装
三足提梁卣（13916）	无	无	无	足分铸
瓒（13919）	无	无	无	造型特殊

表 9-11　第二类（身无扉棱足有扉棱）器物铸造特征

器物/9 件	圆形芯撑	动物装饰	耳上加强筋	其他
兽面纹柱足圆鼎（13872）	无	无	有	无
虎耳虎形扁足圆鼎（13884）	有	有	无	足分铸
虎耳虎形扁足圆鼎（13885）	有	有	无	不清
立耳虎形扁足圆鼎（13886）	无	无	无	无
立耳夔形扁足圆鼎（13888）	无	无	无	无
鸟耳夔形扁足圆鼎（13889）	四边形（中央）	有	无	有
立耳鳍（鱼）形扁足圆鼎（13891）	不清	无	无	不清
立耳鳍（鱼）形扁足圆鼎（13892）	不清	无	无	不清
兽面纹立耳方鼎（13894）	无	无	无	分铸

表 9-12　第三类（身足俱有扉棱）器物铸造特征

类别	器物/14 件	圆形芯撑	动物装饰	耳部加强筋	其他
同线型	兽面纹柱足圆鼎（13873）	有	无	有（泥芯内）	无
	鬲形鼎（13901）	无	无	无	无
错位型	虎耳虎形扁足圆鼎（13879）	无	有	无	不清
	兽面纹虎耳方鼎（13896）	无	有	无	无
	兽面纹虎耳方鼎（13897）	无	有	有	无
	兽面纹立耳方鼎（13895）	无	无	无	无
	盘（13910）	有	——	——	假腹
	壶（13913）	无	——	——	无
同线＋错位型	虎耳虎形扁足圆鼎（13880）	有	有	无	不清
	虎耳虎形扁足圆鼎（13881）	有	有	无	不清
	虎耳虎形扁足圆鼎（13882）	有	有	无	不清
	四足甗（13907）	无	有	有	有
	豆（13911）	有	——	——	假腹
	罍（13917）	无	——	——	无

3. 符合度的综合分析

综合以上分析结果，将扉棱（错开型）、圆形芯撑、中央大芯撑、虎（鹿、鸟）形装饰、耳上加强筋等作为新干青铜器的典型特征，各器物的符合度如表 9-13 所示。

表 9-13　各器物综合符合度列表

符合度	器物	备注
3 条以上	虎耳虎形扁足圆鼎（13880）	混合型扉棱 + 圆芯撑
	虎耳虎形扁足圆鼎（13881）	
	虎耳虎形扁足圆鼎（13882）	
	豆（13911）	
	盘（13910）	错位型扉棱 + 圆芯撑
	四足甗（13907）	混合型扉棱 + 动物形耳
	兽面纹虎耳方鼎（13897）	错开型扉棱 + 动物形耳
2 条	虎耳虎形扁足圆鼎（13879）	错开型扉棱 + 动物形耳
	兽面纹虎耳方鼎（13896）	
	兽面纹柱足圆鼎（13873）	圆芯撑 + 耳泥芯内加强筋
	虎耳虎形扁足圆鼎（13884）	圆芯撑 + 动物形耳
	虎耳虎形扁足圆鼎（13885）	
	方卣（13914）	动物形 + 复杂造型
	乳钉纹虎耳方鼎（13893）	动物形耳 + 耳上加强筋 + 分铸
1 ~ 2 条	鸟耳夔形扁足圆鼎（13889）	四边形中央芯撑 + 动物形耳
1 条	罍（13917）	混合型扉棱
	壶（13913）	错开型扉棱
	兽面纹立耳方鼎（13895）	
	兽面纹立耳方鼎（13894）	分铸
	兽面纹柱足圆鼎（13872）	耳外侧凹槽内加强筋
	兽面纹双层底方鼎（13898）	特殊设计
	甂形鼎（13899）	改装
	兽面纹锥足圆鼎（13876）	足补铸
	弦纹锥足圆鼎（13878）	中央不太圆的补铸
	三足提梁卣（13915）	改装
	三足提梁卣（13916）	足补铸
	瓒（13919）	造型特殊
	折肩鬲（13906）	燕尾纹

续表

符合度	器物	备注
0~1条	分裆圆肩鬲（13902）	中央三角形芯撑或补铸
	分裆圆肩鬲（13903）	
	分裆圆肩鬲（13904）	
	立耳鳍（鱼）形扁足圆鼎（13891）	X射线片不清
	立耳鳍（鱼）形扁足圆鼎（13892）	
	鬲形鼎（13901）	足部有扉棱
0条	圆涡纹柱足圆鼎（13875）	—
	联裆圆肩鬲（13905）	
	立耳虎形扁足圆鼎（13886）	
	立耳夔形扁足圆鼎（13888）	

4. 风格划分实验

若按上表的器物来组器群，则与新干大洋洲青铜器典型铸造特征符合度最高的可能就为典型器物群，而符合度为零的可能就为中原风格的器物群，处于中间状态的有多种可能性，或者是某个中间时期的风格。

将符合度为3以上的器物归到一起，我们得到表9-14所示的器物群。这就是从铸造特征上分出来的新干大洋洲典型器物群。

再把符合度为0的器物组合到一起，便可得到表9-15所示器物群。这便是从铸造工艺上分出来的与新干大洋洲典型特征差别最大的器物群，即有可能为中原风格的器物。

至于符合度为中间状态的器物可通过细致的比对来判断其属性，这可能还牵扯到时间上的演变问题，在此不详细讨论。

表9-14 最具新干特征的器物群

虎耳虎形扁足圆鼎（13880）	虎耳虎形扁足圆鼎（13881）	虎耳虎形扁足圆鼎（13882）

续表

兽面纹虎耳方鼎（13897）	豆（13911）	四足甗（13907）

盘/假腹簋（13910）

表 9-15　具新干特征最少的器物群

圆涡纹柱足圆鼎（13875）	立耳夔形扁足圆鼎（13888）	立耳虎形扁足圆鼎（13886）	联裆圆肩鬲（13905）

9.2.2　分期研究

目前的铸造工艺研究结果，还不足以直接给新干青铜器做出系统而有根据的分期，因此需结合考古学的研究结果来进行分析。考古学研究认为，新干商墓出土的青铜器虽然同出于同一个坑穴，但并不是同一时期的器物。对于新干青铜器年代的整体范围，经过考古学家的比较和分析，有两点是可以肯定的：

一是墓葬中的陶器均为吴城二期器物，这是墓葬和整个青铜器群年代的下限；

二是新干铜器的年代不完全一致，没有晚于殷墟二期的器物①。

但对于容器具体的分期，考古学界还存在许多争议。目前比较公认的说法为四期说，具体如表 9-16 所示。

表 9-16　新干青铜器分期列表

分期	时间范围	具体器物
第一期	相当于二里冈时期	立耳夔形扁足圆鼎（13888）
		立耳鳍（鱼）形扁足圆鼎（13891） 立耳鳍（鱼）形扁足圆鼎（13892）
		弦纹锥足圆鼎（13878）
		兽面纹柱足圆鼎（13872） 兽面纹柱足圆鼎（13873） 圆涡纹柱足圆鼎（13875）
		乳钉纹虎耳方鼎（13893） 兽面纹双层底方鼎（13898）
		分裆圆肩鬲（13902） 分裆圆肩鬲（13903） 分裆圆肩鬲（13904）
第二期	相当于二里冈至殷墟阶段	兽面纹锥足圆鼎（13876）
		簋/盘（13910）
		三足提梁卣（13915） 三足提梁卣（13916）
第三期	相当于殷墟一期	鸟耳夔形扁足圆鼎（13889）
		兽面纹立耳方鼎（13894） 兽面纹立耳方鼎（13895）
		联裆圆肩鬲（13905）
		豆（13911）

① 施劲松：《长江流域青铜器研究》，文物出版社，2003 年，第 88、89 页。

续表

分期	时间范围	具体器物
第四期	相当于殷墟二期	虎耳虎形扁足圆鼎（13879） 虎耳虎形扁足圆鼎（13880） 虎耳虎形扁足圆鼎（13881） 虎耳虎形扁足圆鼎（13882） 虎耳虎形扁足圆鼎（13884） 虎耳虎形扁足圆鼎（13885） 立耳虎形扁足圆鼎（13886）
		兽面纹虎耳方鼎（13896） 兽面纹虎耳方鼎（13897）
		鬲形鼎（13901）
		甗形鼎（13899）
		折肩鬲（13906）
		四足甗（13907）
		方卣（13914）
		壶（13913）
		罍（13917）
		瓒（13919）

对应前面的风格划分试验，可见被划为新干典型器物的多在考古学界认为的第四期中（殷墟二期），被划为中原器物的多分布于第一期（二里冈上层），说明这两种研究方法还是存在着一定的相通性，而且暗含了这样一种结论：新干青铜器的典型风格是受中原风格的影响发展起来的。这也是考古学中发现一期和四期的铜器比较丰富，而二三期铜器相对较少可能原因的一种解释。二里冈时期，这一地区受中原青铜文化的刺激和影响而出现了大量的青铜器，这些青铜器在以后一段时间内一直被沿用；到殷墟二期时，当地的青铜文化得到较大的发展，因而又出现了大量器物，即时代越晚新干的独特风格越明显。

如果按照这个发展规律考虑的话，比对前面的综合符合度表与表9-16，应基本按照符合度越高，时间越晚的规律分布，但实际肯定不会严格如此，只是至少顺序不会倒置得太多。

结合铸造工艺特征来看，许多根据器形和纹饰而归为一期的器物在铸造工艺上还是显现出了较大的不同。

1. 第一期

在上表中被划为第一期的器物中，兽面纹柱足圆鼎（13873）就有新干特色的圆形芯撑，并且耳内泥芯有加强筋，应属于比较接近新干经典风格的器物，时代应晚一些。兽面纹柱足圆鼎（13872）虽然形制没有明显的新干风格，但其耳外侧凹槽内有加强筋，已经有了新干风格特征，因此其年代可能要早于圆涡纹柱足圆鼎（13875）。所以若要从铸造风格上划分，应是圆涡纹柱足圆鼎（13875）最早，兽面纹柱足圆鼎（13872）其次，最晚的是兽面纹柱足圆鼎（13873）。最后者年代可能与豆（13911）与盘（13910）接近，因为此三例均具有非中央圆形芯撑。乳钉纹虎耳方鼎（13893）也具有虎耳及耳上加强筋，且其分铸工艺与兽面纹立耳方鼎（13894）相似，时代可能比较接近。弦纹锥足圆鼎（13878）中央有不太圆的补铸块，且与鬲形鼎（13901）的分范方式比较相似（不确定）。所以弦纹锥足圆鼎（13878）可能要比兽面纹锥足圆鼎（13876）晚。

2. 第二期

在表 9-16 被划为第二期的器物中可以看出，三足提梁卣（13915）与三足提梁卣（13916）虽然在外形上很相似，但实际的铸造工艺并不相同。三足提梁卣（13915）的三足可能是由原来的圈足器加铸了足改装而来；而三足提梁卣（13916）虽然有分铸，但这是铸造时设计好的分铸。另外，二者的年代可能不同，三足提梁卣（13915）或许与改装而成的甗形鼎（13899）年代相近。

3. 第三期

在表 9-16 被划为第三期的器物中，豆（13911）的圆形芯撑基本与盘（13910）的完全一样，而且整个器物群中只有这两件有此种类型的芯撑。因此，二者可能为同时期，且扉棱等特征为新干典型形制，只是可能年代要晚一些。

4. 第四期

在表 9-16 被划为第四期的器物中，几个扁足鼎从铸造工艺上看也有不同，可能也有时代上的差别。虎耳虎形扁足圆鼎（13880）、虎耳虎形扁足圆鼎（13881）、虎耳虎形扁足圆鼎（13882）均为混合型扉棱 + 圆芯撑，为典型的新干特征，年代可能最晚；虎耳虎形扁足圆鼎（13879）为错开型扉棱 + 圆芯撑，与前三个稍有不同但基本一致；虎耳虎形扁足圆鼎（13884）、虎耳虎形扁足圆鼎（13885）有圆芯撑但无错开扉棱，年代可能稍早于前四者；立耳虎形扁足圆鼎（13886）在铸造上无新干器物的典型特征，时代应为最早，因其铸造特征与立耳夔形扁足圆鼎（13888）相近，可能与立耳夔形扁足圆鼎（13888）同时期，可能同在第一期。

本章是将 X 射线成像研究应用于考古学问题的尝试：把铸造特征作为判断的依据，在器形与纹饰外提供了一个新的视角，从而为问题的解决提供了新的可能。但整个分析方法的科学性还有待于论证，上述结论还有待于与考古学研究者共同来做进一步探讨。

参考文献

成君方，邓大平 . 2002. 工业 X 射线探伤的放射防护 . 职业与健康，18（11）：16 – 17.

丁忠明，等 . 2006. 文物保护科技研究中的 X 射线照相技术 . 文物保护与考古科学，18（1）：38 – 46.

方国才 . 2006. 普通 X 线摄影技术质量控制 . 襄樊职业技术学院学报，5（4）：11 – 12.

郭兴明 . 2005. 医学成像技术 . 重庆：重庆大学出版社 .

《国防科技工业无损检测人员资格鉴定与认证培训教材》编审委员会 . 2006. 射线检测 . 北京：机械工业出版社 .

贺田发，李淑昆，杨学敦 . 2001. 含氟类表面活性剂研制和在工业射线胶片中的应用 . 影像技术，1：39 – 40.

胡益斌 . 2004. 如何直接选购直接数字化 X 射线摄影机 . 医疗设备信息，19（10）：58 – 59.

蒋瑾，杨诚，付凯 . 2001. X 线摄影技术的发展与数字影像成像 . 当代医学，7（12）：76 – 78.

金宇飞，许遵言，徐有正 . 2003. 工业射线照相胶片系统的分类和胶片处理的控制 . 无损检测，25（12）：641 – 643.

李家伟，陈积懋 . 2004. 无损检测技术手册 . 北京：机械工业出版社 .

李文龙 . 2001. 稀土增感屏在 X 线摄影应用中的体会 . 实用放射学杂志，17（11）：868 – 869.

李衍（译）. 2002. 无损检测-工业射线胶片-第 1 部分：工业射线胶片系统的等级分类（ISO-11699-1：1998）. 无损探伤，1：19 – 20.

李衍 . 2002. 工业射线照相的历史 . 无损探伤，5：1 – 5.

李衍 . 2002. 工业射线照相胶片的感光性能、质量与选用要求 . 影像技术，（1）16 – 19.

李衍 . 2003. 工业射线照相的发展史 . 无损检测，25（5）：252 – 256.

李衍 . 2003. 工业射线照相影像质量评价 . 影像技术，1：41 – 44.

李浴中 . 1981. X 线照相化学 . 北京：战士出版社 .

刘贵民 . 2006. 无损检测技术 . 北京：国防工业出版社 .

刘婕 . 2006. X 线影像诊断技术的发展与前景 . 动物保健，7：55 – 57.

刘书强，张涛，陈立刚，等 . 2001. 工业射线胶片常见伪缺陷简析 . 影像技术，3：22 – 24.

刘书强，张涛，等 . 2002. 天津牌工业射线胶片 . 摄影技术，1：20.

强天鹏 . 2007. 射线检测 . 第 2 版 . 北京：中国劳动社会保障出版社 .

强永刚，张林 . 2001. 医学影像辐射防护学 . 广州：广东世界图书出版公司 .

汪永明 . 2003. 国外工业射线胶片概况 . 影像技术，4：38 – 41.

王淑芬.2001. ASTM-SE-1815工业射线照相胶片系统分类的标准测试方法. 影像技术，1：41－45.

王兴武.2004. 简明影像诊断学. 北京：人民卫生出版社.

谢晋东，王昌元，袁聿德，等.2002. 增感屏-胶片组合的噪声等价量子数和量子检出效率的测试. 中华放射学杂志，36（11）：1041－1045.

杨朝文.2009. 电离辐射防护与安全基础. 北京：原子能出版社.

杨军昌，韩汝玢.2001. X光照相技术在文物及考古学研究中的应用. 文物保护与考古科学，13（1）：55－60.

杨小华，危昭才.2002. X射线与胶片作用的定量分析. 福州大学学报（自然科学版），30（1）：48－50.

余建明，牛延涛.2009. CR、DR成像技术学. 北京：中国医药科技出版社.

张建合，陈存柱.2002. 工业X射线胶片特性曲线的比较测定法及应用. 无损检测，24（9）：404－406.

张雪林.2007. 医学影像学. 北京：高等教育出版社.

张泽宝.2007. 医学影像物理学. 第2版. 北京：人民卫生出版社.

赵汉英.2005. 医学影像检查技术. 北京：高等教育出版社.

郑世才.1994. 国内外射线照相检验的新技术新方法——数字射线照相技术时代. 无损探伤，1：1－5.

郑中兴.2004. 用软X射线鉴定文物. 无损探伤，28（3）：42－43.

中国机械工程学会无损检测分析会.2004. 射线检测. 第3版. 北京：机械工业出版社.

中华人民共和国机械行业标准.2001. 工业X射线探伤机性能测试方法（JB/T 9402-1999）. 无损探伤，4：16－20.

钟永智.1995. 数字X射线图像处理及其应用. 电视技术，4：53－59.

邹仲.1983. X线检查技术学. 上海：上海科学技术出版社.

左志和.2000. X射线增感屏. 感光材料，3：22－24.

附录1　文物X射线影像档案

档案编号：　　　　　　　　　　　　　　　　　　　　　年　月　日

<table>
<tr><td>文物名称</td><td></td><td>馆藏编号</td><td colspan="2"></td><td>原始编号</td><td></td></tr>
<tr><td>拍摄时间</td><td></td><td>送检单位</td><td colspan="2"></td><td>拍摄单位</td><td></td></tr>
<tr><td>拍摄地点</td><td></td><td>拍摄人员</td><td colspan="2"></td><td>仪器型号</td><td></td></tr>
<tr><td>X射线胶片编号</td><td>胶片类型</td><td>拍摄部位</td><td>管电压</td><td>管电流</td><td>辐射时间</td><td>数码照片</td></tr>
<tr><td></td><td></td><td></td><td></td><td></td><td></td><td></td></tr>
<tr><td></td><td></td><td></td><td></td><td></td><td></td><td></td></tr>
<tr><td></td><td></td><td></td><td></td><td></td><td></td><td></td></tr>
<tr><td></td><td></td><td></td><td></td><td></td><td></td><td></td></tr>
<tr><td colspan="7">X射线影像解读</td></tr>
<tr><td colspan="3">X射线胶片</td><td colspan="4">文物对应部位照片</td></tr>
<tr><td colspan="3"></td><td colspan="4"></td></tr>
<tr><td colspan="3">X射线胶片</td><td colspan="4">文物对应部位照片</td></tr>
<tr><td colspan="3"></td><td colspan="4"></td></tr>
<tr><td>X射线影像
分析结果</td><td colspan="6"></td></tr>
<tr><td>检测人员签字</td><td colspan="2"></td><td>送检人签字</td><td colspan="3"></td></tr>
</table>

附录 2　文物 X 射线影像拍摄工艺记录表

操　作　员：　　　　拍摄地点：　　　　拍摄时间：

序号	文物号	铅号	文物名称	拍摄部位	焦距	胶片尺寸	增感屏	管电压	管电流	时间	数码照片号	备注

附录3 使用仪器及实验条件

1. X 射线探伤检测

仪器型号：XXQ-2005 型携带式变频充气 X 射线探伤机

仪器参数

电源容量：>2.0

辐射角度：40°

最大穿透 A3 钢：29mm

输出电压：80～200kV

X 射线发生器重量：16kg

仪器所属：北京大学考古文博学院文物保护实验室

用途：对文物进行 X 射线透射成像检测

2. 激光拉曼光谱分析

仪器型号：Thermo Nicolet Almega 型显微共聚焦激光拉曼光谱仪

仪器参数

光谱范围：检测器绝对光谱范围 400～1050nm

可选激光器波长：785、633、532nm

仪器所属：中国国家博物馆

3. 扫描电镜（SEM）

仪器主机型号：荷兰 FEI Qvanta 200FEG 场发射环境扫描电镜

附件：EDAX Genesis 2000 X 射线能谱仪

仪器参数

二次电子像分辨率：30kV 2.0nm；3kV 3.5nm

最大放大倍数：100 万倍

X 射线能谱仪能量分辨率：130eV，分析范围为 Na～U

对某些不导电材料可以直接做低压的形貌观察，不需喷涂导电膜

仪器所属：清华大学摩擦学国家重点实验室

用途：青铜剖面孔内黑色方晶形貌观察及元素分析

4. X 射线衍射分析（XRD）

分析单位：北京大学科技园微构分析测试中心

仪器型号：Dmax 12kW X 射线粉末衍射仪

仪器参数

X 射线：CuKα（0.15418nm），石墨弯晶单色器

管电压：40kV

管电流：100mA

扫描方式：θ/2θ 扫描；扫描速度：8°（2θ）/min；采数步宽：0.02°（2θ）

环境温度：25.0℃，湿度：45.0%

依据方法：PDF2 粉末衍射数据库

用途：青铜表面锈蚀成分分析

5. 能量色散 X 射线荧光光谱分析（EDXRF）

仪器型号：XGT-7000 型能量色散荧光分析仪

仪器参数

Acquisition Time：150s

XGT Dia：1.2mm

X-ray tube vol.：30kV

Current：0.055mA

X-ray Path：Vacuum（Partial）

Quant. Corr.：Standardless

仪器所属：北京大学考古文博学院科技考古实验室

用途：青铜表面及锈蚀层元素分析

6. 金相显微分析

仪器型号：Leica DM4000M 型金相显微镜

仪器参数

目镜/放大倍数：10×25mm（视场直径）

1.25×～1000×（可根据需要拓展范围）

物镜位数：6 位 M32 物镜（带数据终端）

手动调焦：具有粗细两档调焦步进精度，细调焦精度 1μm

手动载物台：4″×4″和 8″×4″

液晶显示屏：3.7×7.7 液晶显示屏显示显微镜当前状态

光源：12V 100W 卤素光源

全自动透射光反射光光强管理

全自动视场光阑和孔径光阑

仪器所属：北京大学考古文博学院科技考古实验室

用途：对青铜基体剖面金相分析以检测腐蚀状况

附录4　新干大洋洲商墓出土青铜礼器编号对照表

（一）鼎

1. 圆鼎

（1）柱足圆鼎

兽面纹柱足圆鼎（13872）XDM:1

兽面纹柱足圆鼎（13873）XDM:2

圆涡纹柱足圆鼎（13875）XDM:3

（2）锥足圆鼎

兽面纹锥足圆鼎（13876）XDM:4

弦纹锥足圆鼎（13878）XDM:6

（3）扁足圆鼎

虎耳虎形扁足圆鼎（13879）XDM:14

虎耳虎形扁足圆鼎（13880）XDM:15

虎耳虎形扁足圆鼎（13881）XDM:16

虎耳虎形扁足圆鼎（13882）XDM:17

虎耳虎形扁足圆鼎（13884）XDM:19

虎耳虎形扁足圆鼎（13885）XDM:20

立耳虎形扁足圆鼎（13886）XDM:21

立耳夔形扁足圆鼎（13888）XDM:23

鸟耳夔形扁足圆鼎（13889）XDM:26

立耳鳍（鱼）形扁足圆鼎（13891）XDM:24

立耳鳍（鱼）形扁足圆鼎（13892）XDM:25

2. 方鼎

（1）虎耳方鼎

乳钉纹虎耳方鼎（13893）XDM:8

兽面纹虎耳方鼎（13896）XDM: 11
兽面纹虎耳方鼎（13897）XDM: 12
（2）立耳方鼎
兽面纹立耳方鼎（13894）XDM: 9
兽面纹立耳方鼎（13895）XDM: 10
（3）兽面纹双层底方鼎
兽面纹双层底方鼎（13898）XDM: 13

3. 瓿形鼎

瓿形鼎（13899）XDM: 30

4. 鬲形鼎

鬲形鼎（13901）XDM: 36

（二）鬲

1. 圆肩鬲

（1）分裆圆肩鬲
分裆圆肩鬲（13902）XDM: 32
分裆圆肩鬲（13903）XDM: 33
分裆圆肩鬲（13904）XDM: 34
（2）联裆圆肩鬲
联裆圆肩鬲（13905）XDM: 35

2. 折肩鬲

折肩鬲（13906）XDM: 37

（三）甗

四足甗
四足甗（13907）XDM: 38

（四）盘

盘（13910）XDM: 43

（五）豆

豆（13911）XDM: 42

（六）壶

壶（13913）XDM:46

（七）卣

1. 方卣

方卣（13914）XDM:47

2. 圆卣

三足提梁卣（13915）XDM:48
三足提梁卣（13916）XDM:49

（八）罍

罍（13917）XDM:44

（九）瓒

瓒（13919）XDM:50

后　记

在我参与的各项文物保护研究工作中，使用 X 射线照相技术对文物进行检测分析是我的一大兴趣所在。这本书既是我十余年间实际工作经验的积累，也是近年来反复构思、整理、总结的成果。现在它即将出版面世，我在欣慰高兴之余，还有更多的感激和期待。这本书中包含了我对 X 射线照相技术的理论梳理、经验总结、专题研究以及新方法的尝试，虽然还很浅薄，但我乐意将它出版并与不同研究领域的读者分享，也希望它能够引起更多专家、学者、研究人员来自多个角度的、更为深入的讨论与研究，这也正是我写作的初衷所在。

在本书即将付梓之际，我要感谢许多专家、同事和朋友，他们为我多年来的 X 射线照相研究工作提供了大量无私的支持和帮助，没有他们的协助，我的工作也就无从展开，从这个意义上说，他们都是这本书的重要作者。

感谢中国社会科学院考古研究所的王浩天先生，他为研究提供了宝贵的青铜残片样品；感谢中国国家博物馆的姚青芳先生、马燕如女士，他们为本书提供了大量的宝贵资料；同时还需要感谢杨小林和成小林女士，她们参与了许多问题的讨论，并为研究进行了激光拉曼光谱的检测分析。

感谢武汉大学的张昌平先生为本书的出版提出中肯的修改意见。

感谢北京大学考古文博学院的崔剑锋先生，他为研究做了大量 X 射线能量散射荧光能谱检测分析；感谢我的工作搭档北京大学考古文博学院的杨宪伟先生，十余年与我共同拍摄了几千张 X 射线照片。

感谢中国社会科学院考古研究所的常怀颖先生，他对本书提出了重要的修改意见；感谢我的几位研究生：朱博雅、王恺、吕淑贤等同学，他们协助我探讨问题，修订稿件，做了很多工作。特别是吕淑贤为此投入了大量时间精力，令我感动。而更加宝贵的是年轻人的青春活力和带来的欢声笑语。

另外感谢每夜在鸣鹤园吹奏萨克斯的不知名先生，他用不是太美妙的乐曲陪伴我度过了近两百个苦思写作的夜晚，他风雪无阻的执著精神对我这样懒惰的人也是一种现实的激励。

最后，还要感谢各位读者，由于本人才学所限，本书一定还有许多欠严谨、不完善之处，也敬请广大读者见谅并不吝斧正。

笔者